中国古代
优秀教育传统要略

于漪　主编

上海教育出版社
SHANGHAI EDUCATIONAL
PUBLISHING HOUSE

图书在版编目（CIP）数据

中国古代优秀教育传统要略 / 于漪主编. — 上海：上海教育出版社，2025.4. — ISBN 978-7-5720-3464-0

Ⅰ. G529.2

中国国家版本馆CIP数据核字第2025DN5676号

责任编辑　陈嘉禾

封面设计　周　吉

ZHONGGUO GUDAI YOUXIU JIAOYU CHUANTONG YAOLVE

中国古代优秀教育传统要略

于　漪　主编

出版发行　上海教育出版社有限公司
官　　网　www.seph.com.cn
地　　址　上海市闵行区号景路159弄C座
邮　　编　201101
印　　刷　上海展强印刷有限公司
开　　本　700×1000　1/16　印张 20.5
字　　数　304 千字
版　　次　2025年4月第1版
印　　次　2025年4月第1次印刷
书　　号　ISBN 978-7-5720-3464-0/G·3095
定　　价　59.80 元

如发现质量问题，读者可向本社调换　电话：021-64373213

本 书 编 委

组织编写　于漪教育教学思想研究中心
　　　　　上海市教师学研究会

主　　编　于漪

副主编　周　飞　郭景扬　肖建民

编写人员　（按姓氏笔画排序）

　　　　　丁　蕾　朱莹蓓　刘杨翎

　　　　　李文俊　肖建民　金　丽

　　　　　胡媛媛　施佳颖　钱美丽

　　　　　郭景扬　董善玉　蔡文俊

前　言

赓续中华优秀文化　弘扬中国教育精神

习近平总书记深刻阐述中国共产党百年成功的奥秘与我国新时代伟业创建的根由时指出，我们必须"坚持把马克思主义基本原理同中国具体实际相结合、同中华优秀传统文化相结合，用马克思主义观察时代、把握时代、引领时代，继续发展当代中国马克思主义、21 世纪马克思主义"。

"把马克思主义基本原理同中国具体实际相结合、同中华优秀传统文化相结合"，这"两个结合"是我国革命获得成功、民族复兴伟业获得发展的奥秘与根本，也是党中央带领全党全国人民向第二个百年奋斗目标进军的指路明灯。坚持"两个结合"团结奋斗，必能谱写全面建设社会主义现代化国家崭新篇章。中国基础教育是社会主义现代化的有机组成部分，理应以"两个结合"思想为指导，为建设新时代高质量教育体系作出巨大贡献。

中华优秀传统文化是中华民族的根和魂，中国优秀教育传统伴随着中华文化数千年，对中华文化的传承与发展有不可磨灭的作用。然而，由于政治、社会、文化、学术等种种复杂因素，教师对中国教育的传统知之甚少，甚至受"鄙薄""落后"靶子的影响，不屑一顾。传统中有糟粕，必须批判、扬弃，但其中的思想精华、精神财富不能丢弃，要创造性转化，创新性发展，拿来为我所用，发展中国特色社会主义教育。历史告知未来，根在何处，路在何方，是不能含糊的。思想认识、教育文化这块短板，必须补上。

教育理论、教育文化生态环境对教师专业成长有着重要影响。别的不说，只要在"知网"上查找一下，就知有关我国古代教育的论述（包括著作和论文）多少年来不过两百来篇，而国外的教育著作翻译、介绍洋洋大观，完全不成比例。正因为如此，许多年轻教师误以为中国教育缺乏本土教育理论著作，只有一些技术和方法，缺乏教育教学理论的自信。现在亟须对我国古代、近代教育理论进行学习、研究、整理，对青年教师进行普及或启蒙教育，传承优良教育文化，弘扬中国教育精神，从而树立教育自信。

习近平总书记 2021 年 3 月在武夷山九曲溪畔朱熹园考察时深刻指出："如果没有中华五千年文明，哪里有什么中国特色？如果不是中国特色，哪有我们今天这么成功的中国特色社会主义道路？我们要特别重视挖掘中华五千年文明中的精华，把弘扬优秀传统文化同马克思主义立场观点方法结合起来，坚定不移走中国特色社会主义道路。"作为中国的教师，有必要重视挖掘中华五千年文明中的教育文化精华，传承弘扬中国优秀教育传统，将之同马克思主义立场观点方法结合，创建新时代中国特色社会主义的教育教学理论体系。

这本《中国古代优秀教育传统要略》是给广大基础教育教师，尤其是其中的年轻教师，普及我国古代优秀教育思想的通俗读本。全书包括三部分：

第一篇"中国古代优秀教育传统的沃土与渊泉"，尝试用辩证唯物主义和历史唯物主义追根溯源：中华民族文明和教育植根于什么宽厚"沃土"？庄子用"渊泉"比喻思虑深远而又源源不断，那么中华民族文明和教育的深彻"渊泉"又在何处？

首先分析教育产生与发展的土壤。习近平总书记在总结马克思主义理论四个重要特点时指出：马克思说，全部社会生活在本质上是实践的。实践的观点、生活的观点是马克思主义认识论的基本观点，实践性是马克思主义理论区别于其他理论的显著特征。（习近平《在纪念马克思诞辰 200 周年大会上的讲话》，2018 年 5 月 4 日）因此，实践性必然是教育认知的土壤。对教育教学的规律的认知，不是依靠少数"智者""圣人"，而是依靠广大人民的实践。在古代蛮荒时期如此，今天亦如此。当人类对世界一无所知时，依靠艰苦实践获得对世界的知识。在远古时代，人类没有文字，为了记忆、传承与传播这些知识，只能通过"神"或"智者"把知识概括起来，方便知识的流传。所以神话故事不过是远古人类实践的概括与传播方式。不但知识的发现要通过实践，今天知识的发展与创新也必须依靠实践。本书用大量史实证明这一点：实践是人类认识世界（包括认知教育教学规律）的"沃土"。

阐述了教育规律知识所植根的宽厚"沃土"，其次，需要探讨我国古代教育的深彻"渊泉"。这是一个复杂的问题，因为我国是历史悠久的教育大国，教育名家众多，要从一系列古代教育家中挑选对中国教育影响最大、最有特色，而且具有国际知名度的教育大家，确实很难抉择。不过，我国自古以来为大家公认的教育大家，首先当推孔子。无论从教育影响、历史地位、教育思想哪个方面来说，孔子都是一位影响至重的教育家。

近代以来，不少学者和教育家提出，儒家教育思想和道家教育思想是我国古代教育思想的两大"渊泉"。张瑞璠先生在《中国教育史研究》中明确指出，道家教育思想应以老子、庄子为代表。在当下教育界，以至国际学术界，老子和《道德经》受到越来越多的关注，研究成果数量可观。

中华民族古代文明和教育的深彻"渊泉"还在何处？通过学习与分析，根据国内外学术界研究资料，可知中国古代教育有三大"渊泉"：孔子（儒家学派）、老子（道家学派）和墨子（墨家学派）。

墨家学派为什么是中国古代教育的三大"渊泉"之一？简单说，墨家学派直接传承春秋战国时期"黄老之学"的"经世"理论，提出完整的教育思想和教育目标，体现出显著的"民本"思想。同时墨子学说还直接传承发展"黄老之学"的"致用"思想，墨家学派强调科学知识与劳动技术能力，在两千多年前是一件了不起的事情。这一方面是当时客观实践的需要，另一方面也是因为墨家子弟多数出身"农与工肆"，从事农业生产与各种手工业生产，很多弟子不仅有职业知识和技能，也深知这些对国家和民生的重要性。因此，墨家学校是我国最早进行职业技能教育的学校，不但保存下古代大量机械制作的经验与技术，而且培养与形成了系统的工匠精神，对我国古代和现代机械制作发展具有重要影响，是中华民族一笔宝贵的精神和技术财富。

尤其是在科学发现和技术制造等方面，墨家在诸子百家中是唯一特殊的学派，也是唯一特殊的学术团体。这两个特殊性造就了墨家学派在自然科学和技术制造方面的卓越贡献。这是必须加以肯定和研究的。在今天的中国，这有着特殊的价值和意义。

　　第二篇"中国古代优秀教育传统和教育名家的精神风范",在第一篇基础上,进一步概括我国古代优秀教育传统,归纳出我国古代教育的"底色"和"基因"。这个"底色"就是中国教育传统的重要特性或基本特征,也就是中华民族教育价值观及其价值取向。对"底色"的归纳有助于认识中国教育传统的历史价值和时代价值。再归纳中国古代教育名家卓越的精神风范、诲人不倦的教师精神,作为今天教师取之不竭的宝贵精神财富。

　　第三篇"中国历代名师教育思想经典品读",具体遴选中国历代十位教育名家有关教育的代表作品,这些教育家的著述与思想贯串了我国五千年的历史,对他们的经典著作加以介绍、注释、翻译、点评(梁启超是近代史人物,但根据其政治观点态度和《少年中国说》的时代背景及其"国"之所指分析,划归到本书阐释)。让老师们再次亲身学习领会,从中体会古代教育名家勇于担当的人格魅力、精益求精的研究态度和科学多样的教学方法,从而自觉担负教育的神圣使命,涵养自己的人格、学识、行为,成为优秀的教师,为中国教育现代化贡献自己的力量。

　　本书内容安排基本按照逻辑关系,从宏观到中观再到微观。内容上,从教育本质论到教育价值论再到教育方法论。介绍我国教育传统思想时,从以汉族为主体的早期"华夏教育传统",到多民族融合的"中华教育传统",再到今天提出的"人类命运共同体"教育思想。

　　在介绍教育名家教育思想时,以教育思想为主体,同时涉及教育家的哲学、思想、政治、伦理、文化思想。古代教育家常常既是教育家,又是哲学家、思想家、政治家,甚至是伦理学家、社会学家。从思想研究角度思考,一位教育家的教育思想,往往和他的哲学观、政治观、伦理观等有着紧密联系。

　　千百年来,历代哲学家、思想家、政治家、伦理学家、教育学家、文化学者对本书所举教育名家都有许多研究专著。本书作为学习我国古代优秀教育传统的普及读本,引用了不少专家学者的著作、翻译、解读,我们对这些专家学者的辛勤劳动和智慧成果,表示深深的感谢和敬意。

　　恩格斯说过:"一个民族要想站在科学的最高峰,就一刻也不能没有理论思维。"中华民族要实现伟大复兴，要实现教育现代化，同样一刻也不能没有理论思维。本书编写的目的在于推动我国古代优秀教育传统的学习、继承和创新，同时吸纳世界科学的优秀教育理论与经验，以微薄之力促进中国教育现代化的实现，推动中华民族实现伟大复兴。

目　录

第一篇　中国古代优秀教育传统的沃土与渊泉

一、教育，从遥远的年代走来 ………………………………… 3
（一）史前时期：教育的起源与特点 ……………………… 3
（二）夏商周三代：教育发展与制度化 …………………… 7
（三）"字纸笔书"：教育与文化传播的载体 …………… 9
（四）《学记》：教育列为古代典章制度 ………………… 12

二、教育，始终和思想相互融通 …………………………… 18
（一）老子的哲学思想和老子的教育思想 ……………… 19
（二）孔子的哲学思想和孔子的教育思想 ……………… 26
（三）墨子的哲学思想和墨子的教育思想 ……………… 35
（四）黄老之学和墨子的杰出贡献 ……………………… 39

三、教育，推动社会进步的杠杆 …………………………… 48
（一）子夏创办西河学校和西河学派的贡献 …………… 48
（二）战国时教育圣地稷下学宫与百家争鸣 …………… 52

四、教育，正在走向世界未来 ……………………………… 55
（一）中华民族优秀教育精神 …………………………… 55
（二）中华民族优秀教育传统的传承发展与凝练升华 … 55

第二篇　中国古代优秀教育传统和教育名家的精神风范

一、中国古代教育的优秀传统 …………………………………… 61

(一) 传统教育的内涵和发展过程 …………………………… 61

(二) 中国传统教育的基本特征 ……………………………… 62

(三) 中国古代教育的重要优秀传统 ………………………… 63

二、品读教育经典，是走近中国古代教育名家的必经之路 …… 65

(一) 了解写作背景 …………………………………………… 66

(二) 把握篇章结构 …………………………………………… 66

(三) 体味思想价值 …………………………………………… 67

(四) 感悟辞章魅力 …………………………………………… 67

三、中国古代教育名家卓越的精神风范，是取之不尽的宝贵
　　财富 ……………………………………………………………… 68

(一) 勇于担当的人格魅力 …………………………………… 68

(二) 领异标新的教育思想 …………………………………… 73

(三) 超越时空的教学原理 …………………………………… 77

(四) 贵在自得的为学之道 …………………………………… 86

(五) 严于律己的内外修炼 …………………………………… 91

第三篇　中国历代名师教育思想经典品读

第一章　有教无类：孔子的教育思想与实践 ………………… 101

一、孔子生平 …………………………………………………… 101

二、经典品读：《论语》(十则) ……………………………… 102

三、教育思想与实践 …………………………………………… 113

四、社会影响 …………………………………………………… 119

第二章　教以为道：老子的教育思想与实践 ………………… 122

一、老子生平 …………………………………………………… 122

二、经典品读:《道德经》(节选) ·················· 123

三、教育思想与实践 ···························· 136

四、社会影响 ································· 142

第三章　得天下英才而教育之:孟子的教育思想与实践 ······· 145

一、孟子生平 ································· 145

二、经典品读:《孟子》(二章) ····················· 147

三、教育思想与实践 ···························· 157

四、社会影响 ································· 163

第四章　贵师而重傅:荀子的教育思想与实践 ··········· 166

一、荀子生平 ································· 166

二、经典品读:《天论》 ·························· 167

三、教育思想与实践 ···························· 182

四、社会影响 ································· 188

第五章　兼爱:墨子的教育思想与实践 ·············· 190

一、墨子生平 ································· 190

二、经典品读:《墨子·兼爱》(节选) ·················· 191

三、教育思想与实践 ···························· 200

四、社会影响 ································· 205

第六章　故须早教,勿失机也:颜之推的教育思想与实践 ····· 208

一、颜之推生平 ································ 208

二、经典品读:《颜氏家训》(节选) ··················· 209

三、教育思想与实践 ···························· 224

四、社会影响 ································· 229

第七章　传道受业解惑:韩愈的教育思想与实践 ········· 232

一、韩愈生平 ································· 232

二、经典品读:《师说》 ·························· 234

三、教育思想与实践 ···························· 244

四、社会影响 ··· 248

第八章　学事明理：朱熹的教育思想与实践 ············· 250

一、朱熹生平 ··· 250

二、经典品读：《朱子语类》（节选） ··························· 252

三、教育思想与实践 ·· 260

四、社会影响 ··· 268

第九章　知行合一：王守仁的教育思想与实践 ········· 272

一、王守仁生平 ··· 272

二、经典品读：《教条示龙场诸生》 ····························· 273

三、教育思想与实践 ·· 283

四、社会影响 ··· 288

第十章　少年强则国强：梁启超的教育思想与实践 ···· 291

一、梁启超生平 ··· 291

二、经典品读：《少年中国说》（节选） ························ 292

三、教育思想与实践 ·· 304

四、社会影响 ··· 309

后记 ··· 312

第一篇

中 国 古 代
优秀教育传统的
沃 土 与 渊 泉

我国有考古发掘的历史近二百万年，有文字记载的历史近五千年。自古以来，中华民族就在这片土地上，克服艰难困苦，繁衍生息，创造了人类早期的文明。历经数千年多民族融合而成的中华民族，又以不屈不挠的民族精神，创造了光荣的历史。今天，中华民族在共同体思想指引下，正在创造着新的辉煌，为人类发展作出新的贡献。

在百万年的悠悠历史进程中，我们如何从蒙昧走向文明，从贫困走向富裕，从弱小走向强大？我们思考着、探寻着——教育无疑是一个重要因素。我国是文明古国和教育大国，今天我们要追根溯源：中华民族文明和教育植根于什么宽厚"沃土"？庄子用"渊泉"比喻思虑深远而又源源不断，那么中华民族文明和教育的深彻"渊泉"又在何处？

本篇分四部分，从三方面整理和爬梳我国教育优秀传统的宽厚"沃土"和中华民族教育生生不息的"渊泉"：教育与生命同在，促进着生命的发展；教育和思想融通，推动着社会的发展；教育伴随时代发展，推动与影响着时代的进步。

一、教育，从遥远的年代走来

一位哲人说过，我们的教育是同我们的生命一起开始的。对个人是如此，对整个人类更是如此。一个人降临世间，与之俱来的有两件事：一是觅食，二是教育。如果说觅食是一种本能，是任何动物都天然具备的，那么，教育则是人类对经验和知识的探寻、继承与发展，是促进生命赓续与社会发展的动力，是只有人类才能进行的一项基本实践活动。依靠人类艰苦卓绝的生产实践与社会实践活动，中华民族在千万年时间中，创造了世界最早的文明之一和古代教育。应该说，人类的实践活动是中华文明和优秀教育传统的宽厚"沃土"和深彻"渊泉"。

（一）史前时期：教育的起源与特点

确实，教育伴随着人类的诞生发源，并成为人类发展的重要动力。原始社会的人们要生存发展，就要狩猎野兽与驯化动物、采集食物与繁殖植物，他们通过口耳相传、观察模仿，把相关的劳动经验与知识传递下去，这就是最早的教育的重要内容之一。

此外，原始社会氏族的历史、风俗礼仪也是教育下一代的重要内容，氏族中的人们只有参加成年仪式后才能取得氏族正式成员的资格。另外，远古时期氏族或部落之间经常为水源、食物等发生争夺，因此，对年轻成员进行作战技能的培训也是教育的一项重要内容。

这些关于生产经验与知识、氏族风俗礼仪与历史、作战技能与方法的教育，就成为原始社会主要的教育内容。在氏族或部落里，负责这些教育的人员，都是有生产与生活经验的年长者、氏族首领和巫师。这些人有丰富的实践经历，积累了大量的经验，他们要把这些传递给年轻一代，以便氏族或部落生存与发展。

可以说，在远古时期，"经历就是知识"，"探究就是创新"，实践经历就是"学习"，把经历告诉年轻人就是"教育"，有丰富经历的年长者、氏族首领、巫师就是"教师"。所以"教育和实践结合"自古至今都是教育的一个基本原则，实践也是教育产生和发展的"沃土"与"渊泉"。

教育方法上，在没有文字的时期，都是以口耳相传、观察模仿，或是由年长者和巫师，依据"刻木为符""结绳记事"进行历史讲解或知识传承。当时，记载和传播经验的载体称为"书契"，就是在木片、骨片等上面刻上形状、长短、深浅不一的符号。此外，各民族还通过神话传说、历史故事，以及诗歌、谚语、格言等，记载与传承经验和知识，一代一代口耳相传。

在中华民族历史发展的早期，有许多神话传说反映了史前教育的情况，被尊为"三皇"的传说就是其一，他们被称为人中的智者。"伏羲氏"（人皇），传说他模仿蜘蛛结网而制成网罟，教民结网，从事渔猎畜牧。"神农氏"（地皇），传说他亲尝百草，教人种植五谷，发展农业。"燧人氏"（燧皇），传说他见鸟啄燧木，燊然火出，顿悟钻木取火，教人们人工取火。神话传说中的"三皇"并非只是三个"智者"，而是无数人的经历汇总与智慧代表。这些传说生动具体地反映了远古教育的产生原因与发展过程。

这里，我们以"天然火"的使用与保存，以及人工取火的历史说明教育的起源。火的使用是上古时代原始人类一项特别重大的成就。人们对火的使用，经历从恐惧火到认识火与使用火，从利用自然火到人工取火的漫长过程。

最初，动物尸体中磷的自燃、裸露煤引起的自燃、森林因干燥引起的燃烧，以及火山爆发、电闪雷击引起森林起火，使原始人类经常可以看到火光。但他们却不认识火，视火为怪物，视火为不祥，绕火而行，避火而居。森林起火对于原始人来说，是很可怕的。但是人们在同险恶的自然条件作斗争的过程中，逐渐了解了在火的附近比较暖和，被火烧死的野兽可以充饥。于是，他们便试着取回火种，把燃烧的树枝带到山洞里，用火作为战胜寒冷的工具、防止野兽侵袭的武器。这个过程经过了数十万年甚至上百万年时间的口耳相传、观察模仿。

然后，在长期劳动过程中，原始人类偶尔发现摩擦生火的现象。例如，燧石或石器相碰撞会产生火花，因此懂得打击燧石能够生火。传说有种叫毕方的鸟，嘴特别尖，喜欢啄木头，毕方啄树时，树木竟生起火来。钻木取火最早是啄木取火，后来人们尝试在燧木上钻、在树木上磨的办法，最后积累出刮木或钻木会生热冒烟起火的经验。又是经过若干万年的摸索尝试，人们终于在实践中掌握了打击燧石、磨钻树木等人工取火的方法。这样，人类就从利用天然火进步到人工取火了。

火使人类进入熟食时代，这对人类身体的进化以及人脑的发育起了划时代的作用。火给人以温暖，健全完善了人体功能，促进了人脑的进化，也让人类生存环境得到了很大的改善。

火的发现和利用，对于人类和社会的发展有着巨大意义。人类认识并掌握了火，就增强了同寒冷气候作斗争的能力，火可以烧烤食物，可以用来围猎和防御野兽，可以照明，可以烘干潮湿物件，等等。所以马克思和恩格斯指出："摩擦生火第一次使人支配了一种自然力，从而最终把人同动物界分开。"而这个学习过程，前后历经数十万年甚至上百万年的时间。

我国的远古人类，"元谋人"（距今约 170 万年）已经知道使用火；"北京人"（距今 70 万年到 20 万年）遗址中发现"灰烬""烧石""烧骨"等，反映其已经学会长时间保存"火种"。因此，通过实践经历，运用刻画符号、历史故事、神话传说，以及诗歌、格言、谚语等，都是文字产生前教育的方式方法。这些方法，内容生动具体、方便理解记忆、适合长期流传。

人类经过上古时期筚路蓝缕、艰苦卓绝的实践和学习，终于走出了蒙昧时代，跨进了文明时期。原始的教育与原始人类的生存发展息息相关。我们说：劳动创造了人。也可以说：教育发展了人。

原始社会的教育，没有特定的教师，氏族或部落的长者就是教师。因此，我国自古就形成"尊老"的优良传统，同时也形成"尊师重教"的优秀教育传统。人类最早的教育虽然简单落后，却是必不可少的。正是依靠原始社会的教育，人类才得以一步一步地走向进步与文明。

最早的教育和人类的诞生同时，起源于生产生活实践。在人类还没有任何知识积累的时候，只有通过各种实践积累经验获得知识，所以"经历就是知识"。每个人都会有不同的实践经历，能够互相当"教师"，于是《学记》就归纳出"教学相长"，并引用《尚书·说命》的话："教学半"（教人，是学习的一半）。这是对教育起源和特点的历史唯物主义阐释。

远古时期的生产与生活知识都是从来未有的，都是经过反复探究获得的一种创新，可以说"探究就是创新"。因此，我们今天提倡"探究"，就是鼓励学生在实践中勇于"创新"，提出新见解、发现新知识。

中华文明和古代教育的产生与发展都源于实践，这个实践有三个特征：一是社会有迫切需求；二是有勇于实践探索的人；三是善于对实践总结提升，包括从具体实践到规律认识的飞跃，从规律认识再到实践应用的飞跃，以及向新的实践探索的提升。这对今天的教育和教师有着特别重要的意义，因为人类对世界的认识远没有终结。

既然远古时期教育来源于实践经历，那么今天当人类已经拥有大量知识的时候，我们应该如何"教"与"学"？一方面，我们强调教学转型，回到教育的本源，在实践中真正掌握人类已获得的知识。另一方面，今天仍有许多未知领域，比如人类还有三类知识尚未完全获得：一是宏观知识，关于宇宙的知识；二是微观知识，关于微粒子的知识；三是关于人脑的知识。因此我们需要思考，我们今天应该怎么获取这些未知的知识？一句话，必须通过大量实践和探究获取新知识，使人类的认知不断发展，推动社会进步与走向完善。

（二）夏商周三代：教育发展与制度化

历史的轨迹前行了若干万年，终于脱离蒙昧时期进入古代文明时期。据推测，在距今四千多年前，公元前22世纪末，就是夏商周时期，华夏大地上开始产生早期国家。这个时期，我国教育进入发展与制度化阶段。《孟子·滕文公上》记载："夏曰校，殷曰序，周曰庠，学则三代共之，皆所以明人伦也。"文献中古代学校名称不尽相同，这里选《孟子》说法。

1. "校"

夏代已有学校雏形称为"校"，这是举行祭祀礼仪和教习射御、传授书数的场所。那时没有特定的教师，由部落首领、巫师与长老兼任。人们把德高望重的耆老迎养在类似学校的地方，定期举行隆重的养老典礼，人们向耆老祝福，行"乞言"之礼，请耆老讲述伦常之道和生存经验，对青年进行教育。夏代的"校"就是养老与教育场所。

2. "庠序"

商代学校称为"庠序"。《孟子·梁惠王上》："谨庠序之教，申之以孝悌之义。"商代已经有了比较成熟的文字和学习工具，有了典籍，还有了专门掌管典籍的职官。甲骨文中已出现"教"与"学"字。写字主要用刀刻，甲骨文"聿"就是"筆（笔）"字。学习内容是礼、乐、射、御、书、数"六艺"。

商代用宗教与军事治理国家，因而很重视宗教与军事教育。为了加强内部团结，很重视对祖先的崇拜，十分注重礼乐教育，主要目的是要学生明君臣、长幼等级秩序和伦理道德。商代统治者遇重大事件都要占卜问凶吉，因此，有关天象、日干的天文历法常识以及占卜知识也是学校教育的重要内容。商代军事行动十分频繁，打仗以车兵为主力，需要训练使用战车作战的甲士，因此，射（射箭）、御（驾驭战车）训练也是学校教育不可缺少的内容。

3. 西周教育体系

西周时代是我国古代早期国家的全盛时期，学校制度已比较完备。学校分为国学与乡学。国学设在王都与诸侯国的都城，分大学与小学两级。周天子所设大学称辟雍，诸侯所设大学叫泮宫。太子和国子（诸侯子弟）入学国学。除入学必须具备贵族身份外，入学迟早也以身份尊卑而分，学校等级十分严格。

国学教育主要内容是"六艺"。当时国家头等大事是祀和戎，统治者必须把祭祀和作战技能传授给年轻一代。因此，礼的教育承担道德观念和行为习惯培养任务。乐在古代的目的是维护等级名分与社会秩序，包括诗、歌、舞等，西周统治者特别重视礼乐教育。西周的战术与前代相似，因此，射与御训练仍是教育的重要内容。周天子选拔人才时，要让他们比试射箭技术，在德行和其他技能水平基本相当的情况下，往往以射箭技术高低作为选拔人才的依据。

当时大学外貌也和这种教育内容相符。大学设在城郊，是一种厅堂式建筑，四面敞开，没有围墙，四周是水泽，水泽边是大森林，可供习射、打猎，这种厅堂式建筑又称射宫。教师大多由军官担任，师也是军官的称号。

待社会安定，学文就重于学武了，于是学习典章制度和礼仪道德成为教育的主要内容。同时校舍也相应变了，不再是四面敞开的厅堂。城郊四周遍布学校，分东、西、南、北、中五个区域。东区称东序，西区称瞽宗，南区称成均，北区称上庠，中间称太学。学生到瞽宗学礼，到上庠读书，到成均学乐颂诗，到东序学舞蹈，最后在太学听大司成（最高教育长官）讲修身治国之道。

西周大学的教育是一种求知兼求能的教育，把知识传授和技能训练结合起来。譬如礼的教育，不仅要学生明君臣、上下、长幼、亲疏之分的道理，还要让学生演习——教师带领学生表演祭祀、朝聘、婚丧、宴饮等一套礼仪，使学生熟悉不同场合规范的言行举止。

西周的国学是一种"官学"，入学的都是王太子、国子等贵族子弟，教师由掌管国家图书典籍的官员世袭担任，这就是学在官府。

地方学校称乡学，这是下层贵族子弟和上层平民子弟受教育的地方。乡学按地方行政区域设立，《学记》记载："古之教者，家有塾，党有庠，术有序，国有学。比年入学，中年考校。"家族有家塾；党有庠，500 家为一党；术有序，12 500 家为一遂（"术"通"遂"）；国设有国学。每年都有孩子入学，隔年考核一次。

综观世界各国，距今三千多年前，就有完整的全国上下一体的学校教育体系的国家，还没有第二个，所以我国被称为文明古国、教育大国。

我国从夏、商开始就有了最早的学校，西周时代学校制度已比较完备，为以后几千年的学校制度奠定了基础。随着历史的发展、社会的进步，学校教育制度也在不断发展与完善，汉代以后的学校基本上承袭西周的教育制度。

（三）"字纸笔书"：教育与文化传播的载体

学校的发展也推动字、纸、笔、书这些作为知识和文化载体的工具的发展，并进一步助推了教育的进步。在这方面体现着中国人自古及今孜孜以求的实践精神，绵延百代形成的一种工匠精神，就是实践与创新精神。这些不仅对中华文明发展有着巨大贡献，而且对世界文明进步作出了巨大贡献。

1. 汉字的创造与发展

汉字是记录汉语的符号，汉字最早产生于占卜和史官。在夏代的陶器上，已经有了类似汉字的简单符号；到商代，已经发展产生比较成熟的汉字。早期汉字的特点是以象形字为主，从模仿图画演变而来，不断发展完善，东汉总结六条造字规律：象形、指事、会意、形声、转注、假借。以后汉字逐渐演变，从甲骨文到金文、篆书、隶书、楷书等。秦代李斯"书同文"，统一用小篆，后改用隶书。几千年来汉字由繁到简演变，有利于记忆、书写，对文化和教育传播发展产生很大的推动作用。

2. 纸的发明与发展

纸也是教育和文化发展的重要载体。世界各地曾经使用过泥板、纸草、树叶、羊皮等写字。我国古代早先用龟甲牛骨、竹片木块刻字，后用动物纤维（如蚕丝纤维）、植物纤维做纸（如西汉西安灞桥纸用大麻纤维）。东汉蔡伦用树皮、麻布、破布、破渔网等原料造纸，人称"蔡侯纸"。蔡伦改进造纸术后，立刻就有人用纸抄写书籍了。东汉学者崔瑗给朋友的信中说："今遣奉书钱千为贽，并送《许子》十卷，贫不及素，但以纸耳。"意思是把《许子》这部书送给朋友，共十卷，因为贫穷，无力用帛抄写，只能用纸了。西晋左思写《三都赋》，因为文章写得好，大家都传抄，一时洛阳的纸张不够用而涨价，留下"洛阳纸贵"成语。东晋末年皇帝下令使用纸张代替竹简，这是我国古代政府颁布法令用纸的开端。中国最早的报纸是宫廷"邸报"，出现于公元 8 世纪初唐代开元时期。

3. 笔的发明与发展

笔是重要的书写工具。我国特色的书写工具是毛笔，民间流传秦代蒙恬造笔的故事。其实考古证明，我国原始社会晚期就已经有了毛笔。湖南长沙战国墓葬发现一整套书写工具，考古发现战国时毛笔已经普遍使用，湖北云梦睡虎地秦墓等出土有很多毛笔。隋唐时期因为科举制盛行，毛笔成了主要书写工具，制作工艺水平很高，安徽宣城生产的紫毫笔被称为全国之首。南宋时期制笔中心转移到浙江吴兴，湖州有"湖笔甲天下"之誉。唐代日本高僧空海把中国制笔技术带回日本，对文化交流传播起了重要作用。

4. 书籍的出现与发展

书籍是教育与文化传播的重要载体。我国早在商代已出现最古老的书籍：简牍。一般来说，简是狭长的竹片，每根简只能写一行或两行字，一篇文章往往要用上几十根简。为了便于阅读，用绳子把这些简一根根编起来，阅读时可以摊平，不用时可卷成一束，一束简也叫作册。更确切地说，应该叫作策，指简连贯编缀的册。一束简也称为篇，这是篇字的起源。秦汉时凡重要书籍、国家法律都用长简书写，其他内容的书简就相对短。另一种简三面起棱，可以竖起来，便利于儿童阅读，这就是当时儿童的识字课本。牍是有一定宽度的木板，宽度一般是长度的三分之一。因为宽，可以用来画图，特别是像地图之类，所以后人常用"版图"一词来表示国土范围。

从商代到汉代，简牍是我国书籍最主要的形式。简牍的缺点是笨重，翻阅麻烦，携带不便。据说战国思想家惠施收藏了很多书籍，可以装满五车，就是一捆捆简，后人用"学富五车"形容知识渊博。据说秦始皇每天处理的公文竟有 100 多斤。

帛是一种丝织品，把帛裁成所需大小，直接用毛笔蘸墨来书写，叫帛书。春秋战国之际，人们用简牍的同时，也用帛来写字作画，帛书可卷成一小卷或折成一小块，携带、收藏都很方便。古代攻城时，常常将帛书缚在箭竿上射到城里。战国时齐国攻打燕国聊城，久攻不下，齐国鲁仲连就用帛写了近千字的劝降书射进城去。汉代帛书已广泛流传，国家藏书中帛书占了很大的比例。但帛的价格昂贵，只有王公贵族才会用其传遗后世子孙。

宋代，我国印刷业非常发达。雕版印刷书籍，现在所知就有 700 多种。宋代刻印书籍注意版式和行间距离的配合，能做到行款均匀。字体一般采用欧阳修、颜真卿、柳公权的笔法，由书法家或字写得好的人写稿上版，再由刻工精工镌刻。由于刀法精致认真，刻出的字一丝不苟，印刷选用的墨料精良，一本宋版书实际就是一件雕印水平很高的艺术品。宋代刻印的书，十分注意内容的正确性。正因宋版书内容的正确性，其成为后世学术研究的重要依据。

活字印刷术的发明是印刷史上一次伟大的技术革命。北宋庆历间毕昇（970 年—1051 年）发明泥活字，标志活字印刷术诞生。他是世界上活字印刷术的第一个发明人，比德国人约翰内斯·古腾堡的铅活字印刷术早约 400 年。元代王祯成功创制木活字，又发明了转轮排字。明代中期，铜活字在南京、无锡、苏州等地得到较多应用。活字印刷术是中国古代劳动人民经过长期实践和研究发明的，先制成单字的阳文反文字模，然后按照稿件把单字挑选出来，排列在字盘内，涂墨印刷，印完再将字模拆出，留待下次排印时使用。

作为知识和文化载体，字、纸、笔、书等工具的发展，进一步助推了教育进步与科学技术发展。我国是世界文明古国之一，五千多年来，数量繁多的典籍不仅记载中华民族的文明史，本身也是我国文明史的重要标志。

5. 图书收藏与图书馆

我国收藏图书的事业，早在人类文明的萌芽时期就已经出现了。据记载，周代已有图书的藏室，并设专管人员，老子曾出任此官职。相传孔子为研究"礼"专程向老子请教，在藏书室中读了 120 种书，可见藏书之丰。

汉代，我国官藏书的规模已很可观了。公元前 26 年，汉成帝令学者刘向等人对国家藏书进行校订，分类编目，编定了我国历史上第一部图书分类目录《七略》，共收书一万三千多篇（卷），这是世界上最早的图书目录之一。

东汉时期，图书整理工作逐步正规，有正式人员、正式机构主管图书整理工作。此后，历朝历代都有官藏制度。政府不但拥有可观的藏书，而且利用官藏图书，整编目录，校订藏书，编纂类书，并以国家力量到民间征书。隋文帝为求书，派秘书监牛弘到民间搜讨异书，不愿呈献的珍籍，就借来抄，归还时每卷赏绢一匹，陆续抄了3万卷书。宋代求书更为奇特，献书多的量才给官，献书少的从优给价，不愿献的，国家借抄，使官藏书籍有所发展。

明清时期的皇家藏书则以文津阁著称，共6 109部，《四库全书》成书后藏于此。以后又缮写三部《四库全书》，分别贮于文渊阁（紫禁城内）、文源阁（圆明园内）、文溯阁（沈阳故宫内）。1788年再次缮写三部，分贮扬州文汇阁、镇江金山寺文淙阁、杭州圣因寺文澜阁。虽历经战乱，文津阁的《四库全书》幸免于难。1951年运往北京图书馆，北京图书馆（现国家图书馆古籍馆）所属大街因而获名"文津路"。

古代官藏事业对典籍保存流传的贡献不可低估，但官藏也有弊端：一是官藏图书是朝廷财产，只有帝王和权贵才能接触；二是每逢改朝换代官藏必遭兵燹之祸，使图书惨遭损失。

相对来说，官藏在保存流布图籍、传播文化方面反而不及私藏。私家藏书开始于周代。纸发明以后，书籍容易得到，藏书家也增多了。私藏真正成为一时之风气是在宋代，明清时达到极盛。藏书家中许多人又是出版家和著作家、考订家，大部分藏书家所搜聚的书，经过一代代藏书家辗转递藏流传至今。我国保存至今最古老的民间藏书楼是宁波市天一阁藏书楼。

（四）《学记》：教育列为古代典章制度

我国古代不仅注重教育实践，从实践经历中获取知识，还注重总结归纳，通过归纳寻找教育普遍规律，这成为中国教育的一个重要特点和传统。这种总结的代表性作品是《学记》，《学记》是古代中国典章制度专著《礼记》（《小戴礼记》）49篇中的一篇。《礼记》是一部重要的典章制度书籍，集中体现了先秦儒家的政治、哲学和伦理思想，是研究先秦社会的重要资料。东汉末年，著名学者郑玄为《小戴礼记》作了出色注解，郑玄注《礼记》由解说经文的著作成为经典，到唐代列为"九经"之一，宋代列入"十三经"中，成为士人必读之书。

据郭沫若先生考证，《学记》作者是战国晚期孟子的学生乐正克。乐正克是战国时代一位很有影响的人物，他祖先是学官，以职业为姓，姓乐正名克。战国时代儒分为八，其中一派就是"乐正氏之儒"。《学记》成篇于公元前 4 至前 3 世纪，系统全面地总结和概括先秦时期的教育理论与教学经验，也是世界教育史上第一部专门论述教育和教学问题的论著。比古罗马教育家昆体良第一部集古代希腊罗马教育思想与经验的著作《雄辩术原理》（96 年问世）早三百多年，比捷克教育家夸美纽斯《大教学论》（1632 年问世）早一千八百多年。

《学记》共 20 节，1 229 字。篇幅短小精悍，内容丰富、精辟、深刻，是中国先秦时期教育思想和教育实践的概括和总结。《学记》以《大学》为其政治基础，以《中庸》为其哲学基础，内容涉及教育作用、教育目的、教育制度、教育内容、教学原则、教学方法，以及师生关系、教师问题等方面。

1. 教育目的与作用

《学记》继承先秦儒家一贯思想，强调教育为社会政治服务的目的，把教育与社会进步密切关联，尤其突出教育的政治功能，形成中国古代教育的突出特色。提出："玉不琢，不成器；人不学，不知道""建国君民，教学为先""化民成俗，其必由学"。

2. 教育制度与内容

《学记》规划了学校教育制度，提倡建立严格的学校考核制度。它指出要在地方行政机构中建立不同等级的学校，在中央建立国立大学和小学，形成纵横交错的教育网络，塾、庠、序、学就是设在家、党、术、国的学校。这对中国古代教育体制的形成影响极大，汉代以后，逐渐形成中央官学和地方官学并立的教育体制。

《学记》还提出学年编制的设想。提出大学的修业年限和时间安排：大学教育划分为"小成"和"大成"两个阶段,"小成"七年四级,"大成"两年一级。这是世界学校教育中最早提出学年制的设想。

《学记》提出大学必须建立严格的成绩考核制度,平时的小考要经常进行,大的成绩考核每隔一年进行一次,每次考核必须有明确的标准。第一年考察"离经辨志",考核给经书析句分段的能力和学习志趣;第三年考察是否"敬业乐群";第五年考察能否"博习亲师";第七年考察"论学取友"能力,符合标准的叫"小成"。再过两年,第九年考察"知类通达,强立而不反",对知识能融会贯通,思想和行为能坚实不移,符合标准的就叫"大成"。《学记》提倡成绩考核要循序渐进、智德并重,反映中国古代教育重德重智的传统。

《学记》提出,不到夏季大祭完毕,天子不要委派政府官员或本人到学校来视察和考核学业成绩,使学生有更充裕的时间按自己的志趣从容地学习。这种视学制度被继承下来,成为中国教育制度的优良传统。

3. 教学原则与方法

《学记》详细总结教育教学原则与方法。一方面反映教学原则与方法的重要性,另一方面反映古代对教学规律与方法研究的成果,其中还包含着一些对教学心理学规律的认识与概括。

(1)指出教师存在的问题

一是"呻其佔毕"(教师只让学生大声朗读课文,不让学生独立思考);二是"多其讯言"(教师烦琐地提问、教训、灌输,不注意学生主动学习精神的培养);三是"及其数进,而不顾其安"(教师只顾赶进度,不考虑学生的接受能力);四是"使人不由其诚"(教师只从愿望出发,不考虑学生的内心需要);五是"教人不尽其材"(教师不考虑学生的个性及才能差异,没有因材施教)。这五大问题对教学工作危害极大,导致学生讨厌学习和怨恨教师,把学习当成痛苦的事,体会不到其中乐趣,表面看学生每天都在学习,学业却无实质性进步。

(2)归纳教育失败的原因

针对问题归纳教育失败的六个原因,指出:"发然后禁,则扞格而不胜;

时过然后学，则勤苦而难成；杂施而不孙，则坏乱而不修；独学而无友，则孤陋而寡闻；燕朋逆其师；燕辟废其学。此六者，教之所由废也。"（事情已经发生然后予以禁止，势必心怀抵触而不能承受；时机已过然后学习，必然艰苦加倍而难有成效；施教杂乱而不讲次序，势必学业不能成功；独学无友，不能切磋，势必孤陋寡闻，学业难进；结成朋党，相互隐私护短，必然违背师教；行为邪僻，品行不端，必然荒废学业，玷辱学说。这六项，就是教育失败的原因。）

（3）总结教育成功的原因

总结教育成功的四点原因：预防、及时、循序、观摩。"大学之法：禁于未发之谓豫，当其可之谓时，不陵节而施之谓孙，相观而善之谓摩。此四者，教之所由兴也。"（最好的教育方法是：禁止于发生之前，这叫预防；当需要教育时教育，这叫及时；教学不超越等级次序，这叫循序；相互观察，取人之长，这叫观摩。这四项，就是教育成功的原因。）

（4）指出学生学习有四失

"学者有四失，教者必知之。人之学也，或失则多，或失则寡，或失则易，或失则止。此四者，心之莫同也。知其心，然后能救其失也。教也者，长善而救其失者也。"（学生容易产生四种过失，教师必须了解。人们学习时，有人失于贪多求全，有人失于孤陋寡闻，有人失于轻忽随便，有人失于故步自封。这四种情况，各人心情是不同的。教师只有明白学生心意，才能补救其不足。教育，也就是培养、发扬学生的长处，而补救、避免学生的短处。）

《学记》归纳教育失败的六个原因和教育成功的四个原因，以及教师存在的问题并学生学习失败的原因，既是对教学规律的总结，也是对师生心理规律的概括，充满教与学的辩证法。据此，归纳出三条教育原则，言简意赅，成为千古教育名言。在公元前 3 世纪前，能有这样完整的教育教学和心理规律认知，是很罕见的，这些认知放在今天也是科学的。

（5）总结归纳教学三原则

长善救失原则，指出教育就是"长善救失"："教也者，长善而救其失者也。"教师必须了解学生心理以及不同学生心理差异，做到扬长补短、纠偏救弊，促进学生正常发展。

启发诱导原则，强调教育就是"喻也"："故君子之教喻也。道而弗牵，强而弗抑，开而弗达。道而弗牵则和，强而弗抑则易，开而弗达则思。和、易以思，可谓善喻矣。"（教学要引导而不强拉，勉励而不挫伤，启发而不说尽。引导而不强拉，师生之间就融洽；勉励而不挫伤，学生就容易接受；启发而不说尽，能促进学生思考。师生和谐、学有信心而又促进思考，可以称得上善于教谕了。）并提出要善喻（设譬不多而意义明白），博喻（能广喻博晓），罕譬而喻（语言不多，含蓄深长）。

藏息相辅原则，指出教育需要"藏息相辅"："大学之教也，时教必有正业，退息必有居学……故君子之于学也，藏焉，修焉，息焉，游焉。"要求教师善于处理正课"藏"与业余爱好"息"的关系。正课学习有主攻方向，业余爱好广泛多样，而且认识到学生的业余爱好会有助于正课学习，这就是"藏息相辅"。

4. 教学管理与教师素养

《学记》重视大学入学教育和对学生日常行为的管理。"大学始教，皮弁祭菜，示敬道也。"把入学教育作为大学教育的开始，开学当天，要求天子率领文武百官亲临学宫，参加典礼，用新鲜蔬菜水果等祭祀先圣先师，以表示尊师重道之意。

开学典礼结束后，新生首先学习《诗经·小雅》中《鹿鸣》《四牡》《皇皇者华》三首君臣宴乐诗。告诉学生大学是培养政府官员之所，上大学就是"官其始也"。踏上仕途第一步，要思考如何做一名忠君、勤政、爱民的好官。

日常教学要有一定的训诫仪式。"入学鼓箧，孙其业也。夏楚（教鞭）二物，收其威也。未卜禘不视学，游其志也。时观而弗语，存其心也。幼者听而弗问，学不躐等也。"明教之大伦也。

教师要经常考察学生学习情况，及时发现问题，进行正确引导。但不要指手画脚说得太多，给学生独立思考余地，使其充分体会学习的乐趣，培养强烈的求知欲和自学能力。年幼学生要注意多听少问，依循由浅及深的学习顺序。以上日常教育教学管理基本规程和行为指南，具有很强的可行性。

　　《学记》继承儒家尤其是孔子和荀子重视教师问题的传统，认为教育成败关键在教师："大学之礼，虽诏于天子，无北面，所以尊师也。""凡学之道，严师为难。师严然后道尊，道尊然后民知敬学。"

　　《学记》指出教师责任重大应受到全社会尊重："三王、四代唯其师。"对教师提出很高要求：教师应具备"为长""为君"的素质，"善歌者，使人继其声；善教者，使人继其志"。

　　《学记》对教师素质提出四方面要求。第一，"师也者，所以学为君也"：应有很高的政治素质和道德觉悟。第二，"记问之学，不足以为人师。必也其听语乎"：必须有广博的知识，只靠照本宣科当不好老师。第三，明白"教之所由兴""教之所由废"，"然后可以为人师也"：要懂得教育规律，教学要"善喻""博喻""罕譬而喻"，应用启发教学。第四，"其言也，约而达，微而臧"：教师必须有良好的语言表达能力，语言要简明而透彻、精微而稳妥，举例有典型性。

　　《学记》指出"进学之道"是教师要善于提问。"善学者，师逸而功倍，又从而庸之；不善学者，师勤而功半，又从而怨之。""善问者，如攻坚木，先其易者，后其节目，及其久也，相说以解；不善问者反此。善待问者，如撞钟，叩之以小者则小鸣，叩之以大者则大鸣，待其从容，然后尽其声；不善答问者反此。此皆进学之道也。"

　　《学记》首次提出"教学相长"命题。"学然后知不足，教然后知困。知不足，然后能自反也；知困，然后能自强也。故曰：教学相长也。"《学记》要求教师必须向书本学习，"知不足"；要在教学实践中学习，"知困"，促进教学水平提高。"教学相长"指师生相互学习、相互促进、彼此激励的辩证统一关系。

　　如前所说，善于总结也是我国的一个优秀教育传统。我国自古总结出丰富的教育经验，几千年积累传承了众多优秀教育传统并赋予其当今时代内涵。主要有："学而不厌""博学笃志""切问近思""好学力行"的教育理念；"道法自然""导而弗牵""引而不发""开而弗达""强而弗抑"的教学思想；"学"与"习"并重，"教"与"学"相长，"学"与"思"结合，"知"与

"行"统一的辩证观点。

我国近二百万年的悠久历史证明：文化是中华民族的魂，实践是中华文化产生和发展的根，教育是中华文化传承和创新的坚实基底。

二、教育，始终和思想相互融通

远古时代，教育作为生产和生活经验的积累与传播方式，推动人类社会的发展与进步。当人类进入古代国家时代，教育不仅是社会生产和生活经验的积累与传播方式，而且是国家精神与国家意志的代表。通过教育宣扬国家的精神、传播国家法律和制度、了解国家的意志和要求。无论什么时期、无论哪个国家，概莫能外，只要有国家存在，教育始终是国家精神与国家意志的代表。

公元前 21 世纪，我国产生早期国家夏，结束部落联盟局面，世袭制取代禅让制，王位和财产按照家族血缘关系世代继承。夏王桀时期统治残暴，不修德行，约公元前 1600 年，被商部落首领汤联合其他部落消灭，汤建立商朝。商纣王时滥施酷刑，赋税繁重，引起人民不满，约公元前 1046 年，周部落首领周武王组成政治联盟消灭商朝，建立西周。

西周末年，社会各种矛盾激化，公元前 771 年，被犬戎族所灭。周平王东迁洛邑，史称东周（公元前 770 年—前 256 年）。东周又分为两段：公元前 770 年—前 475 年，将近 300 年，因鲁国编年史《春秋》被称为"春秋"时期；公元前 475 年—前 221 年，250 多年，因刘向所编《战国策》被称为"战国"时期。

西周时期，由于社会稳定，铁制农具与牛耕的出现，促进了农业生产的精耕细作，农业生产技术积累，山林开发和耕地面积扩大，农业生产有很大发展。农业的发展推动手工业进步，手工业产品增加，商业活动逐渐活跃。

春秋时期，一方面，农业、手工业和商业发展，生产力和生产方式矛盾引起社会矛盾加剧。另一方面，社会动荡加剧，诸侯国势力崛起，争霸战争频仍，周王室统治力量衰微，各种制度遭到破坏，分封制逐步瓦解，井田制逐渐崩溃，出现"礼崩乐坏"状况。

社会的动荡，战争的频发，造成社会矛盾激化，引发对旧秩序的不满，改革变法呼声高涨。在这种形势下，社会阶层流动加快，作为知识分子的"士"，原在"王、诸侯、卿大夫、士"社会上层中处于最低层，但在"士、农、工、商""四民"中处于最高层，发生很大变化：人数增加、组成多样化、地位提升。

在社会大变动时期，对知识分子需求更迫切，知识分子地位提升加快，对各诸侯国影响更加强烈。在春秋社会动荡之时、战国变法成为大势之际，各国称雄，争霸战争不断，作为知识分子的"士"有更多发展机会：做谋士、当说客；出谋划策、变法革新；率兵作战、发展经济、繁荣商业等。随着周朝"官学"式微，"私学"发展，形成各种学派，产生一批教育名家，不但推动社会变革发展，而且促进教育本身发展。

深入研究古代各种教育学派的形成发展，各派名家的教育思想，其产生和发展都不是偶然的，都和各教育学派和教育名家的哲学思想、政治思想密切相关、相互融通。也就是说，每一个教育学派或教育名家的哲学思想和政治思想，都直接反映在他们的教育思想中。因为每个教育学派或教育名家的教育思想都直接体现着他们"为谁培养人"与"培养怎样的人"，他们的哲学思想和政治思想决定"人才培养规格"和"人才培养方法"。

在古代各种教育学派中，能够称为华夏教育主要"渊泉"的有三个学派，其他学派基本是从这三个"渊泉"中分化出的支流。这里简要分析介绍华夏教育的三个"渊泉"，以便大致把握中华民族教育的主要内容与特点。

（一）老子的哲学思想和老子的教育思想

老子（约公元前571年—前471年），生活于春秋末期，姓李，名耳，字聃，古书中常称老子为老聃。楚国苦县厉乡曲仁里（今河南省周口市鹿邑县太清宫镇）人，历任甘国礼官、周柱下史、周征藏史等职。曾隐居宋国沛地，自耕而食，自织而衣，慕其名者接踵而至，其弟子遍天下。被列为世界文化名人，世界百位历史名人之一。

在春秋时期著名教育学派和教育名家中，老子生活的年代最早。我国古代多种典籍记载，孔子曾经两次向老子请教"问道"与"治世"，听老子讲道后，孔子发出"吾今日见老子，其犹龙邪""朝闻道，夕死可矣"的感叹，可见孔子对老子思想景仰之深。

老子有一套独特的哲学思想。其他学派和名家虽然也有自己的哲学思想，但多数是"人性论"与"伦理学"，或者政治思想与政治抱负。老子的哲学思想真正触及哲学根本问题，涉及世界的本源，由此演绎出道家一整套教育思想，是我国古代教育思想的重要流派，也是华夏教育的主要"渊泉"之一，在我国哲学史与教育史上很有影响，在国际哲学史与教育史上也非常著名。

1. 老子的哲学思想

老子因《道德经》及其中思想而著称于世。《道德经》分为"道经""德经"两篇，通行本两篇八十一章，共五千字左右。《道德经》是道家学派的根基，老子成为道家学派开创者。《道德经》是一部思想深邃的哲学著作，反映了我国古代学者的哲学思维。全书以"道"解释宇宙万物的根本和演变，认为"道"是"德"之"体"，"德"是"道"之"用"。

（1）首次提出"道"的概念

"有物混成，先天地生，寂兮寥兮，独立不改，周行而不殆，可以为天地母。吾不知其名，字之曰道，强为之名曰大。"（《道德经》第二十五章）

老子认为一切事物都遵循"道"（规律），主张尊重并顺应人的天性，"无为而治，道法自然"。圣人按照自然无为的原则来管理百姓，不强加自己的意图于百姓之上。把"道"作为自己思想的核心，提出并尊重"道"，在人类认识史上是一次巨大进步，这也是老子教育思想的基础。

（2）"道"来源于自然

"道生一，一生二，二生三，三生万物。万物负阴而抱阳，冲气以为和。"（《道德经》第四十二章）"故道大，天大，地大，王亦大。域中有四大，而王居其一焉。人法地，地法天，天法道，道法自然。"（《道德经》第二十五章）

老子赋予"道"根本性地位，认为"道"是万物的始基，"道"是天下万物产生的根源："道生一，一生二，二生三，三生万物。"老子提倡的"道"

是一种客观规律，从自然界离析而来，不以人的意志为转移，因此，人应该遵循"道"的规律，而不可因自己的私欲改变"道"、破坏"道"。老子思想体系中，"道"的内涵丰厚，人们虽然不能以有限的语言去界定和解释"道"，但是"道"却并非绝对超越人的认识、不可知。

老子认为"道"来源于自然。"道法自然"，强调人的行为、活动、思想要效法天地，成为具有自然意义、自然本性的人。在此基础上提出人应该具有"见素抱朴，少私寡欲"的品质，即回归本真，减少过分欲望。老子的教育思想主张自然无为，顺应人的天性进行教育，不应以外界的标准来束缚或者改变人的天性。

（3）朴素辩证法观点

事物本身内部不是单一的、静止的，而是相对复杂和变化的。事物本身即是阴阳的统一体，相互对立的事物会互相转化，即阴阳转化。方法（德）来源于事物的规律（道）。《道德经》提出一系列对立统一的哲学范畴，如"有无""生死""虚实""奇正""荣辱"等，皆自然之道。同时善于找出事物对立的两面互相转化的特点，如"祸兮福之所倚，福兮祸之所伏""天下万物生于有，有生于无""信言不美，美言不信；善者不辩，辩者不善""曲则全，枉则直，洼则盈，敝则新，少则多，多则惑""企者不立，跨者不行，自见者不明，自是者不彰，自伐者无功，自矜者不长"等，表现出老子朴素辩证法的思辨特点。

老子哲学思想中的朴素唯物认识论和朴素辩证法思想，不但是哲学思想的一个重要突破，也对老子教育思想形成有重要影响，值得我们深入研究，挖掘其有益因素。这就是为什么现在世界上，有那么多思想家和科学家越来越重视老子思想，这也是教育家深入研究老子教育思想的原因。

老子在《道德经》中体现的思想，来源于老子对当时所处时代的冷静思考。老子生于春秋时期，此时周代文明式微，社会动荡，政治诡谲，民不聊生。老子透过纷繁的社会现象，深入思考造成这种局面的根源，追寻到人的深层心理，认为永不满足的私欲带来无休止的征伐与掠夺。这一时期也是文化和思想发生剧变的时期，各种学说纷纷兴起，都想在政坛获得一席之地。

这些学说没有帮助天下黎民百姓改善生活，社会愈加混乱。这时，独具特色、主张"无为""无治"的老子思想兴起，期望当权者能够放弃过度私欲而返璞归真，回归自然。今天看来，老子这种想法或许有点幼稚，但却是当时社会大变动在哲学思想界的一种宝贵反映。

2. 老子的教育思想

老子的教育思想和他的哲学思想一样，内容博大精深，而且富有辩证思维，是华夏民族教育思想的一大"渊泉"。老子哲学思想的核心是"道"（规律），老子根据"道法自然，无为而治"原则提出独特的人性观和知识观，以此为基础推演出一系列有重要启示的教育思想。

老子基于"道"提出的自然主义教育思想与教育原则，在我国古代教育思想中有着重要地位。在中国古代的教育学派中，老子的教育思想能真正弥补儒家教育思想的不足，揭露封建礼教对人性的异化，给予今天的教育深刻启发。老子的教育思想在世界教育思想流派中更是具有重大影响，特别是在当今科学技术高度发展的情况下，能够促使教育家们深刻思考如何协调人与自然和社会关系等问题。下面分析介绍老子教育思想中最特殊、最有价值的内容。

（1）"自然人性观"

古今教育家在建立教育体系时，都以不同的人性观为基础。老子主张"自然人性观"，认为人生下来所具有的天性最好、最完美。老子以"常德不离，复归于婴儿"自然人性观为教育立论基础，从"道法自然"出发，认为宇宙间自然万物都是自然质朴的。宇宙有四大，人居其一，人与万物一样，作为天地间一分子，人的本性是素朴的，如婴儿时期的纯真自然、无知无欲、质朴无华的素朴状态。《道德经》对婴儿状态表示赞美："专气至柔，能婴儿乎？"（第十章）"常德不离，复归于婴儿。"（第二十八章）甚至认为"圣人皆孩之"（第四十九章）。就是说真正的圣贤教育，就是让人们都像婴孩那样质朴单纯。基于这样的人性观，老子反对人为妄作的教育，以维护人们无知无欲的自然本性。

（2）"行不言之教"

从"自然人性观"出发，老子主张"圣人处无为之事，行不言之教"（第二章）。老子认为教育有两种：一种是世俗教育，一种是大道教育。世俗教育的结果，是使人们的世俗知识和欲望一天比一天增多；大道教育的结果，是使人们的世俗知识和欲望一天比一天减少。老子希望社会安定，人们没有痛苦，他反对人们过高的欲望。当人们欲望减少到一定程度时，就能够做到清静无为了。所以老子说："为学日益，为道日损。损之又损，以至于无为，无为而无不为。"（第四十八章）这里要明确：老子不反对正常的欲望，他要求使百姓"甘其食，美其服，安其居，乐其俗"（第八十章）；要求国家"大国不过欲兼畜人，小国不过欲入事人，夫两者各得其所欲，大者宜为下"（第六十一章）。

但是老子又明确说："人之所教，我亦教之。"（第四十二章）老子写书、收弟子、从事教育，看似与上面观点矛盾，其实老子面对的是一些失去淳朴天性的人，让这些人重新找回淳朴天性，就是老子教育的目的，老子的教育过程就是对人们淳朴天性的修复过程。所以"行不言之教"正是实践他的"自然人性观"的目的。"不言"不是什么都不说，而是少说多做，身教示范。"不言之教"强调身教重于言教，以此达到"不教而教"的目的。

老子反对一般人的智慧，就是"世俗智慧"。反对世俗智慧的同时，又提倡"道的智慧"。《道德经》中，他反智慧的同时，又不断提倡智慧。如："知人者智，自知者明"（第三十三章）；"使我介然有知，行于大道，唯施是畏"（第五十三章）；"知者不言，言者不知"（第五十六章）；"夫唯无知，是以不我知"（第七十章）；等等。老子对智慧的态度，简单说就是反对小聪明，提倡大智慧。

（3）"宽容的教育"

在先秦各家教育思想中，道家是最为宽容的一家。《庄子·德充符》提出，对老师的要求就要像天地那样："天无不覆，地无不载"。老子说："圣人无常心，以百姓心为心。善者，吾善之；不善者，吾亦善之，德善。信者，吾信之；不信者，吾亦信之，德信。圣人在天下歙歙，为天下浑其心。圣人皆孩之。"（第四十九章）用一颗善良诚实的心去对待包括坏人在内的一切人，老子认为如此就可以使所有人都被感化为好人。做到这一点，就是"圣人常善救人，故无弃人；常善救物，故无弃物"（第二十七章）。这样宽容对待学生，就不会有被抛弃的学生了。

如果把这个观点放到师生关系上，无疑是正确的。因为弟子是受教育的对象，他们的错误是可以被原谅的。从这点看，老子的教育胸怀比孔子"有教无类"更宽广。

正因为老子教育思想与一般人有一定距离，不适合春秋动荡社会的需要，所以老子无法成为教育史上的成功者。今天我们回过来审视老子的教育思想，能看到其中的确有许多值得学习、研究与借鉴的地方。

3. 老子教育思想与自然主义教育思想

从理论与内容分析老子的教育理论，老子是中国古代乃至世界最早提出自然主义教育思想的教育家、思想家，其后另一代表人物是庄子。魏晋南北朝的嵇康，是我国第一位系统阐述自然主义教育的思想家，他的《难自然好学论》写道："是以困而后学，学以致荣；计而后习，好而习成。有似自然，故令吾子谓之自然耳。推其原也，六经以抑引为主，人性以从欲为欢。抑引则违其愿，从欲则得自然。然则自然之得，不由抑引之六经；全性之本，不须犯情之礼律。故仁义务于理伪，非养真之要术；廉让生于争夺，非自然之所出也。"

明代王守仁生活时期，学校教育中充斥着压抑儿童的各种现象，王守仁对其进行深刻揭露。他说："若近世之训蒙稚者，日唯督之以句读课仿，责其检束，而不知导之以礼，求其聪明，而不知养之以善；鞭挞绳缚，若待拘囚。"这样违背儿童身心发展特点的教育方式，造成当时有的孩子把学校看成监狱而不肯上学，把师长看作仇人而不敢相见。王守仁进而提出："大抵童子之情，乐嬉游而惮拘检；如草木之始萌芽，舒畅之则条达，摧挠之则衰萎。今教童子，必使其趋向鼓舞，中心喜悦，则其进自不能已。譬之时雨春风，沾被卉木，莫不萌动发越，自然日长月化；若冰霜剥落，则生意萧索，日就枯槁矣。"王守仁把儿童比作刚刚萌芽的草木，认为顺其自然就会枝繁叶茂，违背自然规律就会枯萎。就是说教育必须符合儿童身心发展的特点，符合人的成长规律，应当采用儿童喜欢的、能接受的方法，不断鼓励儿童，让他们体验鼓舞与喜悦，从内心感到愉快，促使其自然发展。

王守仁的自然教育思想，体现在教育内容上是注重"歌诗""习礼""读书"；在教育原则上注重因材施教、循序渐进、量力而行；在学习方法上强调"自得"，注重实践。

在西方教育史上，自然主义教育是一个很重要的流派。首次提出自然主义教育思想的是古希腊的柏拉图（公元前 427 年—前 347 年）。他认为真正的教育是将存在于学生身上的潜力吸引出来的过程：知识的种子存在于每个人的心灵之中，教师的作用是帮助学生自己去发现真理，教师的任务是帮助心灵走向光明，这是完全自然的运动。亚里士多德在西方教育史上首次提出"教育遵循自然"的原则。他认为在教育过程中，要按照儿童心理发展规律对儿童进行分阶段教育；明确提出"教育遵循自然"原则，并将其作为贯串整个教育的一条根本性指导原则。

此后，有许多教育家主张自然主义教育。例如，康德主张自然主义教育，认为教育应发展学生所有的自然禀赋。卢梭是自然主义教育思想的主要代表，其著作《爱弥儿》的核心概念为自然教育。裴斯泰洛奇受卢梭自然主义教育思想影响，认为教育一方面要遵循儿童的天性，另一方面又要把人性提升到更高的道德境界，教育的目的在于"促进人的一切天赋能力和力量的全面和谐的发展"。他进一步深化自然主义教育思想，提出"教育心理学化"口号，使教育适应自然的理论有了新的内涵。

在自然主义教育研究中，我们应注意人的双重属性：自然属性与社会属性。依据教育社会学家涂尔干的观点，教育要促进学生自然属性与社会属性的和谐发展，引导学生通过教育实现"有条不紊的社会化"，成为对社会发展有用的人。

《道德经》内容广泛，涵盖哲学、文学、美学、医学、社会学、天文学、养生学、军事学等。书中提出许多哲学原理与命题，又充满辩证思维方法，一直以来受到各国各界人士关注和研究。特别是 21 世纪以来，由于现代科学技术发展的需要，学习、研究《道德经》的人日益增多。在教育界，老子的教育思想也越来越受到各国关注与研究，研究成果数量可观。我国教育界需要对老子教育思想进行一分为二的分析研究，吸取合理成分，为今天教育改革深化发展提供参考和借鉴。在具体的教学实施过程中，不仅《道德经》可以作为学生学习的重要内容，而且相关研究成果可以作为教育方法论的重要参考标准，帮助解决教育热点问题。

（二）孔子的哲学思想和孔子的教育思想

孔子（公元前551年9月28日—前479年4月11日），生活于春秋末期，比老子略晚，孔氏，名丘，字仲尼。祖籍宋国栗邑（今河南省商丘市夏邑县）。《史记·孔子世家》记载，孔子祖上是殷商王室的后裔、宋国的贵族。生于鲁国陬邑（今山东省曲阜市）。我国著名思想家、政治家、教育家，曾与弟子周游列国十四年，晚年修订六经（《诗》《书》《礼》《乐》《易》《春秋》）。被联合国教科文组织列为世界十大文化名人之首。

许多观点认为孔子首创私学招收学生，相传孔子有弟子三千，贤人七十二。孔子去世后，其弟子及再传弟子把孔子与弟子的言行语录，记录整理编成儒家经典《论语》。孔子被后世尊为圣人、至圣、至圣先师、万世师表、大成至圣文宣王先师，其创建的儒家学派是我国古代教育的重要学派，也是华夏教育的主要"渊泉"之一，在我国以及世界都有深远影响。

1. 孔子的哲学思想

孔子对创建西周各项制度的周公旦的执政能力和为人道德十分崇敬，对周公提出的"敬德保民"思想非常赞同，认为周公创建的各项制度，发挥了稳定社会的积极作用。但在春秋末期，周王室的权力已经名存实亡，诸侯间争战不断，"王道哀，礼义废，政权失，家殊俗"。社会矛盾激化阻碍了生产力发展，人的精神和信念也遭受了前所未有的摧残，使周公制定的制度遭到破坏——维护周王室的根本制度宗法制、维护周朝的政治制度分封制、为国家提供物质保障的井田制都遭到严重破坏，维护周朝等级的礼乐制度更是"礼崩乐坏"，使孔子发出感叹："甚矣，吾衰也！久矣，吾不复梦见周公。"（《论语·述而》）

（1）孔子哲学思想理论源头："仁爱·礼乐"

从理论源头考察，孔子以"性善论"为基础（"一阴一阳之谓道，继之者善也，成之者性也"），以立人极为指归（以人道、天道、地道"三极之道"相会通又适时之变为方法论）；从实践看，"仁爱·礼乐"思想来自周公的"敬民、爱民、保民"思想，是一种朴素的"民本"思想。

孔子哲学的核心就是"仁"。"爱人"是"仁"的重要精神内涵，由"爱人"自然推演出一系列内容，都深刻体现孔子对一般社会民众的关注，奠定孔子作为中国乃至世界最伟大的思想家的地位。在几千年后的今天，"敬民、爱民、保民"思想仍具有普遍适用性和超越时代的价值，是中华文明的核心。

但是，当时孔子对"仁"的具体内涵似难以说清楚。孔子的学生等很多人都问孔子"仁"是什么，孔子的回答却有不同。如学生子贡问："如有博施于民而能济众，何如？可谓仁乎？"孔子回答："夫仁者，己欲立而立人，己欲达而达人。"（《论语·雍也》）学生冉雍问仁，子曰："己所不欲，勿施于人。"（《论语·颜渊》）

正因为"仁"的内涵难以明确，一般人很难实行，同时"仁"的要求很高，那些诸侯国君与大臣也不愿意实施。所以，孔子就把"仁"和"礼"结合加以论述。学生颜渊问仁时，孔子回答："克己复礼为仁。一日克己复礼，天下归仁焉。为仁由己，而由人乎哉？"颜渊再问："请问其目。"子曰："非礼勿视，非礼勿听，非礼勿言，非礼勿动。"（《论语·颜渊》）

关于"仁"和"礼"的关系孔子有很多论述，概括成一句话："仁"是"礼"的内容，"礼"是"仁"的形式。有了"仁"的精神，"礼"才真正充实。如，孔子尝独立，鲤趋而过庭，曰："学《诗》乎？"对曰："未也。""不学《诗》，无以言。"他日又独立，鲤趋而过庭，曰："学礼乎？"对曰："未也。""不学礼，无以立。"鲤退而学礼。（《论语·季氏》）又如，子曰："恭而无礼则劳，慎而无礼则葸，勇而无礼则乱，直而无礼则绞。"（《论语·泰伯》）子曰："君子博学于文，约之以礼，亦可以弗畔矣夫。"（《论语·雍也》）子曰："君子义以为质，礼以行之，孙以出之，信以成之。君子哉！"（《论语·卫灵公》）

因为"礼乐"对诸侯贵族以及百姓的行为都有具体规范要求，人们容易实行，也便于检测，把"礼乐"作为推行"仁爱"思想的要求更加适合且容易执行。孔子一直用"仁爱、礼乐"思想实践他的政治抱负。他指出："为政以德，譬如北辰，居其所而众星共之。"（《论语·为政》）"道之以德，齐之以礼，有耻且格。"（《论语·为政》）孔子坚持以"德"（礼乐教化）为主治理国家，以"礼"（秩序规范）教育百姓，使百姓讲道德、守规矩。

（2）孔子思想发展变化原因："经历·反思"

孔子政治思想的核心是"仁"与"礼"，治国方略主张"道之以德""齐之以礼"，称为"德治"和"礼治"。孔子最高的政治理想是建立"天下为公"的大同社会，初步的政治目标是建立"小康"社会。

孔子的哲学思想和政治思想，从早期主张坚持西周周公所制定的各种制度，到后来逐渐变化发展，是经历了一个不断实践与反思的过程。孔子谈到学习时说过：人有"生而知之者，上也；学而知之者，次也；困而学之，又其次也；困而不学，民斯为下矣"。（《论语·季氏》）孔子说："我非生而知之者，好古，敏以求之者也。"（《论语·述而》）孔子说的学习，包括向书本学习，也包括在实践中学习，同时包括向他人学习："三人行，必有我师焉。择其善者而从之，其不善者而改之。"（《论语·述而》）

孔子自幼聪明好学，幼年时常将祭祀用的俎豆摆设起来，练习行礼演礼。年轻时先后问礼于老聃，学鼓琴于师襄子，访乐于苌弘。郯国国君郯子访鲁，孔子得知郯子博学多才，就慕名拜见。二十岁时，孔子学识已经非常渊博，被赞为"博学好礼"。

孔子虽出身贵族，但三岁时，父亲叔梁纥去世，十七岁时，母亲颜徵（征）在去世。孔子成为孤儿，早年生活极为辛苦，他说："吾少也贱，故多能鄙事。"（《论语·子罕》）十九岁时，为鲁国贵族季孙氏做文书、委吏和乘田等小吏，管理仓库和牧场，学习管理政务，积累治理政事的经验。

二十三岁时，孔子开始在乡间收徒讲学，学生有颜路（颜回之父）、曾点（曾参之父）、冉耕等。三十岁左右，最初的一些弟子来到孔子身边，此后孔子一直从事教育事业。他广收门徒，相传弟子三千，贤人七十二，并有孔门十哲：道德品行高尚有颜渊、闵子骞、冉伯牛、仲弓；擅长外交辞令有宰我、子贡；擅长政事有冉有、子路；通晓古代文献有子游、子夏。（《论语·先进》）孔子首倡"有教无类"，成为春秋时期学术下移、私人讲学的先驱。

孔子三十五岁时，鲁昭公被掌权的季孙氏、叔孙氏、孟孙氏击败，逃到齐国，孔子也离开鲁国到齐国，齐景公问孔子如何为政，景公听了孔子的回答很高兴，要封赐给孔子田地。其时上大夫晏婴主持国政，他生活非常节俭，自我要求严格，将齐国治理得很好。晏婴向齐景公进言，大意有三点：儒者能言善辩，但不会用法度规范民众行为；东周王室衰落后，礼乐残缺很长时间，搞不清其中学问，学不完复杂礼乐；礼制礼仪烦琐，浪费钱财时间，父母去世要守孝三年，破费财产厚葬死人，是劳民伤财的事。指出齐景公如用这套改造齐国习俗，并不能很好地引导民众。听了晏婴的话后，齐景公虽敬待孔子，但不再问政与问礼。同时孔子听说齐国有大夫想谋害自己，于是离开齐国返回鲁国。

孔子因为和晏婴的治国方略不同，受到晏婴批驳。这对孔子是一次打击，促使孔子反思。孔子根植于"仁爱"的政治抱负与急功近利的"霸道"不符合，孔子十余年得不到重用。直到五十一岁时，孔子被鲁定公任命为中都宰（地方长官），一年后升任司空（管理鲁国市政建设），后又升任大司寇（管理鲁国司法），鲁定公十四年摄行相事（代理宰相），兼管外交事务。孔子感到有机会施展政治抱负，用"仁爱、礼乐"治理鲁国，使鲁国的内政外交大有起色，百姓安居乐业，社会秩序良好，史书称"路不拾遗，夜不闭户"。孔子在外交上又让鲁定公与齐景公会于夹谷，取得外交胜利，使齐归还侵占鲁的汶阳等地。

但遗憾的是，孔子行相仅三个月，其杰出的治国能力威胁到齐国，于是齐大夫黎鉏设计送鲁定公美女良马，使鲁国君臣沉溺于酒色，以此挤走孔子。这件事对孔子的政治抱负是第二次打击，他没想到齐国竟然会用这样卑鄙的方法达到目的。

这事以后，孔子决定周游列国，宣传周公"敬德保民"思想，推行"仁爱、礼乐"治国理想。公元前 497 年，孔子五十五岁时率颜渊、子贡、子路、闵子骞、曾点、曾参、言偃、子羔、公良孺等弟子离开鲁国周游列国，前后辗转于卫、曹、宋、郑、陈、蔡、叶、楚等诸侯国，期盼诸侯国君能够赞同其思想，任用其治理国家。然而周游列国十四年，各国对孔子的态度是"尊而不用"，均未予以重用。而且孔子多次遭遇困厄危险，几乎丢了性命。

孔子一行离开鲁国首先到卫国，此后四次进出卫国。五十六岁时因卫灵公听信谗言，孔子率弟子前往陈地，途经匡城，孔子被匡人误以为是阳虎，遭围捕，被拘五日。后逃离匡城到了蒲地，碰上卫国贵族公叔氏发动叛乱，再次被围，逃脱后孔子又返回卫国，得到卫灵公礼遇，后又遭人诬陷而离开。孔子离开卫国西行，过曹国，到达宋国。孔子在大树下和弟子习礼，宋司马桓魋要杀孔子，将大树拔除，弟子想尽快离去，被孔子制止："天生德于予，桓魋其如予何？"

孔子周游列国期间，曾经有事回到鲁国。在孔子和弟子路过泰山时，遇到一位身世凄惨的妇女，讲述当地虎患严重，她和亲人一直住在这里，以至于家中多人被老虎咬死，只剩她一人对着坟墓哭泣。孔子问她为什么不离开，她说山里虽有虎，但没有苛政。孔子感叹"苛政猛于虎"。

六十岁时，孔子过郑到陈，在郑国都城与弟子失散，独自在东门等候。有人告知子贡，说东门有个人像丧家之犬。弟子们找到孔子，子贡把这话告诉孔子，孔子欣然笑曰："而谓似丧家之狗，然哉！然哉！"（他说我像一只失去主人家的狗，确实如此！确实如此！）

六十三岁时，吴伐陈，楚救陈之际，楚昭王派人请孔子。陈、蔡大夫怕孔子为楚国所用，便将孔子围困在陈、蔡野外，孔子等绝粮七日，只得以蒲草根茎为食。许多弟子病倒不起，弟子中多有不快者，孔子仍旧讲诵不绝。最后子贡找到楚人，派兵迎孔子，师徒才免于一死。

后来派子贡至楚，楚昭王兴师迎接孔子。卫灵公闻孔子来，高兴地出郊相迎。孔子对卫灵公说：卫国为政先要"正名"。可惜卫灵公说自己老了，不能再用孔子理政。孔子仍不忘从政，喟然叹曰："苟有用我者，期月而已可也，三年有成。"（《论语·子路》）

这次周游列国，孔子从五十五岁到六十八岁，整整十四年的各种经历，给孔子一次最大的打击。这十四年的经历促使他反思自己的政治理想与政治抱负为什么不受欢迎，为什么周公的"敬德保民"思想和"仁政""德政"没有人愿意实行，为什么"苛政猛于虎"，为什么"礼崩乐坏"如此严重。这些经历促使孔子反思并顿悟，使他淡然了从政之心，而决定把余下时间都投入教育和文献整理，培养自己的学生以及保存古代典籍。

孔子颠沛流离十四年，公元前484年，六十八岁的孔子在其弟子冉求的努力下，被季康子派人迎回鲁国尊为国老，但仍没有得到鲁哀公任用。孔子静下心来，专心致志从事教育，培养学生继承自己未完成的政治理想与政治抱负，同时为华夏民族整理先秦时期的典籍，为中国、为世界留下一批古代经典的文本。

孔子在七十多岁时，回首自己一生经历，说："吾十有五而志于学，三十而立，四十而不惑，五十而知天命，六十而耳顺，七十而从心所欲不逾矩。"（我十五岁有志学习周公制定的各项制度，三十岁立志实施仁政与德政，四十岁坚信自己政治理想与抱负，五十岁明白必须因时而变与因势而动，六十岁听得进别人的意见和建议；七十岁能够随心行动但不会超出规矩。）（《论语·为政》）孔子最著名的学生孟子最理解孔子的思想变化，说孔子是"圣之时者也"（《孟子·万章下》），指的就是这个意思。

2. 孔子的教育思想

政治上的不得意，使孔子将很大精力用在教育事业上。有那么多学生，使孔子有足够多的教育教学实践，加以孔子对学生的深入观察研究，注重归纳和提炼，孔子积累大量研究个案，归纳出一系列对教育规律的认识。这些成为中华教育的优秀传统，需要我们深入学习继承，发扬光大。下面介绍孔子教育思想中最具价值的内容，供大家学习研究，传承发展。

（1）"有教无类"

孔子对教育的最大贡献，就是在周代"学在官府"背景下，创办私人学校（许多观点认为孔子首创"私学"），使教育普及更多普通民众，对华夏文化传播与知识普及带来的益处，是千秋万代都难以尽说的。更重要的是，孔子明确提出"有教无类"，就是招收与培养学生，没有阶级、民族、地域、财富、年龄等区别和限制，真正做到"有教无类"，实现教育的平等。

这在二千五百多年前，确实是世界第一，对华夏民族文化发展功德无量。"束脩"在当时只是礼的象征，只要遵礼来学习，孔子都不拒绝。"有教无类"从本质上说，就是"普及教育""平民教育"，矛头直指"学在官府"，使当时贵族垄断的文化教育普及一般人，将知识自贵族阶层传播至平民阶层，宣告教育不再是贵族的专利。

据《史记·孔子世家》记载：孔子所招收三千弟子中，除了像鲁国大夫孟僖子两个儿子孟懿子和南宫敬叔、宋国司马牛等少数贵族子弟，其余皆出身贫贱。孔子二十三岁开始在乡间收徒讲学，第一批学生都是孔子在季氏做"委吏"时共过事的杂役伙计们，其中有车夫颜路（颜回之父），伙夫曾点（曾参之父），看门的闵子骞，扫地的冉伯牛，守库房的琴张，野孩子子路等。《史记·仲尼弟子列传》描写子路，"冠雄鸡，佩豭豚"，活脱脱一个流氓。《史记·游侠列传》写原宪"终身空室蓬户，褐衣疏食"，很是穷困。《韩诗外传》说，曾参曾经做小吏，能谋斗升之粟养亲就很满足，可见曾点曾参父子都很穷。《吕氏春秋》说子张是"鲁之鄙家"。颜回居住在陋巷，箪食瓢饮，死后有棺无椁。总的说，孔子学生出身贫贱的多，但无论贫富贵贱，只要遵礼来学，孔子都不会拒绝。

（2）"启发教育"

孔子教育的另一特点是启发式教育，这在二千五百多年前更是不易。古代"学在官府"的教育，内容以六经为主，学习方法主要是老师讲解、学生读书背诵。

孔子在世界教育史上首次提出并坚持"启发教育"。孔子认为，掌握知识或是形成道德观念，都是学生主动探索领会的过程，特别重视学生学习的主动性，强调启发学生的心智。他提出："不愤不启，不悱不发，举一隅不以三隅反，则不复也。"（《论语·述而》）"启发"一词由此而来。从内容看，"启"指思维与思考，"发"指语言与表达。

孔子启发式教学的基础是学生主动思考，孔子非常强调"学与习"并重，他说"学而时习之，不亦说乎"（《论语·学而》）；强调"学与思"结合，他说"学而不思则罔，思而不学则殆"（《论语·为政》）；强调"教与学"相长，他说"三人行，必有我师焉"（《论语·述而》）；强调"知与行"统一，主张"笃行之"（《中庸》）。

孔子非常重视"循循善诱"，弟子颜渊无限崇敬地说"夫子循循然善诱人"（《论语·子罕》）。目的是使学生能够"举一反三"，甚至"闻一知十"。

启发式教育有很多不同于灌输教育的具体方法：一是问题讨论。就是通过与学生讨论，调动学生主动思考问题的积极性，加深对问题的理解，而不是简单告诉学生答案。整部《论语》就是孔子和学生讨论问题的记录，最经典的案例就是子路、曾皙、冉有、公西华跟孔子坐在一起谈论志向的问题。二是难点诘问。孔子善于用诘问的方式，启发学生对难点问题开展驳难诘问，在诘问过程中加深对问题的理解。比如孔子与子张关于"达"与"闻"的不同理解案例。三是生动比喻。孔子善于通过具体生动的比喻说明道理，以学生所熟悉的事物作比，引导学生理解抽象道理。孔子运用比喻基本是类比推理和比喻推理，属于"原型启发"的思维方式。我们今天要更深刻、更广泛地运用比喻方法启发学生思维，发展孔子的启发式教育方法。

孔子的启发式教育在世界上提出最早，体系最完整。孔子后一百年左右，欧洲著名教育家苏格拉底提出启发式教育。苏格拉底的"启发教育"对欧洲影响很大，延伸出许多教学方法，对世界各地的教学有很大影响。现代心理学以及脑科学的发展，使教学理论获得科学实证的支持。20世纪以皮亚杰心理学为理论基础的结构主义教学理论，还有维果斯基与赞可夫等一批教育学家主张的建构主义学习理论，都是启发式教育思想在现代的发展，"启发教育"越来越成为世界主流的教学思想与教学方式。

比较以建构主义教学为代表的理论与方法和以"灌输"为特征的教学，建构主义教学等更加契合现代人才培养需要，主要表现在两个方面：建构主义教学等的核心是教学以学生为中心，强调学生主动探索、主动发现和对知识的主动建构；建构主义教学等的关键是强调学生的"学"，不是教师的"教"。这是两种教育思想和教学观念最根本的分歧点，体现了启发式教育的优势。

(3)"因材施教"

孔子教育思想还有个非常了不起的特点，就是因材施教。因材施教是根据不同学生的个性、能力、思维、志趣等具体情况，采取不同教育方法的个性化教育。孔子很注意观察了解学生的特点，在解答学生疑问时，即使是同一个问题，因提问者不同，答复的方法或结论也有所不同。

例如颜渊和冉雍都问孔子"仁"的问题，孔子对两人的回答各不相同。颜渊"问仁"，孔子主要从道德修养方面谈，回答他"克己复礼为仁"，具体是"非礼勿视，非礼勿听，非礼勿言，非礼勿动"（《论语·颜渊》）。孔子认为冉雍有治世之德，可做卿大夫之类的官。冉雍"问仁"时，可能冉雍要出任季氏宰这个职务，孔子就对他说"己所不欲，勿施于人；在邦无怨，在家无怨"（《论语·颜渊》），这是孔子对冉雍做官的重要告诫。

又如子路和冉有都问孔子"闻斯行诸?"（《论语·先进》），就是"听到就要干吗?"。孔子知道"子路性鄙，好勇力，志伉直"（《史记·仲尼弟子列传》），是一个喜欢逞勇斗力、气性刚猛爽直之人，孔子一直在有意矫正他，所以告诫他做事前先要征得父兄同意；而冉有生性胆小，遇事畏缩多虑，孔子就鼓励他放开手脚，闻风而动，说干就干。

这说明孔子当时已经对心理学知识有了初步认识，才能够在教育中依据不同学生的心理特点，运用不同教育方法或教育内容给予回答。这也说明孔子十分注意研究分析学生的各种心理状态，证明孔子非常注重教育实践的积累与研究。

在孔子的培养下，学生中确实涌出一大批人才。有的继承孔子学说，有的从政治国，有的经商理财，有的发挥军事才能。如弟子有若，品学兼优，鲁哀公八年（公元前487年），吴国攻打鲁国，有若参战有功，击败吴国。弟子冉求多才多艺，多次参政，为鲁国理财。鲁哀公十一年（公元前484年），齐国派兵攻打鲁国，冉有率领一支突击队，用长矛战胜齐军。鲁国正卿季康子问冉有作战才能向谁所学，冉有说是孔子所教。季康子想起孔子当年执政鲁国，不战而屈人之兵，不费一兵一卒从齐国手中夺回汶阳等地。此时冉有趁机说服季康子，把在外周游十四年的孔子迎回鲁国，并尊为国老。

（三）墨子的哲学思想和墨子的教育思想

1. 中国古代唯一平民出身的教育名家

墨子（公元前 480 或 476 年—前 420 或 390 年），姓墨名翟，春秋末期战国初期滕国（今山东省滕州市木石镇）人，生活年代晚于孔子，早于孟子。原是宋国贵族目夷后裔，因故从贵族降为平民，简略为墨姓。作为平民，少年时代做过牧童，学过木工。所以自称"鄙人"，人称"布衣之士"。墨子一生过着简朴的生活，"量腹而食，度身而衣"，墨家弟子也都是"短褐之衣，藜藿之羹"。

墨子相当有文化知识，自许"上无君上之事，下无耕农之难"，是个同情"农与工肆之人"的士人。墨子是中国古代唯一平民出身的哲学家、思想家、政治家、教育家，也是古代著名科学家、军事家。

墨子年轻时决心拜访天下名师，学习治国之道。他脚穿草鞋，步行诸国，在各地游学。墨子最早师从儒者，学习儒家典籍。因不满儒家礼学等级森严、仪式烦琐，最终舍弃儒学，自创墨家学说，到各地聚众讲学，以激烈言辞抨击儒家和诸侯国暴政，大批手工业者和下层士人追随，逐步形成墨家学派。

墨子在三十岁前创办私学，这是一所不同于其他学派的学校，是人类历史上第一所设有文、理、军、工等科的综合性平民学校。这个学校培养了大批人才，史称"弟子弥丰，充满天下"。墨子为宣传自己的学说与主张，广收门徒，亲信弟子有数百人之多，形成声势浩大的墨家学派。

墨家在法家崛起前是和儒家相对立的最大学派，并列为战国时"显学"，在当时的百家争鸣中，有"非儒即墨"之称。

墨子创建的墨家学派是我国古代重要的教育学派，也是华夏教育的主要"渊泉"之一。墨子和墨家弟子都是富于仁义、知识渊博的下层士人或聪敏的工匠，墨家学派的教育思想以及工匠精神，在我国乃至世界都有深远而积极的影响。伟人毛泽东评价：墨子是一个劳动者，他不做官，但他是一个比孔子高明的圣人。

墨子去世后，墨家分为相里氏之墨、相夫氏之墨、邓陵氏之墨三个学派。三派的活动方式虽然各不相同，或是从政，或是谈辩，或是著书，但其目的是一致的，都是坚持墨子的基本思想观点，实行墨子之道。墨子弟子根据墨子生平事迹，收集其语录，编成《墨子》七十一篇，如今只存五十三篇，亡佚十八篇。

2. 墨子的哲学思想

墨子作为我国古代平民哲学家的主要贡献是在认识论方面提出朴素唯物主义经验论，指出要以"耳目之实"的直接感觉经验作为认识的唯一来源，也就是要以所看到和所听到的为依据。

（1）墨子的认识论："事·实·利"

墨子从朴素唯物主义经验论出发，提出检验认识真伪的标准有"三表"："上本之于古者圣王之事""下原察百姓耳目之实""观其中国家百姓人民之利"（《墨子·非命上》）。综合"事""实""利"三方面，以间接经验、直接经验和社会效果为准绳。这是墨子提出自己政治理论的准绳，也是墨子判断政治活动对错的依据。例如"非攻"，不是简单地反对所有战争，而是区分战争的性质，既要反对攻伐掠夺的不义之战，又要支持防守诛讨的正义之战。

（2）墨子的知识观："闻知·说知·亲知"

墨子从朴素唯物主义经验论出发，提出知识有三个来源："闻知""说知""亲知"。"闻知"又分为传闻与亲闻，但传闻与亲闻都不应简单接受，而必须消化与融会，使之成为自己的知识，要"循所闻而得其意"（《墨子·经上》）。"说知"是需要经推论而得到的知识，强调"闻所不知若已知，则两知之"（《墨子·经下》），要由已知的知识去推知未知的知识。例如：圆可用圆规画出，推知所有的圆都可用圆规度量。"亲知"是墨子与其他诸子重大的不同之处。墨子所说"亲知"，是自身亲历所得到的知识。又分"虑""接""明"三个步骤。"虑"是人起心动念，有所求知；"接"是通过五官与外物接触，感知外物的性质和形状；"明"是综合、整理、分析和推论得到的知识，最终达到"明知"。

墨子把知识来源的三个方面联系在一起，在认识论领域中独树一帜，这和墨子的逻辑体系有很大关联，在战国时期是很少有的。

（3）墨子的政治观："兼爱·尚贤·非攻"

墨子政治上主张"仁政"，但他解释："此仁也，义也。""义者，善政也。何以知义之为善政也？曰：天下有义则治，无义则乱，是以知义之为善政也。"（《墨子·天志中》）墨子说："义"指"正义""义气""信义"，可以称之"天德""天志"。

墨子和孔子主张的"爱人"有重大区别。墨子讲"兼爱"，是"爱无差等"之爱，即不分等级亲疏地爱人。儒家之爱是在宗法制度和宗法观念的前提下，"亲亲有术，尊贤有等"，是有差等、有区别的爱。墨子的道德观是以"兼爱"为核心，以"尚贤"为支点，以"非攻"为目的。

墨子政治上主张正义治国、贤人治国，提出"兼爱""非攻""尚贤""尚同"等十大主张，同时指出要针对不同国家的不同情况，选择最合适的主张。国家混乱失治，用"尚贤""尚同"；国家贫穷衰落，用"节用""节葬"；国家奢靡迷醉，用"非乐""非命"；国家无礼淫野，用"尊天""事鬼"；国家侵凌欺夺，用"兼爱""非攻"。墨子认为只要"兼相爱，交相利"（《墨子·非命上》），社会上就没有强凌弱、贵傲贱、智诈愚，以及各国间的攻伐现象了。假如将这些内容从时代限制下释放出来，是具有跨时代意义和普适性价值的。

在用人原则上，墨子主张任人唯贤的"贤人政治"，反对任人唯亲。主张"官无常贵，而民无终贱"（《墨子·尚贤上》）。他主张从天子、诸侯国君到各级正长，都要"选天下之贤可者"充当，而人民与天子国君，则都要服从天志。

我国资产阶级革命先行者孙中山称古时最讲"爱"字的莫过于墨子，并用"兼爱"作为他民主思想的基础。著名历史学家汤因比也赞扬说：把普遍的爱作为义务的墨子学说，对现代世界来说，更是恰当的主张，因为现代世界在技术上已经统一，但在感情方面还没有统一起来。只有普遍的爱，才是人类拯救自己的唯一希望。

3. 墨子的教育思想

（1）教育目的："兴天下之利，除天下之害"

春秋末期战国初期，社会动荡日益加剧，许多小诸侯国被兼并，大的诸侯国各自为政，拼命扩充军队，力图扩张疆域，形成战国七雄，互相争战不断，无休止的战乱导致生产荒废，家园破败。这一切在墨子看来都是天下大害，他希望能够有人"兴天下之利，除天下之害"（《墨子·兼爱下》）。他认为教育的目的，就是要培养"仁人""贤人"，因为"仁人之事者，必务求兴天下之利，除天下之害"（《墨子·兼爱下》）。鲁迅先生高度赞扬，称墨子是中国的脊梁。

（2）人才规格：培养"兼士"实现贤人政治

墨子认为教育目的是培养"兴天下之利，除天下之害"之人，因此主张以"兼士"作为人才培养的规格要求。"兼士"培养是为了实现墨子理想的贤人政治，也是实现墨子"兴天下之利，除天下之害"的教育目的。墨子从"兼相爱，交相利"的社会理想出发，主张以"兼士"作为培养人才的规格要求，通过他们去实现贤人政治。

墨子提出"兼士"应该满足三方面要求：知识技能、思维论辩和高尚道德。其中高尚道德尤为重要，唯有如此，"兼士"才能以"兴天下之利，除天下之害"为己任，不分彼此、亲疏、贵贱和贫富，对所有人都能做到"饥则食之，寒则衣之，疾病侍养之，死丧葬埋之"（《墨子·兼爱下》）。

（3）教育内容：注重科技和思维能力培养

墨子培养"兼士"，在学习内容上，除强调政治与道德品质、文史知识教育以外，特别重视科学技术知识和思维能力的培养。前者主要是生产知识和军事知识，尤其注重生产工具制造以及战争攻防武器的发明制作，为此需要对学生进行数学与自然科学知识教育。而后者的目的在于培养与训练学生的逻辑思维能力，使之善于论辩，说服别人，推行自己的政治主张。

与儒家强调"六艺"学习相比，墨家学派特别强调科学知识与劳动技术能力，这在两千多年前确实是一件了不起的事情。这一方面是出于当时客观环境的需要，另一方面也是因为墨家弟子多数出身"农与工肆"，从事农业生产与各种手工业生产，很多弟子不仅有职业知识和技能，也深知这些对国家和民生的重要。

墨家学校是我国最早进行职业技能教育的学校，不但保存下古代大量机械制作的经验与技术，而且培养与形成了系统的工匠精神：切磋琢磨、惟精惟一；精雕细琢、精益求精；敬业执着、创新求变；济世情怀、奉献精神。对我国古代和现代机械制作发展具有重要影响，成为中华民族一项宝贵的精神和技术财富。

（4）教育原则：强调实践与强化纪律

勤生薄死，艰苦卓绝，殉身赴义，摩顶放踵利天下为之，是墨子的基本作风和墨家的基本传统。这也成为墨家学校的教育原则：强调实践。墨家学派坚持："言必信，行必果，使言行之合犹合符节也，无言而不行也。"（《墨子·兼爱下》）

墨家的实践坚持"其言必信，其行必果，已诺必诚，不爱其躯，赴士之厄困"（《史记·游侠列传》）。在政治方面坚持实践"仁政"，"士为知己者死"。在工作中也是"艰苦实践"，所以形成工匠精神。在学习中，无论是撰书、辩论、讲学，都坚持"艰苦实践"。在作战中"为义忘死"，更是一种"艰苦实践"精神：禽滑釐追随墨子，裂裳裹足，长途跋涉，率领弟子三百人助宋守城，止楚攻宋；墨家领袖孟胜为楚阳城君守城，以身殉职，弟子徐弱等183人随之殉死。

墨家是先秦时代唯一有严密组织的学派，首领称"巨（钜）子"。作为一个学派团体，组织严密，团结互助，纪律严明，才能获得成功。首领在墨家学派拥有权威。一代只有一个巨子，由上一代巨子选拔贤者担任，墨家主张尚贤，所选拔巨子必须是最贤能、最智慧、最善辩之人。弟子听命巨子，为实施墨家主张舍身行道。

如弟子在各国做官，要向团体捐献俸禄，"有财相分"，供学派实现仁政用。墨家实行"墨者之法"，如"杀人者死，伤人者刑"等。墨家聚徒讲学，身体力行，奔走各国，积极实现"仁政""利天下"的政治主张。

（四）黄老之学和墨子的杰出贡献

1. 关于黄老之学

研究春秋战国的学术文化不能回避"黄老之学"，因为年代久远，我们对

"黄老之学"了解不完整不系统，但它确是华夏文化之渊薮，也是诸子各家各派之源头。"黄老之学"是黄帝之学和老子之学的合称，在春秋战国时期到秦汉之际，黄老思想极为流行，其既有丰富的理论性，又有强烈的现实感。

作为一种哲学思想，黄老之学形成于春秋战国时期。作为一种社会思潮，在魏文侯西河学派与齐威王稷下学宫时期盛行。黄老之学尊崇黄帝和老子思想，以道家思想为主，吸收阴阳家、儒家、墨家、法家等学派观点，对当时其他学派思想也有或多或少的影响。

复旦大学历史系黄世晔教授对"黄老之学"有深入的研究和自己独特的思考。黄世晔先生认为"黄老之学"不是黄帝和老聃两人的思想，因为黄帝只是传说中人，老子道学在春秋前期还没有最终形成。从流传下来的内容分析，"黄老之学"包含内容非常多而且杂，不像是一个学者的系统思想，极有可能是我国远古时期各种神话故事、历史传说，民间流传对于天地起源的观点，以及对自然和社会发展的探索或猜测的混合物。正因如此，"黄老之学"后来具有为各家学派接受的成分，甚至被各学派说成自己学派的源泉。

黄老学派到汉代中期后，逐渐衰微，其人员逐渐分为三大类：一是专注"经世"之道，包括有关哲学思想、政治思想等；二是专注"致用"之法，包括科学发现、技术发明制造等；三是专注"修行"之术，包括中医治疗学、修身养性术。有的则成为游侠，甚至走上炼丹长生、看相算命的歧路。

2. 关于墨子学说特点

由上分析，墨子学说应该是"黄老之学"在"经世"与"致用"两方面的传承与发展，尤其是在科学发现和技术制造等方面。墨家学派在自然科学和技术制造方面贡献卓越，是必须加以肯定和研究的。

被尊为"学界泰斗"的季羡林先生说："墨子在人类文明史上，代表了一个时代的高度。他在哲学、教育、科学、逻辑、军事防御工程等许多领域，都有杰出的贡献，是一位伟大的平民圣人。"英国著名科技史专家李约瑟（Joseph Terence Montgomery Needham，1900—1995），在他所著《中国科学技术史》中称：一个墨子，抵得上整个古希腊。我国著名历史学家、中国墨子学会名誉会长杨向奎先生说得更加明确："一部《墨经》，无论在自然科学哪一方面，都超过整个希腊，至少等于整个希腊。"

墨家的主要代表作品是《墨子》。《墨子》一书，一般认为是由墨子自著及其门徒记述墨子言行而写定的。《墨子》内容广博，包括哲学、逻辑、政治、伦理、军事、科技等方面，是研究墨子及其后学的重要史料。分两大部分：一部分是记载墨子言行，阐述墨子思想，主要反映前期墨家的思想；另一部分称作墨辩或墨经，阐述墨家的认识论和逻辑思想，以及许多自然科学内容，反映后期墨家的思想。

墨子及其弟子言论，还散见于各种典籍中，如《新序》《尸子》《晏子春秋》《韩非子》《吕氏春秋》《淮南子》《列子》《战国策》《诸宫旧事》《神仙传》等等。墨家著作是在六朝以后逐渐散佚的。《汉书·艺文志》著录《墨子》七十一篇，经历代亡佚，到宋时只存六十篇，如今只存五十三篇。

按照梁启超先生分类，《墨子》内容可分为五大类。第一类：杂有名家之言，混有杂家之说，有《亲士》《三辩》等七篇。第二类：代表墨家主要政治思想，有《尚贤》《非攻》《兼爱》《节用》《非乐》《明鬼》《尚同》《非命》《天志》《节葬》《非儒》。第三类：被治墨者称为墨辩或墨经，是《墨子》精华部分，有《经》《经说》《大取》《小取》。第四类：墨子弟子记载墨子生平言论行事，有《耕柱》《公输》等五篇。第五类：墨家兵法，有《备城门》等十一篇。

3. 墨子的主要贡献

（1）哲学方面

墨子的哲学思想深入到对世界本质及其构成的探讨，主要贡献在于对世界本源的探究。老子认为世界本源是"道"，墨子则提出整体宇宙论。墨子认为宇宙是一个连续的整体，个体或局部都是由这个统一的整体分出来的，都是这个统一整体的组成部分。换句话说，也就是整体包含着个体，整体又是由个体所构成，整体与个体之间有着必然的有机联系。

从连续的宇宙观出发，墨子进一步建立关于时空的理论。他把时间定名为"久"，把空间定名为"宇"，并对"久"和"宇"作出定义，即"久"为包括古今旦暮的一切时间，"宇"为包括东西南北中的一切空间，时间和空间都是连续不间断的。

在定义时空之后，墨子进一步论述时空有限还是无限的问题。他认为：时空既是有穷的，又是无穷的。对于整体来说，时空是无穷的；而对于部分来说，时空则是有穷的。

墨子进一步指出，连续的时空由时空元组成。他把时空元定义为"始"和"端"。"始"是时间中不可再分割的最小单位，"端"是空间中不可再分割的最小单位。这就形成时空是连续无穷的，连续无穷的时空又是由最小的单元构成，在无穷中包含着有穷，在连续中包含着不连续的时空理论。这在当时是很科学的宇宙观与时空观，对科学研究具有重要意义。

墨子哲学思想另一贡献在认识论。人的认识从哪里来？这是哲学又一主要问题。墨子以"耳目之实"的直接感觉经验为认识的唯一来源，从这个朴素唯物主义经验论出发，提出检验认识真伪的标准，即"三表"，墨子综合"事""实""利"三者，以间接经验、直接经验和社会效果为准绳，努力排除个人的主观成见。

墨子在人的知识来源上，提出"闻知""说知""亲知"。墨子的"闻知"与"说知"不是消极简单接受，而蕴涵着积极进取精神。墨子非常重视"亲知"，这也是墨子与其他诸子的重大区别。墨子把知识来源的三个方面辩证地联系在一起，在认识论领域独树一帜。

（2）逻辑学方面

墨子是中国古代逻辑思想的重要开拓者之一。逻辑是研究思维方法的，由于墨子关于逻辑的论述围绕"辩"或"辩论"展开，被称为墨辩逻辑，和古代印度因明学、古希腊亚里士多德的逻辑学，并称为世界三大逻辑学体系。

墨子比较自觉地运用逻辑推论方法，建立或论证墨家政治与伦理思想。他在中国逻辑史上第一次提出"辩、类、故"等逻辑概念，并把"辩"作为专门知识学习。墨子的"辩"统指辩论技术，但是建立在"察类"（考察事物的类）和"明故"（明晓根据、理由）基础之上，"取名予实"（依据事物的发展变化确定事物的名称），属于逻辑类推或论证范畴。

墨子所说的"三表法"就是三个判断标准或原则，既是说话或辩论的标准，也包含推理论证的因素。墨子善于运用类推方法揭露论敌的自相矛盾，使自己的思想表达更有说服力。由于墨子的倡导和启蒙，墨家养成重逻辑的传统，并由后期墨家建立起中国古代第一个逻辑学体系。战国时期"名家"著名人物，如公孙龙、惠施等，都受墨子逻辑的影响。

墨家还运用逻辑知识创立语义实验法，训练学生说话的逻辑思维。墨子认为"名"是用来反映客观事物及其本质属性的，"名"与"实"之间有着"举"这种关系，这样"名""实""举"就形成"语义三角"。

墨家指出"名"及"名"组成的"言"（语言）是在人不断实践的过程中产生的，人的认知能力在这个过程中起着重要作用，语义是人类在实践中获得的经验的语言表达。墨家明确分析了语句的真值条件，阐述它们之间的真假制约关系，深入探讨"悖"辞的谬误问题。从墨学中找出与当代语义学相通的地方，可以在借鉴现代语义学理论基础上建立汉语的语义学理论，对语文教学培养学生语言思维能力很有价值。

（3）数学方面

墨子是我国历史上第一个从理性高度研究数学问题的科学家，他对一系列数学概念的命题和定义加以确定，这些命题和定义都具有高度抽象性和严密性，反映墨子的认识已经上升到数学规律层面。墨子对数学所作基本定义有"倍"的定义、"同长"的定义、"中"的定义、"平"的定义、"圜"的定义、正方形的定义、直线的定义等等。

如"圜"的定义。墨子说："圜，一中同长也。"（《墨子·经上》）这里"圜"即为圆。圆规早已广泛应用，但给圆以精确定义的是墨子，这与欧几里得几何学中圆的定义完全一致。如直线的定义。墨子说三点共线即为直线。这个定义在后世测量物体高度和距离方面得到广泛应用，晋代数学家刘徽在测量学专著《海岛算经》中，就是应用三点共线来测高和测距的。汉以后弩机上的瞄准器"望山"也是据此发明的。我国在商代已经应用十进制记数法，墨子是首位对位值制概念进行总结和阐述的数学家。他指出在不同位数上的数码其数值不同。例如在相同的数位上，一小于五，而在不同的数位上，一可多于五。这是因为在同一数位（个位、十位、百位、千位……）上，五包含了一，而当一处于较高数位上时，则反过来一包含了五。墨子关于数学概念的理性思维，体现我国古代在数学方面的思维水平，对今天数学教学有重要启迪作用。

（4）自然科学方面

墨子对自然科学的贡献涉及物理学的力学、光学、声学等分支，不但给出不少物理学概念的定义，并有不少重大发现，总结出一些物理学定理。

对"力"的定义。墨子说："力，刑（形）之所以奋也。"（《墨子·经上》）称力是使物体运动的原因，即使物体运动的作用叫作力。同时墨子指出物体在受力之时，也产生反作用力。

对"动"与"止"的定义。墨子认为"动"是由于力推送的缘故，提出"止，无久之不止，当牛非马，若矢过楹"（《墨子·经说上》）的观点。意思是物体运动的停止来自阻力阻抗的作用，如果没有阻力物体会永远运动下去。这个观点被认为是牛顿惯性定律的先驱。

关于杠杆定理。墨子指出称重物时秤杆之所以会平衡，原因是"本"短"标"长。用现代科学语言说，"本"就是阻力臂，"标"就是动力臂。此外墨子还对斜面、重心、滚动摩擦等力学问题有一系列研究成果。

进行光学实验。在光学史上，墨子是第一个进行光学实验，并对几何光学进行系统研究的科学家。李约瑟在《中国科学技术史》物理卷中说，墨子关于光学的研究，比我们所知的希腊的更早，印度亦不能比拟。

探讨光与影的关系。墨子细致观察运动物体影像的变化规律，提出"景不徙"的命题。就是说运动着的物体从表观看，它的影也是随着物体在运动，其实这是一种错觉。墨子这一命题，后来为名家所继承，并由此提出"飞鸟之影未尝动"的命题。墨子又探讨了物体的本影和副影的问题，他指出光源如果不是点光源，由于从各点发射的光线产生重复照射，物体就会产生本影和副影；如果光源是点光源，则只有本影出现。

墨子还进行小孔成像实验。他明确指出光是直线传播的，物体通过小孔所形成的像是倒像。这是因为光线经过物体、穿过小孔时，由于光的直线传播，物体上部成像于下，物体下部成像于上，故所成的像为倒像。他还探讨了影像的大小与物体的斜正、光源的远近的关系，指出物斜或光源远则影长细、物正或光源近则影短粗，如果是反射光，则影形成于物与光源之间。

同时墨子还对平面镜、凹面镜、凸面镜等进行了系统研究，得出几何光学一系列基本原理。

墨子也对声音传播进行研究。墨子发现井和罂（瓦器、瓮）有放大声音的作用，并巧妙地利用。他对学生说：守城时，为预防敌人挖地道攻城，每隔三十尺挖一井，置大罂于井中，罂口绷上薄牛皮，让听力好的人伏在罂上侦听，以监知敌方是否在挖地道，地道挖于何方，而做好御敌准备。这个防敌方法蕴含丰富的科学内涵。

（5）军事学方面

墨子的军事思想是站在弱者地位的自卫学说。墨子以兼爱为准绳，把战争严格区分为"诛"（诛无道）和"攻"（攻无罪）。即把战争分为两类：一类是攻伐掠夺的不义之战，墨家坚决反对（非攻）。如"大则攻小也，强则侮弱也，众则贼寡也，诈则欺愚也，贵则傲贱也，富则骄贫也"（《墨子·天志下》）的攻伐掠夺性战争。另一类是防守诛讨的正义之战，墨家坚决支持（救守）。如遭受大国强国攻伐掠夺的小国或弱国的防守，或者对国君无道不得民心者的诛讨，如商汤伐桀、武王伐纣。

《墨子·公输》中，可以看到墨子对救助弱国的态度：他听到楚惠王在公输般帮助下，要攻打宋国的消息后，立即从鲁国步行十天十夜，赶到楚的都城见公输般，从二人对话中可以清楚感到墨子说话的艺术与逻辑力量。当公输般理屈词穷后，推说已经和楚惠王说好了，墨子让公输般将自己引荐给楚王，从墨子劝说楚王又能看出墨子说话的艺术与逻辑力量。当楚王强词夺理说，楚国有云梯一定会赢时，墨子提出和公输般作推演，公输般用九种不同方式攻城，被墨子九次击退，可见墨子防御机械多且厉害。这时公输般想用杀掉墨子的方法，但墨子运用逻辑推理猜出他的想法并点穿他，说弟子禽滑釐已经率三百人助宋守城，从这里又看到墨家的领导力与执行力。在这种情况下，楚王被迫同意不再攻打宋国。

战国时范蠡从战略角度提出积极防御理论，墨子则从战术角度探讨防御，形成较完备的防御作战理论体系；两人和孙子以进攻为主的作战理论形成互补，对传统兵学发展作出积极贡献。

墨子的防御理论在我国军事学中占有重要地位，后世有关防御的原则和战术多来自《墨子》，把牢固防御统称为"墨守"。墨子深知，光讲道理无法使大国放弃战争，主张"深谋备御"，以积极防御制止侵略战争。墨子关于防御作战的论述，集中在《备城门》等十一篇中，形成以城池防守为核心的防御体系：一是倡导积极准备，力争有备无患。指出战前在后勤、城防、军备、外交、内政等物质和精神上做好充分准备，才能占有防御战有利条件和主动地位，赢得防御作战胜利。二是"守城者以亟伤敌为上"指导思想。守城防御中，应守中有攻，积极歼灭敌人有生力量（"亟伤敌"），并提出各种具体方法。三是提出一整套防御战术原则。《备城门》通过与禽滑釐问答，墨子对十二种攻城方法设计防御战术，对当时常用的攻城术，都设计别具匠心的应对措施，并详细解说守城器械制作方法与使用技巧。如《备蛾傅》讲解对付敌军凭借人多势众、驱赶兵士像蚂蚁般强行爬城进行硬攻的战术防守方法；《备水》讲解防备敌人以水攻城的战术方法；《备穴》讲解怎样识别挖地道的方法以及对付地道的办法；《备梯》讲解怎样破解用云梯攻城战术方法；《备突》讲解怎样防备敌人从城墙的"突门"攻入的战术方法等。

墨子一整套防御作战方法，显示出墨家"非攻"与"救守"的鲜明态度与坚定决心，也使读者看到墨子对战争实践的研究与对策，都是以他的科学研究和创造发明为基础。

（6）制造学方面

墨子精通手工技艺，他曾用三年时间，精心研制出能够飞行的木鸟（风筝、纸鸢），是中国风筝的创始人。他是制造车辆的能手，能在一日内造出载重三十石的车子，他造的车子运行迅速又省力，经久耐用，为当时人所赞赏。西方有弩机的弓最早出现在10世纪的意大利，墨家的发明比西方要早1 400年左右。

墨子谙熟当时各种兵器、机械和工程建筑的制造技术，并有很多创造。在《备城门》中，详细介绍和阐述城门的悬门结构，城门和城内外各种防御设施的构造，弩和桔槔等各种攻守器械的制造工艺，水道和地道的构筑技术，配有很多图示以便他人制作和运用。他所论及的这些器械和设施，对后世的军事活动有很大影响。

墨子行迹很广，年轻时便游学列国。多次到楚国，献书楚惠王。楚惠王打算封书社给墨子，墨子没有接受；又拒绝楚王赐给他的封地。越王邀请墨子做官，许给五百里封地，墨子不要封地与爵禄，只要求越王实现墨家政治抱负和思想主张，遭到越王拒绝。墨子自鲁至齐，过故人，谓墨子曰："今天下莫为义，子独自苦而为义，子不若已。"墨子曰："今天下莫为义，则子如劝我者也，何故止我？"（《墨子·贵义》）

墨子及墨者的各种理论和实践，都紧紧围绕墨子的政治主张和社会实践。但是战国时期社会影响很大、门徒很多的墨家，历史记载却极其简略。《史记》没有墨子的专传，仅在《孟子荀卿列传》有寥寥二十四个字。墨子弟子很多，现在知道姓名的只有三十几人，如禽滑釐、高石子、公尚过、耕柱子、魏越、随巢子、管黔敖、高孙子、治徒娱、跌鼻、高何、县子硕、曹公子、胜绰等。

墨家学派在秦代被压制，儒学成为西汉官方学说后，墨家几乎销声匿迹。但是墨家其实并没有消失，而是转向民间，分散在各地，尤其在山林湖草沙之间。两千年来，我国民间有多少杰出人才：机械制造的高手、建筑行业的匠人……他们仍旧秉承着墨者的"仁义"，讲求"兼相爱"，甚至出现许多"侠客""义士"，每当国家有危难、个人有艰险，他们都会"行侠仗义"，出手相援，以至牺牲生命。西汉刘安《淮南子·泰族训》说："墨子服役者百八十人，皆可使赴火蹈刃，死不还踵，化之所致也。"

著名文化学者钱文忠先生在国际墨子学术研讨会报告指出：中国传统文化汪洋恣肆、博大精深，我们不应把关注停留在儒家孔孟一系、道家老庄一系。我们再不重视墨学，中华民族乃至整个世界都将承受巨大的损失。我们必须在建设文化与提升教育软实力上形成共识，发掘真正属于中国，而同时又能被全世界广泛认同和接受的核心文化价值，并且努力将之弘扬出去。

三、教育，推动社会进步的杠杆

每当人类社会发展到历史转折点时，教育总是担当起社会发展的重任，成为推动与影响社会进步的杠杆。教师也都是在这个关键节点，扮演联系古今的一个关键环节，成为影响历史前行的强大助力。

公元前 475 年至前 221 年的战国时期，正是中国历史上第一个这样的转折点，时势让教师第一次成为推动历史前进的助动力。为什么？因为社会大变革，需要有先进的思想理念引领人们的行动，需要有先进人物组织人们的行动。战国时期恰恰为教育和教师提供了这样一个波澜壮阔的时代舞台，上演了一场惊心动魄的伟大历史话剧。我们看看孔子弟子子夏及其创办的西河学派，如何为战国时期的变法运动准备思想武器和组织力量；也看看齐国的稷下学宫及其引发的百家争鸣对中国历史发展产生的巨大作用。

（一）子夏创办西河学校和西河学派的贡献

1. 魏文侯拜子夏为师形成西河学派

战国时期的赵国、魏国、韩国都出自周朝的晋国。晋国是西周分封的诸侯国，是春秋四强国之一，鼎盛时期地域囊括今山西省全部、陕西省东部与北部、河北省中部与南部、河南省西部与北部、山东省西北部及内蒙古自治区的部分地区。

东周时期，晋国内部纷争不断，逐渐衰落。晋平公以后，晋国范、中行、智、韩、赵、魏六卿之间斗争激烈。晋定公时，范、中行两家首先败亡。晋出公二十二年（公元前 453 年），赵襄子、韩康子、魏桓子三分智地。公元前 403 年，周威烈王册封韩、赵、魏为诸侯，"三家分晋"局面形成。

三家分晋时，赵氏获利最多，得到晋国北部大片土地，并向东越过太行山，占有邯郸、中牟。魏氏与韩氏得到的少一些，魏氏领地与韩氏领地在赵氏领地南边，魏氏领地偏西，韩氏领地偏东。赵氏领地正压在魏氏领地脑门上，使魏氏很压抑。魏氏领地西边是一河之隔的秦，北边是强大的赵氏，东边是新兴的韩氏，南边越过中条山和黄河是秦、楚、郑国拉锯争夺的陕地。魏氏被紧紧裹在晋西南一隅，难以成战略基地。魏氏的核心地区是运城谷地，北部是吕梁山，南部是中条山，东部是王屋山，黄河的大拐角包住了魏氏西部和南部。这样的地势，易守难攻，但也容易被封锁。

魏文侯（公元前 445 年—前 396 年在位）是魏桓子之孙，公元前 445 年继承为晋国魏氏首领，这时已进入战国时期。魏文侯是一位很有抱负的君主，敢于因时而变，具有大局观。他没有因为魏所处地形不利而无奈，也没有因四周被列强包围而灰心丧气。他决定首先要自强，不被列强吃掉，然后打破封锁，向外发展。

魏文侯为实现自己的霸业，首先打破世袭制，不拘出身任用人才。一方面重用来自卫国的平民李悝与戎狄出身的翟璜为相，在列国中第一个实行变法，实现富国强兵。同时任用具有军事才能的卫国平民吴起、魏国平民乐羊等为将，发动对西边秦的进攻，拓展大片疆土，稳固了魏氏的政权。

魏文侯的雄才大略充分体现在对秦取得军事胜利后，还实施政策攻心，进行文化宣传。魏文侯明白，只有几个人才，还不能成就百年霸业，必须通过教育培养一批人才，才能够实现长治久安。

魏文侯清楚知道大儒子夏是各国士人的灵魂宗师，决心请子夏到西河办学。魏文侯亲自邀请并拜子夏为师，对子夏非常尊重。聆听过子夏讲解《礼记·大学》，有关"修身、齐家、治国、平天下"的理论大概使怀有"平天下"抱负的魏文侯很有感触。而给国君做老师是儒的最高荣誉，子夏是第一个享有这个荣誉的大儒。子夏被魏文侯的诚意感动，决定亲自到西河坐镇讲学。著名的西河学派在这个背景下产生。

子夏（公元前 507 年—前 400 年）是孔门十哲之一，名列七十二贤人，名卜商，字子夏，比孔子小四十四岁。前 476 年到西河（今陕西渭南）创办学堂，魏文侯拜子夏为师时，子夏已年迈。史书记载来西河从学者有三百多人，其中人才辈出。《史记·儒林列传》说："如田子方、段干木、吴起、禽滑釐之属，皆受业于子夏之伦。"战国时一批著名政治家、军事家如李悝、吴起及商鞅等，俱出其门下。而荀子、李斯、韩非等则是其隔二或三代的再传弟子。其门风之盛，使当时许多人甚至误以为子夏就是孔子。

子夏坐镇西河时，虽然很少亲自教学，但子夏在西河的象征意义极其重大，不仅对秦国、楚国、赵国这些非汉族文化占上风的国家的怀化作用十分显著，而且使魏国俨然成为中原各国的文化宗主国，各国大量士人纷纷转入西河学习。这些士人在西河学派学习后，自然地首选魏国为其效力，西河学派为魏国吸引和培养了大批人才与官员。

子夏为什么来西河办学？据历史记载，西河历史悠久，夏朝第六个国王胤甲曾建都于西河。《古史纪年》说：西河是周文王之子周武王封其弟康叔为始祖的卫国之地，此村地处古黄河西岸。黄河未改道东移之前，此村位处古黄河西岸，俗称西码头，后演变为西河。春秋时，子夏曾多次游历西河。今天在西河村东尚存子夏庙，保留着一块残碑，略述当年子夏居西河授学的历史。

孔子晚年回到鲁国，对自己的政治生涯已经看淡，致力招生讲学，着力整理古代文献，完成六经编纂和校订工作，为华夏文化留下经典。

子夏是一位具有独创精神的思想家。《论语·子张》记载子夏说："君子有三变：望之俨然，即之也温，听其言也厉。"可见子夏心目中的君子，不仅是孔子倡导的"温文尔雅"的醇儒。子夏和一般儒家弟子不同，他关注与时俱进的经世济用之学。子夏表现出与后世儒家不同的政治观点及历史理论，是受社会变化要求而做出的发展，也受到当时各国诸侯的欢迎。

2. 子夏与西河学派的贡献

子夏创建的西河学派适应战国社会发展需要，逐渐走向兼收并蓄、融合发展。魏国本来对儒学不重视，与韩国一样受卫国鬼谷子（王诩）影响最大，因此"黄老之学"在魏有很大势力，魏国的大臣结构由于魏文侯融合鬼谷学派和西河学派而发生很大变化。儒家之学自然是子夏关注的重点，因为"六艺"是贵族和士人治理国家必须掌握的基本技能。《春秋》以服务国君为对象，魏文侯抬高其地位，在西河就有《春秋公羊传》《春秋穀梁传》与吴起《左氏春秋传》三家。法家学说因为李悝变法编订《法经》，魏国一直沿用（《法经》后由商鞅带往秦国，秦律从《法经》脱胎而成，汉律又承袭秦律，

《法经》在古代法律史上有非常重要的地位）。另外，善于言辞的子贡的学生田子方，不仅传授儒家"六艺"，还传授其擅长的纵横术与经商本领。纵横术是官员从事外交必备才能，经商致富是官员富国富民必须掌握的知识。段干木是子夏看重的学生，魏文侯希望他为魏多培养高级官员，得到段干木的教授，魏国贵族出了魏太子击、公叔痤、公子昂等一大批人才。

可以看出，西河学派在子夏经世济用思想指导下，魏文侯建立霸业总目标支持下，逐渐走向兼收并蓄、融合发展，这对战国时期各国政治、经济、军事发展，以及阶层流动、知识分子队伍的壮大有积极意义，对我国古代学术交流发展、教育发展也有很大影响。西河学派对各学派注重经世致用有推动作用，对学术交流与融合发展也有促进作用。战国时期，西河学派培养了一大批法家、兵家、纵横家以及改革家与治国人才。

公元前 425 年，魏文侯任用子夏学生李悝为相，率先实行变法，以"重农"与"法治"结合思想进行政治、经济、军事改革。先把主要精力用于"修炼内力"。几年后，魏文侯发起对西方秦国的进攻，李悝率军在西河战场战胜秦军；吴起则直扑秦国粮食基地渭河平原；魏太子击指挥魏军渡黄河，攻破秦国西河防线军事重镇。至公元前 408 年，魏国完全占据西河地区，领土大大扩充。魏又向北夺取戎狄族土地设置上郡，控制西方与中原交通的黄金通道，在洛水东岸修筑长城，将秦国压制在洛水以西而不能进入中原地区长达八十年。

魏文侯解决西河战事后，便准备进攻中山，要解决压在魏国头顶的这块"大石头"。在乐羊的出色指挥下，训练有素的魏军苦战三年，魏文侯四十年（公元前 406 年），终于攻破中山国。后在太子击、李悝、乐羊的努力下，中山的局势逐渐稳定，解决魏文侯多年的一块心病。

魏文侯四十一年（公元前 405 年），齐相田悼子去世，执掌齐国政权的田氏家族发生内乱。魏文侯四十二年（公元前 404 年），魏、赵、韩联军进攻齐国，一直攻到齐国长城，田和被迫割地求和。

由于魏、赵、韩向黄河南岸发展，与一直想要控制这里的楚国利益冲突，三晋与楚多次激战，楚国被连续击败，中原土地连丧，魏国在中原站稳脚跟。魏文侯通过一系列军事行动，拉拢弱小的韩国，削弱有实力的赵国，打击了楚国，驱逐了齐国。魏国势力迅速发展扩大，成为中原地区的强国。

子夏在西河没有几年就去世了，但他在西河的象征意义却长期存在，魏文侯尊子夏为师的政治效果十分显著，魏国取代鲁国成为中原各国的文化中心。魏文侯通过李悝变法富国强兵，通过西河学派吸引和培养了一批人才，又经过一系列军事行动，终于在战国初期成就了一百多年的霸业。

（二）战国时教育圣地稷下学宫与百家争鸣

齐国（公元前 1044 年—前 221 年）是从西周到春秋战国时期的一个诸侯国。姜子牙辅佐周武王灭商后，被封为侯爵，建立齐国。齐国分为姜姓吕氏齐国和田齐两个时代，疆域大致包括今山东北部，河北南部、西部和山西东南部。自太公望以来，煮盐垦田，兵甲数万，成为濒临大海的大国。齐国国都是临淄（今山东省淄博市临淄区），田氏代齐后仍以临淄为都城。

姜姓齐国传到战国时期，田和独揽齐国大权，公元前 386 年，田和被周安王列为诸侯，田和正式称侯，史称"田齐代齐"。

1. 齐桓公受魏文侯建西河之学影响建稷下学宫

齐桓公受魏文侯尊礼子夏建立西河之学影响，在齐国都城稷门附近建立稷下学宫。其子齐威王是个有雄心壮志的国君，为广开言路，招揽人才，大力发展稷下学宫，稷下学宫成为世界上第一所由官方举办、私家主持的特殊形式的高等学府，有力地促成中国学术思想史上蔚为壮观的"百家争鸣"局面。同时齐威王任用稷下学宫著名学者邹忌，于公元前 355 年实行变法，推动齐国的发展，使齐国成为"战国七雄"之一。

齐国的田氏政权是取代姜氏而成立的新政权，需要对其合理性寻找依据，田氏选择来自南方陈国的老子学说，同时抬出传说中比尧、舜、禹、神农更早的黄帝作为田氏始祖。黄老之学开始受到齐国国君支持，在稷下学宫中居于主导地位，但是稷下学宫却在历史上产生了更为深远的意义。

2. 稷下学宫成为战国时教育圣地与"百家争鸣"

齐国执政者不惜财力物力建起巍峨学宫，"为开第康庄之衢，高门大屋"。

学宫容纳"诸子百家"各个学派，如道、儒、墨、法、名、兵、农、阴阳、纵横诸家。汇集天下贤士千人左右，著名学者有孟轲、淳于髡、邹衍、田骈、慎到、申不害、接子、季真、环渊、彭蒙、尹文子、田巴、兒说、鲁仲连、驺子（驺奭）、荀子等。尤其是荀子曾三出三进于稷下，历时数十载，并三次担任学宫"祭酒"（学宫之长），形成有别于邹鲁儒学的学说，本人也成为集"百家争鸣"之大成的学者。

凡到稷下学宫的文人学者，无论其学术派别、思想观点、政治倾向，以及国别、年龄、资历等，都可以自由发表自己的学术见解，这使学宫成为各学派荟萃的中心，各家学者互相争辩、诘难、吸收，成为"百家争鸣"的典型。

学宫对各家各派采取十分优礼的态度，赐著名学者为"上大夫"七十六人，并"受上大夫之禄"，提供相应爵位和俸养，允许他们"不治而议论"，"不任职而论国事"。还有稷下先生多达千余人，稷下学士有"数百千人"。

稷下学宫集中了一大批知名学者，因此出现了《黄帝四经》《管子》等一大批著名黄老学派著作，同时各家各派一大批学术著作相继问世，有《宋子》《田子》《蜗子》《捷子》等（今已亡佚），以及《管子》《晏子春秋》《司马法》《周官》等，不少稷下之士参与编撰。稷下学宫不少人善于把学术和政治结合起来游说各国，出现许多经世致用的人才。

稷下学宫既是一个官办的学术机构，又是一个治国方略的顾问团体，同时也是一个教育机构。其目的就是招揽天下有识之士，充分利用天下贤士的谋略智慧，为齐国达成富国强兵、争雄天下的目标服务。

稷下学宫的教学方法，可以概括为：个人自主阅读、互相启发思考、疑难互相论辩、问题诘难深思、周游列国游学。具体是：一是学生自主学习，阅读各家学说或著作，自己思考与领会；二是教师针对学生学习中的疑惑与难点，答疑解惑——即使教师答疑解惑，也绝不用说教方式灌输，而是充分运用《学记》提倡的"喻"；三是教师和学生自由讨论或辩驳，抒发自己的想法或不同的见解，通过碰撞激发新的思想；四是教师和学生一同对感兴趣或有心得的问题，开展深入研究，撰文或编书；五是周游列国，通过实地调查研究，证明或修正原来的思路，并向各诸侯国宣传自己的主张，如果得到赏识赞同，可以留下为官，实践自己的政治理想抱负。

当时受稷下学宫影响，一批学者也把"喻"的方法用于治国理政，当时称为"隐语"，亦称"瘦词"，即不直接表明本意而借别的话语来暗示。淳于髡是稷下学宫一位著名老师，他常用"隐语"来规劝国君和大臣，我们熟知的"不鸣则已，一鸣惊人"就是他用"隐语"说服齐威王发愤图强。淳于髡还用"大车和琴瑟"的"隐语"劝说齐相邹忌如何治理国家。而齐相邹忌也用"我与徐公孰美"的"隐语"劝告齐威王纳谏。齐威王也善用"隐语"，齐威王和魏惠王比宝就是用"隐语"说明人才是真正的宝。这些都是"君子之教，喻也"的典型例子，也说明启发诱导方法的效果和普及程度。

这种宽松、开放、富有趣味、引人思考的学习方式，包含着今天我们提倡的自主学习、合作学习、探究学习、研究学习、项目化学习以及游学等的影子。

稷下学宫进一步发展西河学派兼收并蓄、融合发展的教学传统，促成了战国时期的"百家争鸣"，使我国古代出现第一次文化学术高潮，促进了华夏民族文化与教育的繁荣。

稷下学宫大约存在150年，成为战国时各国向往的文化教育圣地。齐国最后被秦所灭，随着稷下学宫的消亡，学宫中各派学者带着自己的学说与著作，分散到各地宣传各派思想，对华夏文化的传播发挥了巨大作用。例如黄老之学开始流散到各地，黄老之学传承者张良、曹参等人帮助刘邦统一天下，对汉初"文景之治"形成有着重要影响，为汉武盛世打下坚实基础，是黄老之学一次成功的政治实践。

战国初期，魏文侯尊子夏为师，创建西河学派，建立了100多年霸业；战国中期，齐国创办稷下学宫，使齐国成为东方强国，创造了100多年辉煌。魏国西河学派和齐国稷下学宫的事例昭示我们，文化教育在社会转折期起着推动和影响社会发展的杠杆作用，对国家发展具有巨大的引领作用。

四、教育，正在走向世界未来

（一）中华民族优秀教育精神

通过唯物辩证历史观下的考察与研究，可以明确教育植根于人类丰富、具体、深入的生活生产实践；通过对历史上不同教育思想的研究与分析，确切地认识到不同教育派别的教育思想都和教育家的哲学思想互相融通；通过对我国最早和最有影响力的教育名家的分析与思考，确定以老子、孔子、墨子三位名家为代表的教育思想为中华民族教育思想的"渊泉"。

远古时期以汉民族为主体的华夏民族教育思想，通过几千年历史发展，形成多民族融合的中华民族的教育思想，进入 21 世纪，必将发展为人类命运共同体的全世界教育的重要理念。

从华夏文明教育传统到中华文明教育传统，再到人类命运共同体的世界教育理念，其核心精神可以用三个词语概括："道""仁""兼"。

中华民族优秀的教育精神核心就是教育的"实践性"——善于从实践中追寻教育的"道"（规律）：从自然规律到社会发展规律，从人的发展规律到教育规律。坚守教师的"仁"（仁爱）：从热爱世界到博爱人民，从热爱生活到挚爱学生。实现教育的"兼"（兼容）：不故步自封、不因循守旧，有兼容并包的气度、和谐共生的情怀。这就是中华文明优秀教育的精神，中华民族优秀教育的魂。

（二）中华民族优秀教育传统的传承发展与凝练升华

教育，正在走向世界的未来。这个未来就是中华民族优秀教育传统的传承发展与凝练升华。传承发展与凝练升华的是什么？不是具体的教育方法与教学技术，而是教育精神和教育文化，教师的历史责任和天下情怀。

1. 北宋教育家张载归纳教育四项使命

这充分体现于北宋哲学家、教育家张载提出的教育四项使命："为天地立

心，为生民立命，为往圣继绝学，为万世开太平。"（《横渠语录》）

"为天地立心"：天地本无心，但人有心。就是"仁爱""仁义"之心，是恻隐之心，仁者之心，圣人之心。"为生民立命"：就是孟子为民"安身立命"，为民众指引命运方向，而"民之命在于教"。"为往圣继绝学"：传承历史上"圣哲"思想与精神，包括古今中外所有"圣哲"的科学思想与学问。"为万世开太平"：让今日世界之人，重新回归率性澄明的人类精神家园，以实现世代太平，从进入"小康社会"，到共享"大同"盛世。

2. 习近平提出中国教育发展四个重要特征

习近平同志依据中华民族优秀教育传统，提出中国教育发展的四个重要特征：扎根中国、融通中外，立足时代、面向未来。

"扎根中国"：扎根在中国大地，牢记中国教育之魂，传承和发扬优秀教育传统。"融通中外"：广泛吸纳古今中外一切优秀传统，融合各国科学的教育理论和教育经验，融会贯通，形成完善的教育科学体系。"立足时代"：深刻洞察当今世情、国情与民情，研究百年未有之大变局特点，把握时代发展的趋势与走向。"面向未来"：要研究教育的超前性特征，顺应学生发展时代性特点，使教育内容具有时代性，教育方法具有广泛适应性。

3. 习近平倡导优秀教师"四有"基本素质

习近平同志提出新时代教师基本素养要求：有理想信念、有道德情操、有扎实学识、有仁爱之心。明确"为谁培养人，培养什么人，怎样培养人"。

"有理想信念"：勇于为民族复兴和世界发展担当责任。"有道德情操"：富于高尚道德情操和优秀人格品质。"有扎实学识"：善于学习古今中外知识，形成扎实的学识功底。"有仁爱之心"：笃于拥有宽阔的胸怀和对学生的博爱精神。

4. 汤因比和池田大作对人类发展前景的探索

20 世纪后期，所有人都在反思过去世界，探索未来世界。在 20 世纪 70 年代初，时已暮年的著名英国历史学家阿诺德·约瑟夫·汤因比与著名的日本社会活动家池田大作，一个西方人，一个东方人，互相抛开不同文化和文明之间的狭隘和隔阂，在精神的海洋里进行高屋建瓴式的对于未来世界的全景探索。经过近两年漫谈式对话，汤因比和池田大作最终得出结论：人类的未来在东方，中华文明会成为世界的引领。

能够得出这种结论首先是因为西方文明相对单薄，而技术引领终归只是一时的，最后还是要看文化的积累。其次就是西方的种族主义带给人们的威胁，就好比一颗埋在地下的雷，终有一天会被引爆，且西方的民主制度也存在缺陷。

中华文明之所以能够成为未来引领世界的文明，汤因比也给出了充足的理由。首先，中华文明历经上下五千年，众多朝代更迭，却依旧在历史的长河中熠熠生辉，说明中华文明是经得起时间考验的。

其次，中国有五十六个民族，国家积极引导五十六个民族成为一家，且中国历来坚持文化多样性，各家文化各有所持，共同发展，如儒家倡导"仁"，道家倡导"自然和谐"，墨家提倡"兼爱"。中华文化并不强调不同文化的统一、归并，而是希望各种文化之间能够求同存异，百家争鸣。

在探索中，汤因比表达对 21 世纪中华文明的无限期望：世界的未来在中国，人类的出路在于中国文明。汤因比直言不讳：人类的希望在东方，而中国文明将为未来世界转型和 21 世纪人类社会提供无尽的文化宝藏和思想资源。汤因比进一步论证：中国人在漫长的历史中，已经证明了依靠文化和文明的力量可以将亿万人民根据文化情感纽带的联系而组织在一个以天下主义和世界主义为文明基准的国家。得出结论：一个历史上一直是以和平主义和世界主义为取向的天下文明，也将在 21 世纪成为全人类的共同精神财富。（《展望二十一世纪：汤因比与池田大作对话录》，国际文化出版公司 1997 年版）

5. 中华文明应在创造新时代教育中发挥更大作用

今天我们已经站在 21 世纪，新时代文明高阶段的发展不是简单的复古主义，而是在一种人类文明更高阶段结合现代因素的文明复兴运动。中华文明必定能够密切联结现代因素，在更广范围实现人类命运共同体理念，在更高阶段推动人类社会走向新的世界文明。

因为中华文明"苟日新，日日新，又日新"的创新改革精神，中华文明"和而不同"的文明多元共生理论，中华文明"天人合一"中人与自然、社会与生态的和谐精神，中华文明和平的天下世界观，中华文明"修身、齐家、治国、平天下"的伟大理想，注定将照亮整个 21 世纪，促进人类世界向更高层次的价值理性方向发展。在这个发展过程中，中华文明应该在创建新时代的教育中发挥更大作用，推动世界人民共同创建新时代的教育。

主要参考文献

[1] 司马迁. 史记 [M]. 北京：中华书局，1982.

[2] 黑格尔. 哲学史讲演录（第一卷）[M]. 贺麟，王太庆，译. 北京：商务印书馆，1959.

[3] 钱穆. 中国学术思想史论丛 [M]. 北京：生活·读书·新知三联书店，2019.

[4] 侯外庐，等. 中国思想通史 [M]. 北京：人民出版社，1956.

[5] 冯友兰. 中国哲学史新编 [M]. 北京：人民出版社，2004.

[6] 汤因比，池田大作. 展望二十一世纪：汤因比与池田大作对话录 [M]. 荀春生，等译. 北京：国际文化出版公司，1997.

[7] 金观涛，刘青峰. 中国思想史十讲（上卷）[M]. 北京：法律出版社，2015.

[8] 葛兆光. 中国思想史 [M]. 上海：复旦大学出版社，2009.

[9] 孙培青. 中国教育史（第四版）[M]. 上海：华东师范大学出版社，2019.

[10] 杨宽. 战国史 [M]. 上海：上海人民出版社，2016.

[11] 吴光. 黄老之学通论 [M]. 杭州：浙江人民出版社，1985.

[12] 郭齐家. 中国教育史 [M]. 北京：人民教育出版社，2015.

[13] 朱永新. 中国教育思想史 [M]. 上海：上海交通大学出版社，2011.

[14] 于漪. 现代教师学概论 [M]. 上海：上海教育出版社，2004.

[15] 楼宇烈. 老子道德经注 [M]. 北京：中华书局，2011.

[16] 陈鼓应. 老子今注今译 [M]. 北京：商务印书馆，2020.

[17] 杨伯峻. 论语译注 [M]. 北京：中华书局，1980.

[18] 钱穆. 论语新解 [M]. 北京：生活·读书·新知三联书店，2002.

[19] 梁启超. 墨经校释 [M]. 上海：商务印书馆，1924.

[20] 高亨. 墨经校诠 [M]. 北京：清华大学出版社，2011.

[21] 任继愈. 墨子与墨家 [M]. 北京：北京出版社，2012.

[22] 胡子宗，李权兴，等. 墨子思想研究 [M]. 北京：人民出版社，2007.

[23] 戚文，李广星，等. 墨子十讲 [M]. 上海：上海人民出版社，2007.

第二篇

中国古代优秀
教育传统和教育
名家的精神风范

回望历史长河，中国传统教育积累了丰富的经验，形成了优秀的教育传统，是蕴藏着巨大历史价值和时代价值的宝贵遗产，是中国教育的"底色"和"基因"，丰富了人类教育的宝库。

　　追寻先贤足迹，中国古代教育名师辈出，灿若群星，教育名家独特的教育思想和丰富的教育实践，代际相承，变革创新，推动了传统教育的发展，产生了广泛深远的影响。

　　通过系统梳理中国古代教育积累的宝贵经验及其价值，传统教育发展过程中教育名家的教育思想和实践，包括教育思想、教学原则、教学方法、人格修炼和社会影响等，总结古代教育名家形成的社会环境、个人努力的基本规律，对于提高传承优秀教育传统、实现创造性转化的自觉性和迫切感，让这笔宝贵的遗产更好地为当代教育改革发展服务，为当代教师实现专业的新发展提供示范和借鉴，具有重要的理论价值和实践意义。

一、中国古代教育的优秀传统

（一）传统教育的内涵和发展过程

　　关于传统教育，顾明远认为，可以作两种不同的理解。一是与"现代教育"相对。二是专指赫尔巴特及其学派的教育理论和教学模式。第二种"传统教育"对后世影响最大的是把教学过程划分为明了、联想、系统、方法四个连续阶段。该学派传人赖恩把原来的第一阶段又分为两个阶段，加以变通，发展为预备、提示、联想、概括、应用五个阶段。这个教学模式有助于教师传授系统知识和提高课堂教学效果，在19世纪后半叶流传甚广，对欧美各地有很大影响，20世纪初传入中国。美国教育家杜威在《学校与社会》一书中，首次把赫尔巴特的教育思想及其实践模式称为"传统教育"或"旧教育"。由此开启了现代教育派与传统教育派之间的长期论战。第一种"传统教育"泛指在一定历史时期形成与流行的、具有影响的教育思想、制度和方法。中国封建社会有儒家的崇尚道德修养、尊师重道、因材施教、循序渐进的传统；

"五四运动"以来有讲求民主、科学、进步，振兴中华的传统；西方古希腊有主知和注重和谐教育的传统；文艺复兴后有尊重儿童、遵循儿童身心发展规律、培养学生能力与学习主动性、重视课堂教学与系统知识传授的传统。上述均为一定历史时期形成的传统教育（亦可称为这一时期的教育传统），是对以往传统教育的扬弃、继承和发展：一种教育传统在形成、发展初期，基本上是符合实际的或进步的，随着时代变化、社会前进，将逐步地、不同程度地变得陈旧、落后。其中不符合客观实际和社会发展的被剔除、扬弃；符合客观实际和社会发展的则被视为精华加以肯定、继承和发展，并更加科学化。

郭家齐认为，中国传统教育是中华民族长期形成的、已经定型的教育遗产，是已经成为实际的教育历史实体，是中华民族文明进化过程的教育渊源；与中国传统教育略有不同，中国教育传统是指中华民族文明进化过程中形成的教育源流，是仍在不断丰富发展的还未完全定型的教育动态和教育发展趋势。

从历史上看，先秦时期是中国传统教育的形成时期、奠基时期；秦汉至宋明时期是中国传统教育的发展时期、辉煌时期；清代至近代，中国传统教育出现了衰萎的倾向；20世纪以来，"重建教育"成为中国教育的重大课题。

中国传统教育包含的内容十分广泛，大致有：（1）中国儒家的传统教育；（2）中国道家的传统教育；（3）中国佛教的传统教育；（4）近代西方教育科学传入后形成的传统教育；（5）20世纪以来，特别是20世纪20、30年代中国众多的教育家和教育流派，通过教育实践和教育理论的创新形成的传统教育；（6）中国无产阶级的传统教育，包括马克思主义教育思想在中国的传播及老解放区的教育实践、1949年后社会主义教育实践形成的传统教育。

（二）中国传统教育的基本特征

中国传统教育的重要特性或基本特征，是中华民族关于教育价值取向的反映。

一是综合观，即大教育观。中国传统教育认为教育这一系统是整个社会大系统中的一个子系统，许多教育问题实质上是社会问题，必须将其置于整个社会系统中加以考察和解决。《学记》则把教育的社会功能概括为十六个字——"建国君民，教学为先""化民成俗，其必由学"。认定教育的社会功能包含相互联系的两个方面：一是培养国家所需要的人才；二是塑造社会的道德风尚，形成良风美俗。这可称得上是中国传统教育关于教育的社会功能的经典性的概括和总结，至今仍不失其借鉴意义。

二是辩证观，即对立统一观。中国传统教育强调把道德教育放在首要地位，同时重视知识教育的作用。如孔子说："君子怀德""君子务本，本立而道生""行有余力，则以学文"；同时孔子又说："好仁不好学，其蔽也愚""仁者安仁，知者利仁""未知，焉得仁"。董仲舒也说："仁而不智，则爱而不别也；智而不仁，则知而不为也。"这就是中国传统教育的德智统一观。首先是道德教育及其实践，其次才是知识教育，德育要通过智育来进行，智育主要也是为德育服务。德育与智育之间存在着相互依存、相互渗透、相互影响、对立统一的关系。

三是内在观，即强调启发人的内在道德自觉性、心性的内在道德功能观。中国传统教育的显著特点是启发人的内心自觉，教育人如何"做人"，如何在现实生活中实现其"治国平天下"的入世理想，强调的是对自身的肯定，人不仅与天地相参，而且顶天立地，追求"同天人""合内外"（殊相与共相统一、主观与客观统一），在这种"天人合一"之中得到最高的理智的幸福。

（三）中国古代教育的重要优秀传统

1938 年，毛泽东曾经说："从孔夫子到孙中山，我们应当给以总结，承继这一份珍贵的遗产。"中华民族能够始终立足于世界民族之林，自有一套教养国民、传递文化的方法与精神，经受了历史的检验，可以为后世传承，这就是中华民族的优秀教育传统。杜成宪认为，中国古代教育的重要优秀传统主要有以下十二个方面：倡导身家国一体的教育，修己的目的是治国平天下，治国平天下和个人道德修养具有一致性；追求完整人格的教育，体现了对教育目标或理想人格的追求；注重个体自觉的教育，为学的目的在于提升自己的学问、修养自身的道德，"自求"体现于修养和为学的全过程；注重学的教育，传统教育是一种重学的实践体系，"学以变化气质"即通过个体的学习改变气质之性；要求知行合一的教育，既涉及知识的获得，也涉及道德的养成；主张不拘身份的教育，不认为人们能否接受教育应当视人的身份、地位、族群而定；倡导尊师重道的教育，将教师与社会的价值、理想、职责和择师标准结合起来；崇尚孝亲敬长的教育，孝亲敬长历来被视为一个人的基本道德素养和要求；提倡慈幼严幼相济的教育，儿童意味着家庭和国家的未来；注重现实人生的教育，倡导一种积极的生死观和人生观教育；分施立业功业的教育，为现世人生服务，推动社会进步和生产发展；推行化民成俗的教育，既注重教育促进个体成长的价值，更重视教育改革民风习俗的作用。

作为一个文明古国，中国也是一个教育大国，其悠远的教育文化传统对人类文明的演进产生过重要影响。孔子曾被联合国教科文组织列为世界文化十大名人之首，老子也被列入世界百位历史名人。中国传统教育的深厚积淀不仅是中国教育发展的基石，而且丰富了人类教育的宝库。对这笔无比宝贵的财富进行深入研究和发掘，不仅有利于增强我们民族的自豪感、自信心和凝聚力，而且有利于增强中外交流，讲好中国教育故事，相互借鉴，促进人类命运共同体的建设。正如当代著名的英国历史学家汤因比所说：自从人类在大自然中的地位处于优势以来，人类的生存没有比今天的时代更危险的了，不道德程度已近似悲剧，而且社会管理也很糟糕。他认为中国传统文化教育，特别是儒家、墨家的仁爱学说，是解决现代社会伦理问题所急需的。他称儒家的仁爱"是今天社会之所必需"，"墨家主张的兼爱，过去只指中国，而现在应作为世界性的理论去理解"。

现代教育是在传统教育的基础上前行，但当下存在着有些人对传统教育"知之甚少""认知片面"的问题，甚至认为传统教育对发展素质教育不利。另据中国知网的搜索统计，有关传统教育的专著很少，有关传统教育研究的论文也仅200来篇。

德国著名教育家雅斯贝尔斯说：从历史中我们可以看见自己，就好像站在时间中的一点，惊奇地注视着过去和未来，对过去我们看得越清楚，未来发展的可能性就越多。这都说明，开展本专题的研究，是深化教育改革的迫切需要。学习、研究中国传统教育，取其精华，有助于我们认识中国教育的历史价值和时代价值：不仅辉映当下，而且指向未来；帮助我们把握中国教育实践和教育思想的特点：不止于"术"，更弘于"道"；帮助我们学习和理解教育学理论：抽丝剥茧，以历史的厚重加深对教育的理解；帮助我们探索现代社会的育人之道，促进教育事业的发展和进步。

二、品读教育经典，是走近中国古代教育名家的必经之路

中国古代教育名家，是指在一定的历史时期，具有独特的教育思想和丰富的教育实践，引领教育风气之先，成就非凡、影响广泛的杰出人物。在传统教育的发展过程中，教育名家依据所处时代的要求，在深入实践的基础上，敢为人先，勇于变革，形成了各具特色的教育思想，总结了独特有效的教学方法，积累了丰富的教育教学经验，为人才培养和社会发展作出了杰出的贡献，对所属时期乃至以后很长的一段时间，产生了广泛而深刻的影响，形成了自己鲜活的"教育学"，共同构成了传统教育的深厚基础。

根据历史文献，中国教育的起源可以追溯到夏、商、周三代以前。商周时期，中国教育已有相当的积累，知识大体具备规模，为学校教育的兴盛发展创造了条件。西周时期已逐步形成了以"礼、乐、射、御、书、数"为主体的"六艺"教育体制。到了春秋战国时期，中华文明积累的社会经验与生产经验初步成熟，中国教育进入了"古典"时代，产生了私学和专门从事教育工作的教师群体，一大批对后世影响深远的教育名家如群星灿烂，各家学派教育思想竞相争辉。不仅《论语》《墨子》《孟子》《荀子》《礼记》《管子》《吕氏春秋》等典籍中记载了大量的教育资料，还出现了《大学》《学记》《弟子职》等教育专著。这些教育专著是春秋战国时期丰富的教育经验和教育思想的总结，成为世界上最早出现的自成体系的教育学著作，奠定了中国传统教育的理论基础，绵延不绝，影响至今。为此，本书以古代名师的个案研究为重点，着重选择了不同历史时期的十位教育名家，从教育名家的教育经典

和教育思想及实践维度，进行系统研究和发掘（见第三篇）。

"惟殷先人，有册有典。"中华典籍浩如烟海，是古人思想的宝藏，是先贤智慧的结晶。所谓经典，古代有《史通·叙事》述："自圣贤述作，是曰经典。"专指儒家的典籍，但这个范围已经过窄。概括地说，经典是经过历史检验和洗练的、承载文化传统之积极精神且具有典范意义的书籍，是被历代不断重读实践的重要作品。教育经典是专业阅读的重要内容，是人类几千年教育发展史中，创造和积累的教育思想、教育智慧，这些财富以文字为载体，绵延几千年而不衰，让人只觉贤人在兹，芳馨溢远。但提起古代经典，人们的印象往往是晦涩难懂，导致部分典籍或高悬于象牙塔，或尘封在藏书楼，这是非常可惜的。研究名师，必须回到原点，从原著入手，品读经典文本。

所谓品读经典，是审美主体受审美对象的刺激而产生的精神活动。用马克思的说法，是一种"按人的方式来理解的受动，是人的一种自我享受"（《1844 年经济学哲学手稿》）。品读经典，要精读，用古人话说就是"熟读玩味"，也就是放慢速度，疏通文字，反复咀嚼，做到"三读"（读懂、读通、读透）。要读懂，就是要弄清楚书中每句话的意思，这有时也不容易。要读通，就是要融会贯通，把握它的内在意蕴。要读透，就是把书中有价值的东西充分吸收到自己的头脑中来。围绕原典阅读，要抓住以下四个关键点。

（一）了解写作背景

"文章合为时而著"，鲜明的目的性和针对性是文章的基本特点，任何文章都源于社会生活，是时代的产物，是主观对客观的反映。孟子主张"知人论世"。鲁迅说："我总以为倘要论文，最好是顾及全篇，并且顾及作者的全人，以及他所处的社会状态，这才较为确凿。要不然，是很容易近乎说梦的。"品读经典，首先要了解作者，了解作者所处时代和社会背景，了解作者为什么要写这篇文章，这才有利于阅读主体对经典主旨的把握。

（二）把握篇章结构

刘勰《文心雕龙·知音》："观文者披文以入情：沿波讨源，虽幽必显。"

结构是作者的表达思路，透过语言文字，抓住文章的线索和段落结构，就能感受到作者是怎样环环相扣、层层推进，表达自己的思想和主张的。

（三）体味思想价值

"文以意为主"，只有透过语言文字、篇章结构，才能感悟到作者的苦心，感受到作者思想的深刻和文章的价值。前人的文字，展开了一个空间，阅读和鉴赏的过程，就是对这一空间中所蕴含的精神内容的体会。而且，由于历史不可重复，有些审美经验，只能从前代遗籍中获得。品读经典，具有丰富我们精神世界的价值。

（四）感悟辞章魅力

古人作文，强调义理、考据、辞章三者的相互关联，讲究义理就是要求观点正确，论证严密；讲究考据就是要求材料准确，论据充分；讲究辞章就是要求有表达内容的完美形式——好的内容要有好的形式，拙劣的辞章必然会使内容受到损害，故孔子说："言之无文，行而不远。"（《左传·襄公二十五年》）在钱穆先生看来，义理、考据、辞章不仅可视作中国传统学术的三个部门，还可视为一切学术研究的基本方法："此三者，合则成美，偏则成病。"任何一篇经典文献，都具有综合性的鲜明特点，是作者思想、生活、知识、文字技巧等各方面水平的综合反映。品读经典，不仅能了解先人的写作动机、行文的层次逻辑、内容的价值精髓，而且能够从中感受到经典背后作者的人格魅力、独特匠心、哲学思辨、渊博知识和语言驾驭能力等，获得多方面的滋养，产生见贤思齐的内在激励。

歌德说，读一本好书，就像和一个高尚的人谈话。品读经典，就是向历代名师致敬，与先贤对话。一个人要提高文化修养，打下做人、做学问的根底，必须精读几本书。每个人在读经典的过程中都会感受到自身的变化，恰如"玉在山而草木润，渊生珠而崖不枯"，阅读经典可以滋养生命、改变生命，让中华优秀传统文化汩汩滔滔地流淌在生命的长河中。教师应该通过阅读来学习经典，对中国传统文化的价值有自己的理解，化为自己的底蕴，才能承担起传播文化的教育人的责任，引导学生传承中华优秀传统文化，并在经典阅读中塑造自我。

品读经典的过程，是提升理解力的过程，是丰富自己、感悟经典魅力、享受阅读的过程。卡尔维诺说：一部经典作品是一本每次重读都像初读那样带来发现的书，是一本即使我们初读也好像是在重温的书。阅读经典，有时我们会觉得很难，但其实你真读起来，没有你想象的那么难。只要打开这扇门，勇于走进去，肯定能进入经典仁智的世界。阅读经典，一方面有利于更深入、更具体地认识教育家，另一方面也容易激发教师自身的创造性思考，提出新的观点和见解。

经典如璞细琢磨，玉汝于成心宽阔。

三、中国古代教育名家卓越的精神风范，是取之不尽的宝贵财富

"高山仰止，景行行止。"中国古代教育名家的精神风范，包括高尚的人格品质、独特的教育思想、丰富的实践创造等，不仅推动了教育家当时所处社会的教育变革，而且影响至今，为当代教师所用，为当今的教育、心理学著作吸纳，很多教学原则、哲理名言已走进千家万户，家喻户晓。用好这笔财富，加强对传统教育发展过程中教育名家的学习和借鉴，可以帮助我们更好地建设今天的教育理论，助力建设中国特色社会主义教育强国。

（一）勇于担当的人格魅力

教育是立国之基，中国古代教育名家的精神风范，首先体现为勇于担当的人格魅力，即把为师从教作为自己的天职，站在高处，自觉担负起国家赋予教育的神圣使命，忠于职守，鞠躬尽瘁。

1. 为国育才

"古之王者建国君民，教学为先。"（《礼记·学记》）中国自夏、商、周以来，就有重视教育的优良传统，孔子继承了这种重教的优良传统，并进一

步在理论上加以发展。孔子认为教育对社会发展具有重要作用，是立国治国的三大要素之一。《论语·子路》记载："子适卫，冉有仆。子曰：'庶矣哉！'冉有曰：'既庶矣，又何加焉？'曰：'富之。'曰：'既富矣，又何加焉？'曰：'教之。'"这里论说的是治国的基本大纲，即治国要满足三个重要条件：首先是"庶"，要有较多劳动力；其次是"富"，要使人民群众有丰足的物质生活；再次是"教"，要使人民受到政治伦理教育。这是中国历史上最早对教育与经济关系的论述。

教育能在社会发展中发挥重要作用，是基于教育对人的发展具有重要影响，这是教育最直接为政治服务的表现。孔子在中国历史上首次提出了"性相近也，习相远也"（《论语·阳货》）这一具有科学性的理论。"性"指的是先天素质，"习"指的是后天习染，包括教育与社会环境的影响。这打破了奴隶主贵族比平民天赋高贵、优越的思想，成为人人有可能受教育、人人都应当受教育的理论依据。孔子将"有教无类"作为私学的办学方针，不分贵贱贫富和族类，人人都可以入学受教育，这与贵族官学的办学方针是相对立的。官学以贵族身份为入学受教的重要条件，以此保证奴隶主贵族对学校教育的垄断；"有教无类"则打破贵贱、贫富和族类的界限，把受教育的范围扩大到平民，这是历史性的进步。

孔子继承西周"敬德保民"的思想，主张采用德政。他说："为政以德，譬如北辰，居其所而众星共之。"（《论语·为政》）能施行德政，就会像北斗受到众星拱卫一样，受到人民的拥戴。德政是依靠人来实施的，关键在于得人，孔子主张的教育目的就是培养德才兼备的君子，正如他对子夏所说："女为君子儒，无为小人儒！"（《论语·雍也》）君子，即有道德、有文化的人才。孔子特别重视君子的品格，《论语》中谈到君子有107次之多，从对话中看出，君子的品格可归为两方面，即对己要能"修己"，对人要能"安人"，以至"安百姓"，"知所以修身，则知所以治人"（《礼记·中庸》）。修养自身是从政治人的先决条件。孔子对君子强调三方面的修养要求："仁者不忧，知者不惑，勇者不惧。"（《论语·宪问》）三方面的修养都必要，其中最为重要的是君子道德方面的修养。

"君子"是中华传统文化中的一个重要范畴,是传统中国人评价人品的重要尺度。"君子"一词在《周易》《诗经》中已大量出现,最初是对统治者、贵族男子的尊称。到了春秋时期,孔子丰富了这一词语的内涵:"君子"不仅仅指那些贵族官僚,更主要的是指道德完善、品行高尚的人;相应地,"小人"多指那些道德有疵、品行不正之人。君子、小人对举,成为对人品高下的评判。可以说,"君子"是对我国传统教育目标最具代表性和概括性的表述。与"君子"内涵相近的还有其他表述,如孟子所称"大丈夫":"富贵不能淫,贫贱不能移,威武不能屈:此之谓大丈夫。"(《孟子·滕文公下》)荀子所称"大儒""成人""圣人":"圣人者,道之极也"(《荀子·礼论篇》),"涂之人可以为禹"(《荀子·性恶篇》),圣人是道德完美之人,人人皆可成为圣人。朱熹所称"醇儒":能够实现内在心性的自我超越和自我实现,就达到了"醇儒境界"。

围绕这个教育目标,中国古代教育把道德教育放在首位,形成了修身、齐家、治国、平天下的优秀教育传统,为历代教育名家继承和发扬。孟子说:"人有恒言,皆曰'天下国家'。天下之本在国,国之本在家,家之本在身。"(《孟子·离娄上》)为什么君子能够"修其身而天下平",是因为存在着这样一条修身逻辑:明乎善就能诚其身,诚其身就能悦其亲,悦其亲就能信其友,信其友就能获于上,获于上则民可得而治。人的完善,是一个有序的过程,始于治学、修身,而终于平定天下。修身的核心,是追求完整的人格,即孔子讲的"成人"。在孔子看来,一个完整的人应当是将诸多人的优秀品质集于一身的人,包括智慧、廉静、勇敢、具备才艺以及礼乐文采等。"仁者不忧,知者不惑,勇者不惧"即是对"成人"的一种具体表述。对孔子所说的"成人",朱熹的理解是:"成人,犹言全人。"他认为,孔子希望人们都应该努力兼有上述四者之所长,完整的人格融合了智、廉、勇、艺等品质,又以礼节制,以乐调和,内有德性,外有文采,浑然、粹然,即"材全德备"。无论是孔子还是朱熹,都强调了人的素质的全面、综合和出类拔萃,这成为教育培养人的最高境界。不只儒家学者追求完整人格的教育,其他学派的学者也有类似思想,只是对完整人格的理解有所不同。如墨家对"兼士"人格的设想:

"博乎道术""辩乎言谈""厚乎德行"，不仅十分强调掌握众技之长，却又不以此为满足，同时还十分强调与社会人伦实践有关的素养，如擅长思维与论辩、具备优厚的德行等。再如道家，老子的理想人格是人如同婴儿般处于无知无欲的状态，他把每一点社会对人的影响都视为对人性的毁坏，希望回归浑然无邪的自然状态；庄子在其《逍遥游》中提出"至人无己，神人无功，圣人无名"的人格精神，超越了一切功名、是非、利害。虽然道家崇尚个人主义，推脱社会责任，但其理想人格显然不是某种功用型的"器"，而是得"道"者，也是一种完整的人格。20 世纪 40 年代，史学家钱穆曾批评当时中国的大学只以"智识之传授"为重，这种教育只是希望人成为专家，而不是希望人成为"通人"，不仅有害于当时之国家社会，更会遗祸于国家社会之将来。他认为："今日国家社会所需者，'通人'尤重于专家。"他说，"专家"产生于互相隔离不能打通的"专业"，而"通人"产生于"通学"，产生于整体的文化和全面的教育。其所谓"通人"显然是一种完整的人格。钱穆十分有见地地指出了以专业教育为特征的现代教育的重要缺失，即忽视"成人"的教育，忽视完整人格的养成。他的论述显然与中国传统注重完整人格的教育思想一脉相承。

2. 身正为范

教育的根本任务，是为国家兴盛培养人才，故孟子云"得天下英才而教育之，三乐也"。教育是培养人的事业，"学高为师，身正为范"，教师的人格、学养、行为，对学生的发展具有很大的影响。教师应该既是经师，又是人师，率先垂范，为人师表，即成为现代语境中讲的"大先生"。孔子说："其身正，不令而行；其身不正，虽令不从。"又说："不能正其身，如正人何？"（《论语·子路》）他认为，教师对学生进行教育的方式，不仅有言教，还有身教。言教在说理，以提高道德认识；身教在示范，指导行为方法，对学生有重大的感化作用。因此，身教比言教更重要。教师应以自己合乎道德规范的行为给学生作出榜样。凡提倡学生做的，自己必先做到；不要学生做的，自己首先不做。教师所说的和所做的一致，才能在学生心目中树立威信。因此，孔子把以身作则作为教育原则，作为对教师的严格要求。这些道理来自社会实际经验，不仅适用于道德教育，而且具有普遍意义。

孔子一生颠沛流离，"有权有势"的日子没过上几天，但依然有众多弟子矢志不渝地追随，说明孔子育人，靠的是人格魅力、学术魅力、思想魅力。王守仁一生曲折坎坷，但始终心怀天下，普济苍生，为匡扶社稷立下不朽的功勋。他不断体悟，上下求索，提出"致良知""知行合一"等理论，集事功、道德、文章于一身，成为中国历史上罕见的"三不朽"的圣人。

3. 诲人不倦

教育是高尚的事业，教师对社会要有高度责任感，对学生满腔热爱，以教为业，以教为乐，具有"诲人不倦"的精神。孔子对学生的爱护关怀，表现于要求学生努力进德修业，成为具有从政才能的君子，为实现天下有道的政治目标而共同奋斗。他把希望寄托在学生身上，他说："后生可畏，焉知来者之不如今也？"（《论语·子罕》）对学生的未来充满信心，认为学生可能超过老师，是事业的希望所在，应该加以重视和培养。孔子对学生的爱护关心，还表现于以耐心细致的态度和方法教育学生。他能客观公正地看待所有学生，特别是那些有特殊经历的学生。如公冶长是曾经坐过监牢的人，但他坐监牢并非因为本人道德品质不好，而是受亲属牵连。因此，孔子对他不存在偏见，而是看他本人的思想表现。他对学生的健康也十分关心，冉伯牛患了不治之症，他亲自探望，非常痛惜；颜回病逝，他哭得很伤心。有的学生思想品德较差，起点很低，屡犯错误，他不嫌弃，耐心诱导，造就成才。如子路被人视为无恒的庸人，恶劣至甚，但"孔子引而教之，渐渍磨砺，阍导牖进，猛气消损，骄节屈折，卒能政事，序在四科"（《论衡·率性》），把子路改造成优秀的人才。这些都是孔子诲人不倦的实例。孔子之所以能取得显著的教育效果，正如他所说的："爱之，能勿劳乎？忠焉，能勿诲乎？"（《论语·宪问》）对学生的爱和高度负责，是他诲人不倦教学精神的思想基础。这些都表现了他与学生休戚与共的感情。孔子爱护学生，也受到学生尊敬。在学生眼里，他的人格非常崇高，学识非常精深，他的教导是生活的座右铭，威望极高。如子贡十分敬仰老师，认为孔子的思想学说犹如日月光辉，照耀人间。任何人对他污蔑攻击，都无损于他的伟大。这是学生尊师的突出表现。

（二）领异标新的教育思想

"删繁就简三秋树，领异标新二月花。"教育思想是人类对社会和教育认识、概括、论证和思考的结晶，是教育从自发到自觉，并不断科学化的标志。古代教育名家的教育思想博大精深，为传统教育发展作出了杰出的贡献，积累了丰富的经验。

1. 创造性

自先秦以来，不同历史时期的教育名家，或在自己教育实践的基础上，或在总结前人教育经验并立足于相关理论的前提下，根据时代的要求，提出了独特的、各具特色的教育主张、教育理论和教育方法，涉及学校教育、家庭教育、社会教育等各个领域，成为某个历史时期教育思想的代表，对这一时期乃至以后很长一段时间的教育理论和实践产生广泛而深刻的影响，适应了社会发展需求，推动了教育进步。

例如，老子的"教以为道"教育思想，认为教育的目的在于使人"回归自然"，恢复其自然的本性，开启了中国自然主义教育的先声；孔子的"有教无类"教育思想，作为私学的办学方针，打破贵族与平民、贫与富和族类的界限，把受教育的范围扩大到平民，这是历史性的进步，与当代教育平等的思想一脉相连；孟子的"得天下英才而教育之"教育思想，传承孔子，直接阐述了从事教育事业、培养具有"浩然之气"人格的快乐；荀子的"贵师而重傅"教育思想，在先秦诸子中，最为提倡尊师，将尊师视为治国之本，提出了为师的具体标准；墨子的"兼爱"教育思想，主张通过教育使天下人"知义"，从而实现社会的完善，将对人的教育看成"爱人""利人"的重要内容和表现；颜子推的"故须早教，勿失机也"教育思想，基于自己的亲身经验，系统阐发了家庭教育的原则和方法，开了后世"家训"的先河，还提出了活到老学到老的重要主张；韩愈的"传道受业解惑"教育思想，在历史上首次提出教师的三大基本任务及三者的辩证关系，推动师道运动，提倡"相师"，促进形成民主性的师生关系；朱熹的"学事明理"教育思想，强调读书穷理，省察力行，总结了广为人知的"朱子读书法"，亲自拟定的《白鹿洞书院揭示》，成为具有代表性的书院教育规范；王守仁的"知行合一"教育思想，以"心学"为基础，主张教育要以"致良知"为目的，遵循儿童身心特点，倡导"知行合一"，体现了自然主义教育的特征；梁启超的"少年强则国强"教育思想，认为国势强弱随人民的教育程度转移，要以开民智为第一义，主张变科举，兴学校，重女童，吸收了西方教育的新知学理，具有科学和民主启蒙的内涵。可以说，每一位教育名家的思想理论，都是一种个性化的教育学。

2. 本质性

教育先哲虽然处在不同时代，或处在同一时代的不同区域，处在社会和教育的不同发展阶段上，他们的教育活动的目的、内容、形式、范围、方法、组织不尽相同，甚至存在着非常大的差别。但是，就学校教育的基本问题而言，如培养人的基本目的，教师与学生的基本活动关系，课堂教学活动的基本方式等，从根本上说，他们的认识与实践是相通的。不同时代的教育家认识和理解教育的出发点、方式、角度虽然不同，但由于他们所面对的教育对象、需要解决的教育问题存在基本的共通性，他们对教育的认识必然具有本质上的联系。他们运用一定的概念和范畴，将其对教育问题和教育现象的观察、实践、分析、感悟，以某种方式表达出来，不仅推动了教育实践，丰富了教育理论，还让后人可以汲取前人的思想成果，将之化为自己思想的工具和材料，促进了教育理论的研究、扬弃、传承和发展。

中国古代教育名家同时是政治家、思想家或哲学家，他们的教学经验、教学主张大多包含在或由他们亲自书写，或由其门人弟子记述的政治、哲学、伦理学著作中，反映了当时教学活动的特点，揭示出本质性的教学规律，受后人推崇并被后世继承发扬。

例如，孔子提出"因材施教"的教学原则（出自《论语·为政》"子游问孝""子夏问孝"，朱熹把孔子的一系列言行总结为"各因其材"的论断），并创造了"启发式"教学法（《论语·述而》："不愤不启，不悱不发。举一隅不以三隅反，则不复也。"）。韩愈《师说》强调"传道受业解惑"是教师职责，阐释了教育的综合过程，指出三者是相互交融的关系。

又如，围绕学习过程"知"与"行"的关系，孔子主张："学而不思则罔，思而不学则殆"（《论语·为政》），"君子耻其言而过其行"（《论语·宪问》），"敏于事而慎于言"（《论语·学而》）。提出"学—思—行"的学习过程，强调行的重要，注重行知联系。孟子在认识途径问题上，主张用"内省""养气"的求学方法。荀子则主张"不闻不若闻之，闻之不若见之，见之不若知之，知之不若行之。学至于行而知止矣"（《荀子·儒效篇》），这是一个"闻—见—知—行"的认识过程。《中庸》则进一步概括为"博学之，审问之，慎思之，明辨之，笃行之"，使学、思、行在教学过程中统一起来。宋以降，行知问题的探讨涉及行知的先后、难易、轻重、分合及判断真善美的标准等问题。北宋程颐认为，知先行后，"知难行亦难"。南宋朱熹则进一步区分了知与行的不同要求，认为："论先后，知为先；论轻重，行为重。"又说："知之愈明，则行之愈笃；行之愈笃，则知之愈明。"因此，"知、行常相须"。明王守仁针对朱熹提出的知行合一说，提出"知行合一并进而不可以分为两节事"。他认为，"知是行的主意，行是知的功夫；知是行之始，行是知之成"，"知之真切笃实处即是行，行之明觉精察处即是知"。在知与行的关系上，中国的先哲们尽管有不同主张，但可以说，已经认识到实践之于认识的重要性，较为辩证地回答了知与行的关系问题。

3. 包容性

自先秦至清末，儒家教育思想体系构成了中国传统教育的主流，同时，道家、墨家、法家、佛学等流派的教育思想起着重要的辅助作用，构成了和而不同、聚同化异、互补互渗、共生共长、既有主体性又有开放性的教育文化生态。

例如，人性理论是教育思想的重要理论基础，任何教育观点的提出都与教育家对于人性的认知和看法有关，目的在于揭示人类个体在受教育之前的"本性"如何，通过教育，"本性"怎样变化，人的个别差异如何形成。在中国古代，最早提出人性问题的应是孔子。他提出的"性相近也，习相远也"（《论语·阳货》）的命题，揭开了古代人性论的序幕，也为各种各样人性学说的形成提供了基础。所谓"性相近也"，是说人的天赋素质或人的自然本性并无太大的差异；所谓"习相远也"，是说人的后天素质或人的社会本性，在后天学习的作用下相距渐远，形成了较大的差异。这一重要见解，成为孔子提出"有教无类"教育主张的理论基础。孟子进一步提出了"性善论"，认为"人之为善"，是他的本性的表现，人之不为善，是违背其本性的，也即所有人都具有先验的善性，善不是外界强加的而是本来就内在于"我"的天性，人可以在后天不断发扬"四端"，成就道德，而"恶"只来源于对于本性的违背。借以批判告子学说对于人们为善基础的取消，贯彻并弘扬孔子关于仁的学说。并由此进一步形成了"内发"的理论，强调人的内在自觉性，在教与学中注重"深造自得""专心致志"等教育理论。墨子曾批评孟子继承天命又强调人的努力学习的矛盾观点，由此，他强调环境和教育对人品性形成的影响，提出"素丝说"。他以素丝和染丝为喻，来说明人性及其在教育下的改变和形成。这是墨子的贡献，其"官无常贵而民无终贱"的思想，"上说下教"的主张，都以此为理论基础。荀子则提出了"性恶论"，这里的"恶"的外延是具体的，即"生而有好利""疾恶""有耳目之欲，有好声色"等等，继而指出当时社会的战乱纷争、礼崩乐坏，都是"顺性"的结果。有了这个逻辑基础，荀子顺理成章地提出他的教育主张："故必将有师法之化"，强调教育是"起伪"的过程（"伪"指后天习得的社会行为），注重知识的积累过程，"然后出于辞让，合于文理，而归于治"，形成了"外铄"的理论。老子在《道德经》中首次提出了"道"的概念，主张尊重并顺应人的天性，"无为而治，道法自然"。强调人的行为、活动、思想要效法天地，成为具有自然意义、自然本性的人。在此基础上提出人应该具备"朴素"的特点，少一些伪饰，追求"见素抱朴，少私寡欲"的品质，即回归本真，减少欲望。由此可见老子的教育思想主张自然无为，应该顺应人的天性进行教育，不应该以外界的标准来束缚或者改变人的天性。朱熹重视教育对于改变人性的重要作用，认为人性就是"理"，即仁、义、礼、智，"人欲"是指超出人的基本需求的欲望，如私欲、淫欲、贪欲等，这些欲望是要革除的，朱熹主张"存天理，灭人欲"，提出了"变化气质"的学说。从张载、二程到朱熹，强调教育的重要作用在于"学以变化气质"，达到"明人伦"的教育目的，并要求改革科举，整顿学校，在当时具有一定的积极意义。王守仁不同意将"心""理"区分为二，他继承了陆九渊的学说，提出了"心即理"的命题，认为"理"并不在"心"外，而是存在于"心"中，"心即理"。同时，他又继承和发展了孟子的"良知"学说，认为"良知即是天理"，即是"心之本体"。不过，"良知"也有致命的弱点，即在与外物接触中，由于受物欲的引诱，会受昏蔽。他说，"良知""不能不昏蔽于物欲，故须学以去其昏蔽"（《王文成公全书》卷二），强调了教育的重要作用是去昏蔽，"明其心"。

中国先哲们对人性问题的探讨，虽然见解有所不同，但都呈现了中国文化以"人"为核心的特点：文以成德，文以载道，追求人与自然的和谐，重人文、重人伦。这也成为探索、研究、总结教育教学原理的重要基础。

（三）超越时空的教学原理

培养德才兼备、修己安人的君子，是古代教育名家孜孜以求的教育目标，而美德与学问并非生而有之，必须经由系统有序的教学活动来完成，故古代教育名家都十分重视教学的价值，悉心探索教学活动中的奥秘，形成诸多独特宝贵的真知灼见，交相辉映，绵延不绝，历久弥新，成为跨越时空的教育教学理论，成为中国教育宝库中的永恒财富。

1. 课程设置

课程是教学内容的载体。孔子承接西周贵族"六艺"教育传统，借鉴传承其中有价值的部分，又根据现实需要创设新学科。虽袭用"六艺"名称，但对所传授的学科都作了调整，充实了内容，建立起独具一格的教学内容体系，并编定了一套相应的基本教材，这套体系及教材成为我国古代的核心教学内容。《庄子·天运篇》载孔子见老子时说，"丘治《诗》《书》《礼》《乐》《易》《春秋》六经"。这说明，孔子进行研究并编成教材的是这六种，"六艺"是总称。其中，《诗》即《诗经》，是中国最早的诗歌选集，共305篇，分风、雅、颂三个部分。《书》，又称《尚书》，是古代政治文献的汇编。相传孔子删订为百篇，现今流传下来的共28篇。《礼》，又称《仪礼》或《士礼》，是西周和春秋时期婚丧祭饮射朝聘等各种典礼仪节的汇编，共17篇。《乐》，对于其作为儒家经典是否真实存在，有两种说法。一说确有《乐经》，后因秦焚书而散佚；一说本无《乐经》，附于《诗经》之中，"乐"为曲调，"诗"为歌词。究竟有无，仍为悬案。《易》，又名《周易》，是卜。该书重在讲述事物的变化，认为阴、阳两种势力的相互作用是产生万物的根源。《春秋》是中国现存的第一部编年史，记载了鲁隐公元年至鲁哀公十四年共242年的历史，涉及政治、经济、军事、天文、地理、灾异等多方面资料。

通观"六艺"，孔子的教材内容有如下特点：第一，重人事轻鬼神。其教学内容偏重历史、政治、伦理等社会现实知识，不设宗教科目，"敬鬼神而远之"。第二，重文事轻武备。传统"六艺"中的射御等军事知识和技能的学习被淡化，居于次要地位。第三，相对轻视自然知识、科学技术和生产劳动知识。在孔子看来，学习是为了从政，"君子谋道不谋食"，物质生产劳动居于其后。"六艺"之中，作为常规教学内容的是礼、乐、诗、书四教，四者中又以前三者为重。所谓"兴于诗，立于礼，成于乐"（《论语·泰伯》）。教学应从学"诗"开始，以激发学生的情感和意志；进而学"礼"，以约束其言行；最后学"乐"，以形成其性格。

"六艺"课程，后世沿用日久，基本没有中断。各种教育思想、学派的探索，丰富发展了课程内容。战国初年，墨子出于培养"兼士"的需要，加强了对科学技术的教育和思维能力的训练，突破了儒家"六艺"教育的范畴，堪称一大创造。

"六艺"课程在中国古代教育中处于主导地位。即使是道家玄学备受青睐的魏晋南北朝时期，有人主张玄、儒、文、史并立之时，学校教育中儒家经典教育依然居于重要位置。

自孔子整理"六经"并将其用作私学教材之后，"六经"渐被广泛接受，形成儒学教材定本，对它的诠释过程也开始了。荀子是先秦思想的集大成者，精通儒经，并以之讲学、授徒，秦汉之际儒生所学儒经及其解说，大多出自荀子。不仅"六经"多经荀子传授，而且荀子开始了对"六经"的诠释过程。在诠释过程中，郭店楚简代表了一个环节，荀子更是一个重要环节，为汉代经学教育的形成打下了基础，使先秦儒家经典得以保存，使后世中国有了经典教科书，为统一的民族心理和文化的形成奠定了基础。

汉代以后，随着"罢黜百家，独尊儒术"文教政策的推行，儒家的《论语》《孟子》《大学》《中庸》也逐渐成为重要教材。南宋朱熹首次把它们编在一起并分别作了注释。由于这四部经典分别出于早期儒家的四位代表性人物孔子、曾参、子思、孟子，所以被称为"四子书"，简称"四书"。"四书"作为儒家"传道受业"的基本教材，几百年间广泛流传，成为元明清三代每个读书人的必读书。

2. 教学过程

教学是一种社会实践活动，需要在一定的过程中逐步展开。那么，教学过程究竟是由哪些基本环节构成的呢？我国古代教育大家作出了殊途同归的回答。而西方到 18 世纪才在教学过程方面开展研究。

（1）"学—思—行"三阶段论

孔子是世界上最早阐释教学过程的教育家之一。他将教学过程归结为"学—思—行"三个环节，基本与人的一般认识过程相符，对于后世的教学理论和实践产生了深远影响。

首先，学是教学的基础环节，是求知的唯一手段。为学者必须广博地学习各种有益的知识，既要吸纳典籍中的间接经验，也要获取实践中的直接经验。

其次，学与思要相结合。孔子说："学而不思则罔，思而不学则殆。"（《论语·为政》）意思是，只知道学习却不知道思考，就会迷惘不解；只知道思考却不去学习，就会疑惑不定。可见，学是基础，思是关键，二者相辅相成，不可偏废。

最后，学以致用，言行相符。学是为行服务的，学习得来的知识和道德如果不能应用于实际生活，不能解决现实问题，学习也就丧失了自身的价值。"诵《诗》三百，授之以政，不达；使于四方，不能专对；虽多，亦奚以为？"（《论语·子路》）的确，熟读了《诗经》三百篇，派他去处理政务，却行不通；派他出使外国，却不能独立应对；书读得虽多，又有什么用处呢？因此，孔子在教学过程中非常重视培养学生学以致用的能力，使学生真正学有所长。

(2)"闻—见—知—行"四阶段论

荀子认为学习是一个由初级阶段向高级阶段不断发展的过程，由低到高可以分为闻、见、知、行四个阶段。荀子的学习过程理论完整而系统，比较准确地阐述了知与行的关系，具有一定的辩证法要素，而且为教学活动的开展指明了一条清晰的路径。

闻和见，是学习的起点和基础，是知识的来源。人的学习开始于耳、目、口、鼻等器官接触外部事物而产生的不同的感觉。"闻见之所未至，则知不能类也。"（《荀子·儒效篇》）但感观只能反映事物的部分属性，所以学习者必须在闻和见的基础上向学习的更高阶段——"知"发展。

知，是思维的过程，是感性认识向理性认识提升的过程。荀子认为，"凡人之患，蔽于一曲而暗于大理"（《荀子·解蔽篇》）。意思是，人们在思考问题时很容易犯一个错误，就是只见树木，不见森林，这妨碍了对事物的正确认识。为此，荀子提出了"兼陈中衡"的方法，就是通过比较、权衡事物的各个方面而确定适当、中正的认识，这有助于突破自身局限，作出全面、客观、公正的判断，取得显著的学习成效。

行，是学习的最高阶段。荀子认为，"不闻不若闻之，闻之不若见之，见之不若知之，学至于行之而止矣"（《荀子·儒效篇》）。循着这一思路，荀子将人的学习分为四类："口能言之，身能行之，国宝也；口不能言，身能行之，国器也；口能言之，身不能行，国用也；口言善，身行恶，国妖也。"（《荀子·大略篇》）言行一致、善言敏行者为最上等的人才；只能行或只能言者次之，但亦有各自的价值；言行不一、言善行恶者最为下等。针对这四种人，治国者应采取不同对策，"敬其宝，爱其器，任其用，除其妖"。

(3)"学—问—思—辨—行"五阶段论

先秦时期的儒家经典《中庸》，将教学过程概括为五个彼此衔接的步骤："博学之，审问之，慎思之，明辨之，笃行之。"这五个步骤是对孔子"学—思—行"思想和荀子"闻—见—知—行"思想的继承和发展，是对先秦儒家学习过程思想的完整表述，被后世学者引为求知为学的基本路线，流传久远。

博学之，就是广泛地学习政治、伦理、道德等多方面知识；审问之，就是对所学的知识内容审慎地设问置疑；慎思之，就是对审问过的内容进行分析，谨慎地思考；明辨之，就是通过慎思而明确是非真伪，确定努力的方向；笃行之，就是使观念和行动统一，将明辨的结论付诸行动。

《中庸》强调，上述五个步骤是一个完整的过程，层层深入、节节反馈，只有每个步骤都得到充分落实，个人的学习才能取得切实的进步。

南宋朱熹主持修复白鹿洞书院时，亲自拟定著名的《白鹿洞书院揭示》，将上述五个步骤写入学规，再次予以申述和明确，"博学""审问""慎思""明辨""笃行"成为学子共同遵循的学习要求和过程。

3. 教学的基本原则

中国古代教育源远流长，历代教育名家在教育教学实践中总结提炼出大量内涵丰富、言简意赅、行之有效的教学原则，体现了教育教学的本质、目的、方式、手段，成为教师自觉遵循的指南。

（1）寓道于艺

孔子说："志于道，据于德，依于仁，游于艺。"（《论语·述而》）其意是说，以道为志向，以德为根据，以仁为依靠，而游憩于礼、乐、射、御、书、数六艺之中。孔子这句话阐述了培养德才兼备的人才须贯串于课程教学过程之中的重要原则，讲述的是孔子教导弟子进德修业的秩序和方法，层次分明，类同教学大纲。

唐代教育家、文学家韩愈在《师说》中将教师职责概括为"传道""受业""解惑"三方面。"师者，所以传道受业解惑也。"与孔子、《学记》阐述的寓道于艺原则，一脉相承。"传道""受业""解惑"，三者是一个整体，虽有所区别，但紧密联系，道与业是一件事的两个方面。"传道"相当于今之育人（思想道德教育），"受业""解惑"相当于今之教书（教学）。如果忽视"传道"，"受业""解惑"就会迷失方向；同时，"传道"往往需要通过"受业""解惑"来实现，否则，"传道"就成为空谈。故此，在韩愈那里道（德）与业既被分别看待，又被合而考察，体现了鲜明的中国教育传统特色。

（2）愤启悱发

"不愤不启，不悱不发。举一隅不以三隅反，则不复也。"（《论语·述而》）孔子是世界上最早提出启发式教学的教育家，他认为，在教学过程中，教师首先要设法激发学生的求知欲望，引导他们积极思考问题，努力表达自己的观点；然后，因势利导，适时点拨，使学生触类旁通，举一反三。

据朱熹的解释，"愤"是"心求通而未得之意"，"悱"是"口欲言而未能之貌"。启，谓开其意；发，谓达其辞。孔子这段话意即教学过程中，不到学生想求明白而不得的时候，不要去开导他；不到学生想说出来却说不出来的时候，不要去启发他。教给他东方，他若不能由此推知西、南、北三方，就先不要往下进行了。这一原则自孔子提出后经久不衰，为历代教育家继承和发展，成为中国古代最具影响力的教学原则之一。

（3）因材施教

孔子在教学实践的基础上，创造了因材施教的教学方法，作为教学原则，贯串于日常的教育工作之中，取得了显著成效。

因材施教是指要根据学生的个性差异、年龄差异等，有的放矢地组织和开展教学工作。此原则滥觞于孔子，孔子以后的历代教育家也都注重因材施教原则在教学上的应用。他们在教学过程中根据学生不同的智能水平、知识水平、年龄特点、学习特点而采取不同的教学方式。如孔子说："中人以上，可以语上也；中人以下，不可以语上也。"（《论语·雍也》）

孔子施行因材施教原则，培养出一批各有所长的人才。其中最杰出的十人有："德行：颜渊、闵子骞、冉伯牛、仲弓。言语：宰我、子贡。政事：冉有、季路。文学：子游、子夏。"（《论语·先进》）朱熹注："弟子因孔子之言，记此十人，而并目其所长，分为四科。孔子教人各因其材，于此可见。"所谓四科，并非设教之时分设四个专业，而是因材施教的结果，即培养了四个方面的人才。

（4）循序渐进

循序渐进，是指在教学过程中，要指导学生按照一定的步骤逐渐深入或提高。出自《论语·宪问》："不怨天，不尤人，下学而上达。知我者其天乎！"南宋朱熹《四书章句集注·论语集注·宪问》："此但自言其反己自修，循序渐进耳。"为贯彻这一原则，中国古代教育家提出了以下主张——一是打好基础。如老子说："合抱之木，生于毫末；九层之台，起于累土；千里之行，始于足下。"（《老子》六十四章）二是由易到难。教学必须由易而难，由浅入深："善问者，如攻坚木，先其易者，后其节目，及其久也，相说以解。"（《礼记·学记》）三是加强计划。即对教学过程的内容有所安排，先教什么，后学什么，都要心中有数。

孟子曾说"盈科而后进"（《孟子·离娄下》），这个比喻强调了教和学过程循序渐进的特点，教与学应像流水那样，在前进的过程中，要填满每一个坑洼，然后才能继续向前。他还通过"揠苗助长"的寓言告诫人们，必须懂得教学是一个自然有序的过程，人们应当关注并促进教学过程的实现，但绝不能用"揠苗"的方式去"助长"。否则，"非徒无益，而又害之"（《孟子·公孙丑上》）。

（5）教学相长

这条原则阐述了教学过程中"教"与"学"之间相互依存、相互促进的关系，"学"因"教"而日进，"教"因"学"而益深。自孔子始，中国古代教育家就非常重视教学相长的原则和方法。《学记》是《礼记》中的一篇，成书于战国末期，是世界上最早的教育论著，非常注重对先秦时期教育家教育思想和教学经验的总结，其中就把教学相长的原则定型化，明确提出了"学然后知不足，教然后知困。知不足，然后能自反也；知困，然后能自强也。故曰：教学相长也"的命题，意思是说，学习过后才知道自己学识不够，教人之后才发现自己学识不通达，知道不够，然后才能反省，努力向学，知道有困难不通达，然后才能自我勉励，奋发图强，所以说，教与学是相辅相成的。《尚书·说命篇》中提到的教别人能够收到一半学习的效果，就是这个意思。贯彻和运用此原则时，一要强调"师法"，重视发挥教师的指导作用；二要强调"交以为师"，倡导师生间的取长补短，互学互促，共同提高；三要强调"青胜于蓝"，鼓励学生在向教师学习的基础上超过教师。

4. 教学方法

为了实现教育目标，教师在教学过程中所施用的具体方式和手段，就是教学方法。中国古代教育的教学方法发展的成就和特点，主要体现在新的具体教学方法的不断产生与完善上。从最原始的"示范—模仿"法，到后来的以启发式为特征的多种方法，如问答法、讲解法、记诵法、练习法、讨论法等，诚如孟子所说，"教亦多术矣"（《孟子·告子下》）。这些教学方法在后世产生重要影响，直到今天仍有其应用价值。

（1）孔子的启发式教学方法

孔子是世界上最早提出启发式教学的教育家，比古希腊教育家苏格拉底（公元前469年—前399年）提出引导学生自己思索、自己得出结论的"助产术"早几十年。

孔子启发式教学的基本特点是"循循然善诱人"，即在教学过程中善于有次序地诱导学生前进。具体体现在以下几个方面：

一是由近及远，层层深入。孔子经常针对学生提出的问题，通过由浅入深、由易到难的解答，启发引导学生一步一步地提高自己的认识水平。

二是能近取譬，推己及人。孔子在教学中十分喜欢以身边生动形象的事物作比喻，启发学生理解抽象、深刻的道理。

三是叩其两端，攻乎异端。孔子说"叩其两端"（《论语·子罕》），又说"攻乎异端，斯害也已"（《论语·为政》）。他主张要抓住问题的两个极端，启发学生反对两端不正确的东西，从而获得正确的结论。这种指导学生辩证地看问题，不走极端的方法，也是孔子启发式教学的独到之处。

孔子的启发式教学方法，广为学生们称赞。颜回说："夫子循循然善诱人，博我以文，约我以礼，欲罢不能。"（《论语·子罕》）颜回的好学和很强的独立思考能力，与孔子的启发式教学方法是分不开的。孔子所处的时代距今已有2 500多年，但他所倡导创立的启发式教学方法，在今天仍有很旺盛的生命力。当然，由于主客观条件的限制，孔子还不能对他的教学方法做深入、系统的阐述，需要后人不断丰富和发展。

（2）孟子的"教亦多术"

孟子十分强调针对不同的情形、面对不同的学生采取不同的教法。对学生，有的应及时点化，有的应成就其德行，有的要发展其才能，有的可答其所问，不能及门者则可以间接地施教。甚至"予不屑之教诲也者，是以教诲之而已矣！"（《孟子·告子下》）。因为拒绝教诲，足以成为人的警策，实际上也成了一种教导。所以说"教亦多术矣"，一切因人而异。

（3）《学记》总结的问答教学方法

《学记》总结先秦时期教育家和学校教育的实践经验，其中关于问答教学方法的概括，有其特点。《学记》中写道："善问者，如攻坚木，先其易者，后其节目，及其久也，相说以解；不善问者反此。善待问者，如撞钟，叩之以小者则小鸣，叩之以大者则大鸣，待其从容，然后尽其声；不善答问者反此。"这段话的意思是，提问应该先易后难，逐步深入，经久下去，师徒相爱悦，就能通晓义理；如果先难后易，效果就会适得其反。答问时，答复的详略深浅应与问者所提问题的大小相配合，小问题简略回答，大问题详细深入地解答，要一问然后一答，以尽义理。"善问"和"善待问"的基础，一是了解学生，即"知其心，然后能救其失也。教也者，长善而救失者也"；二是教学语言精练，"其言也约而达，微而臧，罕譬而喻"；三是教师在思想上要重视启发学生积极主动思考，即要明确"君子之教，喻也"，做到"道而弗牵，强而弗抑，开而弗达"。

《学记》中的问答法，既着眼于教师的教，又充分重视学生的学，既讲究教的艺术，又强调学的规律，反映出当时教育家们的教学研究已达到了相当高的水平。

（4）中国古代书院自学与讲习指导相结合的教学方法

书院是中国古代一种独立于官学之外的教育组织形式，它既是教育组织，又是与教育密切结合的学术研究机构。书院发轫于唐，盛行于南宋。此后，书院时兴时衰，并逐渐官学化、科举化。但是一些名师大儒主讲的书院，仍保持和发展了书院的特色。就教学方法而言，书院的特色就是采用自学与讲习指导相结合的方法。

这种教学方法强调学生在教师的指导下自己读书钻研，自己深造体会。在人数众多的书院里，对于初入门的学生，常由教师指定高第弟子指点。具体做法包括：① 提取要领，统括全篇，然后让学生自己深钻细究；② 抓住一点，着重发挥，阐明其深刻含义，使学生领悟其义理，进而把握全篇；③ 授以读书方法，启发学生运用这些方法，独立习读探究；④ 指定书目，要求学生熟读精思，教师略加指点；⑤ 师生相互质疑诘难，共同研讨，反复论辩。教学的进程可速可缓，学习的要求可高可低，并不强求一律，重在让学生根据自己的基础和条件，独立钻研，自行体会，教师只是从旁诱导、指点。这种自学与讲习指导相结合的方法，比较适合有一定基础、层次较高的学生，在提高学生的独立学习、研究和表达能力方面，效果显著。

朱熹主持修复白鹿洞书院，不仅制订了全面的学规，而且明确揭示了书院要重人格陶冶胜于辞章修养的办学思想，影响很大，不仅为历代书院所恪守，而且成为古代书院的共同治学方针。朱熹在长期的教育实践中，积累了许多宝贵经验，其中有两点尤其值得借鉴：其一，重视自学。他曾对学生说："书用你自去读，道理用你自己去究索。某只是做得个引路底人，做得个证明底人，有疑难处同商量而已。"（《朱子语类》卷十三）其二，提倡不同学术观点之间的相互交流。淳熙八年（1181 年），他邀请持不同学术见解的著名学者陆九渊，到自己主持的白鹿洞书院讲学，并称赞其讲学"切中学者隐微深痼之病"，使"听者莫不竦然动心焉"，还将其讲稿刻石为记。朱熹不囿门户之见，交流不同学术观点的做法，一直是学术史和教育史的美谈。

（四）贵在自得的为学之道

中国教育传统厚重、丰富，古代教育家不以"教育"名之，而多使用"教"和"学"这两个词。两者比较起来又以"学"为多。孔子《论语》谈到"学"字 60 余次，不仅使用频率高，而且全书还以"学"字开篇。从一定意义上说，"学"可谓《论语》思想的核心。《孟子·尽心上》中有一段话，"得天下英才而教育之，三乐也"。按《说文解字》的解释，"教，上所施下所效也"，"育，养子使作善也"。这里尽管连用，但两个字各有侧重。教师是"引路的人"，学生是学的主体。将"教"与"学"两个字连用，作为教育的基本概念，还是在 19 世纪末 20 世纪初。1906 年，学部奏请颁布"教育宗旨"。民国之后，才改"学部"为"教育部"，此后，"教育"一词遂成为有关教育问题研究的基本概念。中国古代教育家的一个重要贡献，就是通过实践探索，去伪存真，由表及里，系统总结了学习的基本规律、要求和方法，丰富了中国教育理论的宝库，为莘莘学子点亮求学征途的明灯。

1. "学"以为人

孔子在《论语·宪问》中说："古之学者为己，今之学者为人。"讨论了为谁而学的问题。他认为古今学者的差别就表现在，古代学者学习的目的在于提升自己的学问、修养自身的道德，所以是为己而学；当今学者学习的目的却在于装点自己，做给别人看，所以是为人而学。前者，学习的动机与目的是内在于人自身的；后者，则是外在于人的。孔子讨论的问题成为程朱理学的重要议题。朱熹对程颐之言"为己者，欲得之于己也。为人者，欲见知于人也"甚表赞赏。《朱子语类》卷一一六《训门人》中记载了弟子向朱熹请教"进德之方"，朱熹回答是"修身穷理"。学生再问"修身如何"，朱熹答道："要去体察你平昔用心，是为己为人？若读书计较利禄，便是为人。"朱熹还以吃饭作比喻说，"如吃饭相似，只管吃，自解饱"，"岂可问他人饥饱!"。他指出，学者不是为己，心思自然放在义理上少，放在闲事上多。朱熹将为己之学视为"入道之门"，可见其对个体自觉的重视程度。

这里说的"学"以为人不是指为别人而学，而是指"学"不仅仅是为了获得知识，更主要的是学习如何做人，做一个德行高尚的人。"学"以为人，是目的，也是内容，是二者的统一。为此，学习首先要有正确的学习目的，学习的目的是要"成人"。学的最高境界就是成为"圣人""君子"。其次要有虚心好学的态度。孔子说："知之为知之，不知为不知，是知也。"（《论语·为政》）学习上虚心，实事求是，就是"知"。他的学生仲由好胜心很强，极不虚心，便经常受到他的批评；另一名学生颜渊因为勤学好问，虚心笃实，经常受到表扬。孔子认为，学习上必须坚持"毋意，毋必，毋固，毋我"（《论语·子罕》）的原则，即对待问题不要任意猜测，不要专横武断，不要固执己见，不要自以为是。孔子不仅提出学习态度在学习中具有重要作用，还指出了兴趣、情感等因素与学习的联系，他说："知之者不如好之者，好之者不如乐之者。"（《论语·雍也》）只有喜欢学习，将学习看作一种乐趣、一种享受，才能最大限度地获取知识。

2. "学"贵自得

"学"则由己，这是根本方法。"学"重在个体自觉，孔子将其概括为"为仁由己"（《论语·颜渊》）。孟子强调，学习贵在"自求自得"，他说："君子深造之以道，欲其自得之也。自得之则居之安，居之安则资之深，资之深则取之左右而逢其原，故君子欲其自得之也。"（《孟子·离娄下》）这段话的意思是，君子遵循一定的方法来加深造诣，是希望自己有所收获。自己有所收获，就能够掌握牢固；掌握得牢固，就能够积累深厚；积累得深厚，用起来就能够左右逢源。所以，君子总是希望自己有所收获。这对学生提出了很高的要求，强调学生求知的自觉性和积极性，倡导学生主动去获得知识。荀子非常强调个体学习的作用，认为只要发挥人的主观能动作用，只要有学习和教育，"涂之人能为禹"。"彼学者：行之，曰士也；敦慕焉，君子也；知之，圣人也。上为圣人，下为士、君子，孰禁我哉？"（《荀子·儒效篇》）靠着学习，最高可以成为圣人，最低也能成为士，而且全都靠自己的决心与努力学习。如果说孔子强调的是"有教无类"，荀子则更看重学习者自身的努力专一，概言之："有学无类"！

3. "学"须得法

荀子说："登高而招，臂非加长也，而见者远；顺风而呼，声非加疾也，而闻者彰。假舆马者，非利足也，而致千里；假舟楫者，非能水也，而绝江河。君子生非异也，善假于物也。"（《荀子·劝学篇》）这段话的意思是，君子的本性跟一般人没什么不同，只是君子善于借助外物罢了，要认识客观事物的规律，并利用这些规律性知识去改造客观世界。

学习是从不知到知的过程，必须学会运用正确的方法，善学者事半功倍。孔子提出了"三个结合"的方法。一是学与问结合。孔子认为，要获得知识，就必须多问，甚至要不耻下问。他鼓励学生"敏而好学，不耻下问"。孔子之所以强调这个问题，是因为他看到一般人都有可资学习的地方。他曾说："三人行，必有我师焉。"在这方面，他给学生作出了很好的榜样。一次，孔子到周公庙去，对每件事他都要发问，有人讥笑他不知礼。他知道后却说，因不知而发问，正是知礼的表现。学和问相结合的主张很有道理，因为学习是从问题开始，"问"不仅是获得知识的手段，也是好学的一种表现。二是学与思结合。孔子认为"学而不思则罔，思而不学则殆"。光记住一些知识，不通过思考去消化，就茫然无所得；相反，只是冥思苦想，而不通过学习获得新的知识，则是更危险的事。因此，学与思是不可割裂的，学是基础，思不可离开学。孔子总结了自己的学习经验，说："吾尝终日不食，终夜不寝，以思，无益，不如学也。"三是学与习结合。学习作为一个词语，是近代才有的。现代意义上的学习，古代常用"学"或"知"来表示。最早将"学"和"习"连起来使用的是孔子。他在《论语·学而》中说："学而时习之，不亦说乎？""习"的原意是指鸟飞翔，这里的"习"，应该是练习的意思。他认为，"学"与"习"是获得知识、培养技能、形成德行并熟练巩固的两种不同的方式。学了以后必须常常练习、温习，才能使学到的东西纯熟巩固，进而使内心感到快乐。孔子还进一步要求，"温故而知新"，即在温习旧知识的过程中去探求新的知识，这是符合学习心理过程的。

朱熹很重视指导学生的读书学习，对读书的方法展开过详细的论述。朱熹死后，他的学生汇集他平时的语录，概括归纳出"朱子读书法"六条，即循序渐进、熟读精思、虚心涵泳、切己体察、着紧用力、居敬持志（《程氏家塾读书分年日程·朱子读书法》），对后人极有影响。

4. "学"必有恒

"学"必有恒是为学的基本前提。古人讲学，无不强调"有恒"，强调"专心"，强调"功夫"。如孔子对学子自述其学习心态时说，"发愤忘食，乐以忘忧，不知老之将至"（《论语·述而》）。孟子认为学生要学习好，必须做到专心致志和持之以恒。所谓专心致志，就是在学习时要把注意力集中在所学的东西上，不可一心二用。他曾经用下棋的故事来阐明这个道理：下棋虽然是一种小的技艺，但如果不能专心致志，也是不能学好的。至于学习，乃是更加复杂和艰巨的事情，如果不专心，那当然会一事无成。他还说，学习贵在坚持，不能"一曝十寒"，否则就会"功亏一篑"。在荀子看来，无论是知识还是道德，都是由于积累而成的。他说："积土成山，风雨兴焉；积水成渊，蛟龙生焉；积善成德，而神明自得，圣心备焉。""锲而不舍，金石可镂。"(《荀子·劝学篇》) 这说明知识和道德的学习是一个不断积累和提高的过程，学习必须专心致志，不能粗心浮气，必须坚持不懈，持之以恒。

5. "学"以致用

"学"以致用，即人们常说的知行统一，就是学习了知识要到实际中运用，"知"与"行"相统一。

孔子强调学习知识要"学以致用"。如学《诗》，不仅要学懂记牢，还要能实际应用在政治、社交上。如果不能应用，学得再多也没有意义。学习道德也一样，知道社会道德规范，就要体现于生活实践中，如当仁不让、闻义能徙、择善而从、知过能改等便是积极的行动。把自己的道德认识和道德实践统一起来，这才是孔子所要求的躬行君子。他说："君子耻其言而过其行。"(《论语·宪问》) 夸夸其谈而言行脱节是可耻的事。从学与行的关系来看，学是手段，行是目的，行比学更重要。

孔子要求学生学习所得必须见于行动，即把知识运用到政治生活和道德实践中去。他以学《诗》为例，说：熟读"三百篇"，管理政事，却管不了出使各国，却不能独立应对，《诗》读得再多，有何用处？他又说：学习是为了提高自己的知识和道德修养，而不是用作装饰，给别人看。

荀子把教育或学习的过程具体化为闻、见、知、行四个环节，并把"行"看成学习的最终目标。荀子认为："不闻不若闻之，闻之不若见之，见之不若知之，知之不若行之。学至于行而止矣。行之，明也……故闻之而不见，虽博必谬；见之而不知，虽识必妄；知之而不行，虽敦必困。"(《荀子·儒效篇》) 也就是说，如果对于听也没听过的事物道理，就从别人那里间接地听一下也好。但间接听不如亲自直接看到。看到了还应该能理解，能懂得。能懂得了，还要经过实践才行。学习到了经过实践一步才算真正完成了学习的一个过程，因为实践是检验真理的唯一标准。如果只是间接听到没有亲自直接看到，虽然听得多也必然有错误；如果看到而不懂得，虽然有了印象而记住也不必然靠得住；如果懂了而没有经过实践，虽然似乎懂得扎实，也必然还有行不通的困难。荀子早就意识到了"知行合一"的重要性。

明王守仁也曾说："夫学、问、思、辨、行，皆所以为学，未有学而不行者也。如言学孝，则必服劳奉养，躬行孝道，然后谓之学，岂徒悬空口耳讲说，而遂可以谓之学孝乎？学射则必张弓挟矢，引满中的；学书则必伸纸执笔，操觚染翰。尽天下之学，无有不行而可以言学者，则学之始固已即是行矣。"（《王阳明全集·传习录中》）

通过这些论述，我们可以体会到"学"的真谛所在："学"的对象不是一个有限的物质世界、知识世界，而是一个无限的道德世界。这也就规定了"学"的追求，不是个体的某些方面心智的发展，而是整个人的生成，整个生活世界的建构。以此，"学"所依托的不是纯粹的理性，而是人的整个内在世界和外部世界的参与。

（五）严于律己的内外修炼

《大学》里讲到"德者，本也"，是说德行是一个人的立身之本。"师者，人之模范也。模不模，范不范，为不少矣。"（扬雄《法言·学行》）教师是人们的模范，没有德行的人不可以做老师。古代教育名家无不严于律己，加强自我修炼，其核心就是用自己高尚的道德人格和深厚的知识学养影响、教育学生。孔子首倡和践行的八个大字"学而不厌，诲人不倦"，成为古人为师普遍认同的基本准则。

我国古代缺乏师范教育，也没有专门机构管理和约束教师，就靠学校的规章制度，靠社会伦理道德以及竞争形成的天然压力来调节，教师成长主要在个人，在个人自觉走上修身养性的道路，靠个体的实践体悟和自我监督，加强自身品德修养和知识学习，是一个由外而内（外铄）与由内而外（内发）的互动过程。

1. 崇德重行

（1）仁者爱人

辜鸿铭先生说："孔子全部的哲学体系和道德教诲可以归结为一句，即'君子之道'。""仁"是构成君子人格的道德根基。"仁"字在《论语》中出现109 次，被孔子视为最高的道德准则，也是他学说的核心思想。"仁"最通常的意思就是"爱人",即是说要有仁德之心,要尊重他人、关爱他人。"爱人"并不是不分善恶而普遍地爱一切人,而是以"仁"为基本准则,有所爱也有所憎。孔子所说的"爱人"充分尊重了人性的需要,他的爱是由近及远、由亲至疏的。这表现为"爱人"的"起点"是爱亲,即孝悌之情——对父母兄弟的爱;而"爱人"的终点则是爱众,即爱天下之"民"。

孔子话语中的"仁",既是对理想的人伦社会的整体构想,又是对个人道德修养的规范。孔子认为,仁者至少要做到"己所不欲,勿施于人"(《论语·卫灵公》)。孔子说,求仁最好能够做到"己欲立而立人,己欲达而达人"(《论语·雍也》)。意思是自己要站稳,才能扶起摔倒的人;自己要腾达,才能博施济众。"爱人"是仁德的基础。孔子一生从教,"有教无类"的教育思想,"性相近,习相远"的人性分析,"以身作则"的教师形象,"学而不厌,诲人不倦"的教育品质,"学而优则仕"的君子成才之径,"因材施教"的教学原则,"循循善诱"的教学方法,"教学相长"的师生关系等,无不体现了孔子的"仁爱"之心。孔子说:"唯仁者能好人,能恶人。"(《论语·里仁》)只要做到了"仁",就能公平公正地对他人作出评价,分辨善与恶。学子也能从老师的言传身教中深切体会到"仁"的内涵和老师的爱心。孟子说:"爱人者,人恒爱之;敬人者,人恒敬之。"(《孟子·离娄下》)指爱别人的人,别人也永远爱他;尊敬别人的人,别人也永远尊敬他。韩愈说,以身立教,"其身亡而其教存"(韩愈《通解》)。承的都是孔子仁德的精髓。

(2)三省吾身

君子道德人格的行为规范在于"礼"。孔子说:"君子博学于文,约之以礼,亦可以弗畔矣夫。"(《论语·雍也》)"弗畔",就是不违背。不违背什么呢?就是孔子说的"七十而从心所欲,不逾矩"。所谓矩,就是法律秩序和社会道德规范,道德自律应该成为个人发自内心的自觉要求,不需要外界的社会规范来约束自己。而要达到这种较高的道德境界,就要加强自我的修炼,在内省、克己、改过上下功夫。

内省。孔子认为,不论是道德认识还是道德实践,都需要有主观积极的思想活动,称之为内省,即其弟子曾子说的"吾日三省吾身"(《论语·学而》）。内省并非闭门思过，而是就日常所做的事进行自我检查，看看是否合乎道德规范。内省并没有复杂条件，随时都可进行。孔子说："见贤思齐焉，见不贤而内自省也。"（《论语·里仁》）"三人行，必有我师焉，择其善者而从之，其不善者而改之。"（《论语·述而》）内省的范围很广，各方面都有必要依靠内省的方法来提高修养。

克己。在社会人际关系中，如何对待他人是一个重要的道德问题。孔子主张应着重在要求自己上，约束和克制自己的言行，使之合乎礼、仁的规范。观察一个人遇事如何对人对己，就可以判断他的道德是否高尚。他说："君子求诸己，小人求诸人。"（《论语·卫灵公》）涉及相互关系时，应"躬自厚而薄责于人"（《论语·卫灵公》），严于责己，宽以待人，这样才会消除矛盾。

改过。孔子认为，人非圣人，即使是君子，要一贯正确也是不可能的，难免要犯错误。加强道德修养，正是为了减少错误。他说："丘也幸，苟有过，人必知之。"（《论语·述而》）他承认自己也会犯错误，但并不想掩盖，并认为有过错而被别人了解是自己有幸。他还说："君子之过也，如日月之食焉。过也，人皆见之；更也，人皆仰之。"（《论语·子张》）犯错误是一时的，能正视错误，公开改正，会受到大家的尊敬。孔子强调："过而不改，是谓过矣。"（《论语·卫灵公》）朱熹注："过而能改，则复于无过。惟不改，则其过遂成，而将不及改矣。"有过不改，才真正成为过错，妨碍自己的道德修养。

（3）事上磨炼

行，是君子道德人格形成的重要路径。孔子说："力行而近乎仁。"（《礼记·中庸》）他认为努力按道德规范实践的人接近于仁德。王守仁提倡道德修养必须在"事上磨炼"，即结合具体事物，"体究践履，实地用功"。他举例说："如言学孝，则必服劳奉养，躬行孝道，然后谓之学，岂徒悬空口耳讲说，而遂可以谓之学孝乎？"（《传习录中》）"在事上磨炼"，是他"知行合一"思想在道德修养方法上的反映。为了更好地佐证自己的早教思想，颜之推现身说法：颜之推兄弟三人冬天要为双亲暖被，夏天要为父母扇凉。在家风严谨的家庭中，幼年的颜之推就懂得不少礼仪。走路时，恭敬谦和，与父母说话时，更是神态安详，语调平和。颜家严谨的家风，直接影响到颜之推后来的治家和教子方法，同时也成为《颜氏家训》早教思想的直接来源。

（4）淡泊明志

"淡泊明志"（诸葛亮《诫子书》），意思是不追求名利才能使志趣高洁，这也正是君子道德人格价值的重要尺度：义。孔子认为君子应以义为贵。冯友兰先生在《中国哲学之精神》一书中说：道德方面的应该，无条件的应该，就是义。孔子一生为了推行自己的政治主张，经历了很多磨难，甚至到了饥不得食的地步。但孔子不因荣华富贵放弃自己的志向，也不因穷困潦倒改变自己的追求，坚持做人的操守，表现出伟大的勇气和毅力。正因如此，他才得到了无数人的敬仰，人们不仅钦佩他博大精深的思想，更为他的人格魅力所感动。"义"字在《孟子》全书中共出现 108 次，孟子还提出"富贵不能淫，贫贱不能移，威武不能屈"的"大丈夫"理想人格与气节的标准，对中国人形成独立的意志与人格，对中华道德精神的确立，一直起着重要的作用。

2. 勤学求新

（1）博学厚积

在我国古代很长的一段时期里，学生主要是学习儒家经典，比如"四书""五经"等，教师要帮助学生读懂内容，并且要能背诵，最后还要能写出符合标准的文章。如果教师没有相应的知识，就只能照本宣科，很难教好。像荀子所说，至少要把教材"诵说而不陵不犯"，如果连这点都做不到，作为教师是不合格的。

我国古代教育名家渊博的学识、深厚的学养，来自孜孜不倦的发愤求知。孔子三岁时父逝，随母迁居曲阜阙里，家中重视礼仪之教。孔子自称"吾少也贱，故多能鄙事"，自述"吾十有五而志于学"。孔子发愤求知，力学成才，博通多能。大约在他三十岁时，正式招生办学，开始教育生涯。他一面为师，一面继续学习，向一切有知识的人学习。大约在四十岁时，他形成了自己的学说，创立了儒家学派。韩愈七岁开始读儒家经籍，学习特别勤奋。青年时期曾从独孤及、梁肃、萧存等游学，受其影响，钻研古文，潜心儒道，奠定一生学问的基础。韩愈既吸收前人的经验，更着重总结自己的经验，主张读书要"勤、博、思"。王守仁出身于书香门第，他十岁时，父亲高中状元，随父赴京，在京师念书时，他问塾师："何为第一等事？"塾师说："惟读书登第耳。"他却说："登第恐未为第一等事，或读书学圣贤耳。"年轻时就有了远大的志向和抱负，成为他勤奋读书的动力。

（2）代际相承

每一个时代的优秀教师，其教育魅力都离不开传承基础上的创新。传承是历史上的必然，有可传承之物是各时代教师的幸运所在。

孟子一生崇拜孔子，自称："乃所愿则学孔子也。"（《孟子·公孙丑上》）《史记》明确说他"受业子思之门人"（《史记·孟子荀卿列传》）。子思为孔子之孙，从孔子到孟子，传承关系较为直接。孟子经历也与孔子十分相似，一生聚徒讲学，弟子有数百人，多年里率弟子游历宋、滕、魏、齐、梁诸国，也曾列名稷下学宫，但始终未受重用。晚年归赵，专心著述讲学，热爱教书授徒，成为战国中期显赫于世的儒家巨子，被奉为位仅次孔子的"亚圣"。

荀子自称为儒，当时人也称他为儒。荀子这一派儒者与孟子一派都自以为孔子的真正传人。虽然荀子没有成为孔子的嫡传，没有孟子的幸运，始终没有资格进入孔庙，但是，他的王霸统一的政治思想，自汉代以后始终对中国古代封建社会发生着实际影响。荀子是稷下学宫的学术首领，被称作"最为老师"，德望甚高。他向各家各学派学习，集诸子百家之大成。尤其是在儒家经典的传授方面，荀子的作用超过孟子。孔子整理的"六艺"后来多经荀子传授。从学术发展史上看，荀子占有极其重要的地位。荀子终老于兰陵，被称为"后圣"。梁启超曾说：读《孟子》之益处在发扬正气，读《荀子》之益处在锻炼心能。牟宗三也说过：悟道遵孟轲，为学法荀卿。

（3）守正出新

在传统教育进程中，教育名家总是站在社会发展的前列，善于独立思考，努力进行教育变革和探索，可以说，守正出新是教育名家的灵魂和特征。因循守旧，不思进取，就必然与教育名家、名师无缘。

例如，春秋战国时期，社会的发展和变革促进了思想的活跃，学派林立，出于不同的政治主张和要求，出现了百家争鸣的生动局面。孔子之"仁"和老子之"道",是中国儒道文化精神的两大基石。孔子之"仁",是君子道德人格的核心,又是社会伦理秩序的规范,强调社会的应然状态。老子之"道",是万物生成的本源,又是现象存在的本体,强调人性的本然状态。在理论逻辑上,孔子从伦理教化的角度,企图重构崩溃的秩序;老子从道德人心的角度,企图救赎异化的人性。在价值取向上,孔子之"仁"以社会之"道"为理论指向,其社会价值观与抽象哲学观无判然界限;老子之"道"以具体的社会之"德"为理论归趣,其抽象哲学观与社会价值观亦无判然界限。二者构成理论上的互补关系,价值观上的辩证性关联。墨子学于儒而不囿于儒,提出"兼爱""非攻"的政治理想,创立了墨家学派,当时与儒学同被称为"显学"。只不过墨学后来的命运与儒学迥异,《墨子》一书几乎被埋没了2 000年,直到近代才又得到人们的重视和研究,墨家精神终于得到人们的倡导。春秋战国时期是德国哲学家、著名教育学家雅斯贝尔斯在《历史的起源与目标》中指出的"轴心时代"的构成部分,具有影响力的教育大家辈出,星光闪耀。

又如,自唐朝建立以来,科举制度盛行,士大夫阶层一度流行耻于相师、轻视师道的风气。不打破这种顽固的旧思想势力,复兴儒学运动、古文运动的开展都要受到阻碍。韩愈挺身而出,敢于为师,凡是来向他请教的都不拒绝,"来者则接之",且不顾流俗,作《师说》,成为轰动一时的事件。"世果群怪聚骂","谤也随之"(柳宗元《答韦中立论师道书》),可见当时韩愈倡言师道,抗颜为师,是冒着触犯流俗的危险,需要一定的勇气。韩愈不畏攻击毁谤,以《师说》为宣言,引发较大的社会影响,引起社会风气逐步转变,起了解放思想的作用,具有进步意义,在教育理论和实践上都有新意。一是由"人非生而知之者"出发,肯定"学者必有师",学习一定要有教师指导,教师是社会所必需;二是在历史上首先提出了教师的基本任务"传道""受业""解惑",三项任务中最主要的是"传道"(传儒家的仁义之道,以达到治国平天下的目的),"受业"(儒学的"六艺经传"与古文)和"解惑"(解决学"道"与"业"过程中的疑问)都要贯串"传道",为"传道"服务;三是以"道"为求师的标准,主张"学无常师";四是提倡"相师",确立民主性的师生关系，"弟子不必不如师，师不必贤于弟子"，师生可以相互学习，师生关系可以互相转化，丰富了"教学相长"的内涵。

再如，朱熹一生主要从事学术研究和教育活动，继承和发展了二程学说，成为南宋理学的集大成者。他的著述浩瀚，专著有二十多种，其中影响最深广、最重要的是《四书章句集注》（简称《四书集注》），还编写了颇有影响力的蒙学教材《嘉言》《善行》。王守仁继承和发展了陆九渊的学说，提出了"心即理""致良知""知行合一"等命题，形成了与程朱理学相径庭的"阳明学派"。其学说以"反传统"的姿态出现，在明中叶以后曾广为流行，还曾流传到日本，对明治维新产生过积极影响。

（4）学而不已

教无止境，学而不已，古代教育名家始终保持着"学如不及，犹恐失之"的积极精神状态，时刻考虑的是不断进步。

孔子说："德之不修，学之不讲，闻义不能徙，不善不能改，是吾忧也。"（《论语·述而》）他学习刻苦，永不满足，认为"可与言终日而不倦者，其惟学乎"（《韩诗外传》卷六）。他自称好学入了迷，达到"发愤忘食，乐以忘忧，不知老之将至云尔"（《论语·述而》）的地步，终身好学乐学。孔子学无常师，他曾求教于老子、遽伯玉、晏平仲、老莱子、孟公绰、子产等当世学问家，问礼于老聃，学乐于苌弘，学琴于师襄。不仅如此，孔子还向所有有一技之长者学习。他说："三人行，必有我师焉。择其善者而从之，其不善者而改之。"（《论语·述而》）他"敏而好学，不耻下问"，以能问于不能，向不如自己的人学习。《论语》所载，多为孔子弟子向孔子求教的言论，另外，孔子从弟子身上也获得不少启发。其一，正是有众多弟子，为孔子了解学生提供了对象，让孔子体会到学生之间的差异，于是才有"因材施教"的做法。其二，在与弟子的接触中，孔子自身也有了更多的体悟。

北朝时期的颜之推主张人的一生应该活到老学到老。少年时期应该抓紧时机，孜孜不倦地学习。成年以后也要学习，不能以老废学。他说："然人有坎壈，失于盛年，犹当晚学，不可自弃。"（《颜氏家训》）他认为，不管哪个年龄阶段的人，只要抓紧学习，总会带来一定好处。正如他所说："幼而学者，如日月之光；老而学者，如秉烛夜行，犹贤乎瞑目而无见者也。"（《颜氏家训》）这说明，他深信知识能给人带来光明。

著名教育史家孟宪承曾经说过："从古不知有多少'悲天悯人'的教育家，耗尽了他们的心力，甚至贡献了他们的生命，才把我们的教育史，装点成这样的灿烂庄严。他们生平的故事，更可以净化我们浮躁的精神，鼓舞我们奋斗的勇气。教育者精神的食粮，也将从这里得到了。"这对当下教师都能带来启迪。走进历代名师的世界，探寻名师形成发展过程的规律，读懂他们的教育思想和经典著作，领悟他们的变革实践，感受他们的人格魅力，就找到了这棵葱茏繁茂的教育大树的根，以及滋养教育大树的沃土；就能知往鉴今，从中汲取不断前行的力量，抓好传承传统教育的创造性转化，促进自身专业发展，为建设社会主义现代化的教育强国，为高质量发展教育，建功新时代，作出新奉献。

主要参考文献

[1] 顾明远. 教育大辞典 [M]. 上海：上海教育出版社，1998：189.

[2] 郭齐家. 再论中国传统教育的特点及学习中国教育史的价值 [J]. 中国教育科学，2017 (2)：173 - 188.

[3] 杜成宪. 中华民族有哪些教育传统可以传承？ [J]. 河北师范大学学报（教育科学版），2017，19 (4)：5 - 11.

[4] 蒋纯焦，杜成宪. 再谈中华民族有哪些教育传统可以传承 [J]. 人民教育，2020 (18)：35 - 42.

[5] 孙培青. 中国教育史（第四版）[M]. 上海：华东师范大学出版社，2019.

[6] 于漪. 现代教师学概论 [M]. 上海：上海教育出版社，2001.

第三篇

中 国 历 代

名师教育思想

经 典 品 读

第一章 有教无类：孔子的教育
思想与实践

一、孔子生平

孔子名丘，字仲尼，鲁国陬邑人。生于公元前 551 年，逝于公元前 479 年。他是中国古代伟大的思想家、教育家，儒家学派的创始者，儒学教育理论的奠基人。

孔子的祖先原是宋国（今河南、江苏交界的地方）的贵族。孔子说"而丘也，殷人也"（《礼记·檀弓上》），说自己是殷商的后裔。父亲孔纥，字叔梁，是一位下级武官，曾任陬邑宰。孔子三岁时父逝，随母颜徵（征）在迁居曲阜阙里，家教中重视礼仪之教。

孔子早年生活，既穷苦又没地位。他自己说："吾少也贱，故多能鄙事。"（《论语·子罕》）大概在二十六七岁时，才做了一两回小官。一回当"委吏"（管理仓库），另一回当"乘田"（管理畜牧），由此接触到社会下层，了解了人民的一些愿望和要求。孔子自述"吾十有五而志于学"，他努力学习传统的礼、乐、射、御、书、数等六艺。三十岁左右，孔子正式招生办学，开始他的教育生涯。

孔子三十五岁时，鲁国贵族孟孙氏、叔孙氏、季孙氏"三桓"擅权，鲁昭公被驱逐逃到齐国，孔子也离开鲁国到齐国。齐国执政者晏婴不赞成孔子所讲究的烦琐礼节，孔子在齐被排斥，三年后回到混乱的鲁国，把全副精神放在教育事业上。大约在他四十岁时，他形成了自己的学说，通过讲学活动扩大宣传，争取信徒，他在私学组织的基础上，创立了儒家学派。五十一岁时，孔子被鲁定公任命为中都宰，很有政绩，"一年，四方皆则之"，升为主管营建的司空，又升为主管司法的司寇。因与执政者季桓子政见不一，五十五岁时去鲁适卫，周游列国，同行的弟子有数十人。他一面进行政治游说活动，一面进行教育活动。十四年间，孔子过匡被围，出仕于卫；经曹、宋、郑至陈，途中险遭宋司马桓魋杀害；去陈适蔡，绝粮于陈、蔡之间；又至楚东北边境的叶县，见楚叶公，求用于楚昭王，不成功，自叶返卫。在累受挫折的情况下，孔子仍不消极，讲诵弦歌不辍。

孔子六十八岁时，鲁国贵族季康子在孔子学生冉有的劝说下，派人带了重礼迎接孔子回国，尊之为国老。孔子回到鲁国后，对自己的政治生活已比较看淡，而继续投入文化教育事业，以诲人不倦的精神继续招生讲学，并着力整理古代文献，完成了《诗》《书》《礼》《乐》《易》《春秋》六经的编纂和校订工作，为中国古代文化作出了重大的历史贡献。

公元前479年，孔子年七十三，在鲁哀公十六年四月己丑去世。葬在鲁城北面的泗水边上。弟子以及鲁国的其他人，相率到墓旁定居的有一百多家，形成"孔里"。孔子的思想学说和他的事迹，弟子们各有记录，后来汇编成一本书，名为《论语》。

二、经典品读：《论语》（十则）

1. 子①曰："学而时②习③之，不亦说④乎？有朋⑤自远方来，不亦乐乎？人不知而不愠⑥，不亦君子⑦乎？"（《学而》1.1）

【注释】

① 子：《论语》"子曰"的"子"都是指孔子而言。

② 时："时"字在周秦时若作副词用，等于《孟子·梁惠王上》"斧斤以时入山林"的"以时"，意为"在一定的时候"或者"在适当的时候"。

③ 习：一般人把"习"解为"温习"，但在古书中，它还有"实习""演习"的义项。在这里解作实习为好。

④ 说：同"悦"，高兴、愉快的意思。

⑤ 朋：这里的"朋"指弟子。

⑥ 愠：怨恨。

⑦ 君子：《论语》中的"君子"，有时指"有德者"，有时指"有位者"，这里指"有德者"。

【译文】

孔子说："学了，然后按一定的时间去实习它，不也高兴吗？有志同道合的人从远处来，不也快乐吗？人家不了解我，我却不怨恨，不也是君子吗？"

2. 子曰："志于道，据于德，依于仁，游于艺①。"（《述而》7.6）

【注释】

① 游于艺：《礼记·学记》："不兴其艺，不能乐学。故君子之于学也，藏焉，修焉，息焉，游焉。夫然，故安其学而亲其师，乐其友而信其道。是以虽离师辅而不反也。"可以阐明这里的"游于艺"。

【译文】

孔子说："目标在'道'，根据在'德'，依靠在'仁'，而游憩于礼、乐、射、御、书、数六艺之中。"

3. 孔子曰："生而知之者，上也；学而知之者，次也；困而学之，又其次也；困而不学，民斯为下矣。"（《季氏》16.9）

【译文】

孔子说："生来就知道的是上等，学习然后知道的是次一等；实践中遇见困难，再去学它，又是再次一等；遇见困难而不学，这种人就是最下等的了。"

4. 子曰："有教无类。"（《卫灵公》15.39）

【译文】

孔子说："人人我都教育，没有（贫富、地域等等）区别。"

5. 子曰："当仁，不让于师。"（《卫灵公》15.36）

【译文】

孔子说："面临着仁德，就是老师，也不同他谦让。"

6. 子曰："默而识①之，学而不厌，诲人不倦，何有于我哉？"（《述而》7.2）

【注释】

① 识（zhì）：记住。

【译文】

孔子说："（把所见所闻）默默地记在心里，努力学习而不厌弃，教导别人而不疲倦，这些事情我做到了哪些呢？"

7. 子曰："不愤①不启，不悱②不发③。举一隅不以三隅反，则不复也。"（《述而》7.8）

【注释】

① 愤：心求通而未得之意。

② 悱（fěi）：口欲言而未能之貌。

③ 不启，不发：这是孔子自述其教学方法，必须受教者先遇见困难，有求知的动机，然后去启发他。这样，教学效果自然好些。

【译文】

孔子说："教导学生，不到他想求明白而不得的时候，不去开导他；不到他想说出来却说不出的时候，不去启发他。教给他东方，他却不能由此推知西、南、北三方，便不再教他了。"

8. 子曰："温故而知新，可以为师矣。"（《为政》2.11）

【译文】

孔子说："在温习旧知识时，能有新体会、新发现，就可以当老师了。"

9. 子曰："学而不思则罔①，思而不学则殆②。"（《为政》2.15）

【注释】

① 罔：诬罔。"学而不思"则受欺，似乎是《孟子·尽心下》"尽信《书》，则不如无《书》"的意思。

② 殆：疑惑。

【译文】

孔子说："只是读书，却不思考，就会受骗；只是空想，却不读书，就会产生疑惑。"

10. 子路、曾晳①、冉有、公西华侍坐。

子曰："以吾一日长乎尔，毋吾以也。居②则曰：'不吾知也！'如或知尔，则何以哉？"

子路率尔而对曰："千乘之国，摄乎大国之间，加之以师旅，因之以饥馑；由也为之，比③及三年，可使有勇，且知方也。"

夫子哂之。

"求！尔何如？"

对曰："方④六七十，如⑤五六十，求也为之，比及三年，可使足民。如其礼乐，以俟君子。"

"赤！尔何如？"

对曰："非曰能之，愿学焉。宗庙之事，如会同，端章甫⑥，愿为小相⑦焉。"

"点！尔何如？"

鼓瑟希，铿尔，舍瑟而作⑧，对曰："异乎三子者之撰。"

子曰："何伤乎？亦各言其志也。"

曰："莫⑨春者，春服既成，冠者五六人，童子六七人，浴乎沂，风乎舞雩⑩，咏而归。"

夫子喟然叹曰："吾与点也！"

三子者出，曾皙后。曾皙曰："夫三子者之言何如？"

子曰："亦各言其志也已矣。"

曰："夫子何哂由也？"

曰："为国以礼，其言不让，是故哂之。"

"唯⑪求则非邦也与？"

"安见方六七十如五六十而非邦也者？"

"唯赤则非邦也与？"

"宗庙会同，非诸侯而何？赤也为之小，孰能为之大？"（《先进》11.26）

【注释】

① 曾皙：名点，曾参的父亲，也是孔子的学生。

② 居：平日，平常。

③ 比：等到。

④ 方：计量面积用语，多用以计量土地，后加表示长度的数词或数量词，表示纵横若干长度的意思。

⑤ 如：或者。

⑥ 端章甫：端，古代礼服之名称。章甫，古代礼帽之名。

⑦ 相：赞礼之人。

⑧ 作：站起来的意思。

⑨ 莫：同"暮"。

⑩ 舞雩（yú）：《水经注》："沂水北对稷门，一名高门，一名雩门。南隔水有雩坛，坛高三丈，即曾点所欲风处也。"当在今曲阜南。

⑪ 唯：语首词，无义。

【译文】

子路、曾皙、冉有、公西华四人陪同孔子坐着。

孔子说道："我的年纪比你们大一些，但你们不要因此受到拘束而不敢讲话。你们平日说：'人家不了解自己呀！'假若有人了解你们，（打算请你们出去，）那你们怎么办呢？"

子路不假思索地答道："一千乘兵车的国家，局促地处于几个大国的中间，外面有军队侵犯它，国内又加以灾荒。我去治理，等三年光景，可以使人人有勇气，而且懂得大道理。"

孔子微微一笑。

又问："冉求！你怎么样？"

答道："国土纵横各方六七十里或者五六十里的小国家，我去治理，等三年光景，可以使人人富足。至于修明礼乐，那只有等待贤人君子了。"

又问："公西赤！你怎么样？"

答道："不是说我已经很有本领了，我愿意这样学习：祭祀的工作或者同外国盟会，我愿意穿着礼服，戴着礼帽，做一个小司仪者。"

又问："曾点！你怎么样？"

他弹瑟正近尾声，铿的一声把瑟放下，站了起来答道："我的志向和他们三位所讲的不同。"

孔子说："那有什么妨碍呢？正是要各人说出自己的志向呵！"

曾皙便道："暮春三月，春天衣服都穿定了，我陪同五六位成年人，六七个小孩，在沂水旁边洗洗澡，在舞雩台上吹吹风，一路唱歌，一路走回来。"

孔子长叹一声道："我同意曾点的主张呀！"

子路、冉有、公西华三个人都出来了，曾皙后走。曾皙问道："那三位同学的话怎样？"

孔子道："也不过各人谈谈自己的志向罢了。"

曾皙又道："您为什么对仲由微笑呢？"

孔子道："治理国家应该讲求礼让，可是他的话却一点也不谦虚，所以笑笑他。"

"难道冉求所讲的就不是国家吗？"

孔子道："怎么见得横纵各六七十里或者五六十里的地方就不够是一个国家呢？"

"公西赤所讲的不是国家吗？"

孔子道："有宗庙，有国际的盟会，不是国家是什么？（我笑仲由不是说他不能治理国家，关键不在是不是国家，而是笑他说话的内容和态度不够谦虚。譬如公西赤，他是个十分懂得礼仪的人，但他只说愿意学着做一个小司仪者。）如果他只做一小司仪者，又有谁来做大司仪者呢？"

（一）写作背景

公元前 6 世纪时，在中原地区和淮水、汉水、太湖流域，分布着许多大大小小的诸侯国家，这些诸侯国家名义上是周天子的属国，其实是一些自主的或半自主的独立国。随着社会经济的发展，以各国诸侯、卿、大夫为代表的贵族，彼此为了争夺土地或劳动者，不断地发生兼并战争，战争使许多国家灭亡，许多贵族没落，也有一些原来不是贵族的人，由于依附胜利的贵族地位上升。没落的贵族、原来的下层贵族以及上升的人逐渐形成了"士"这一社会阶层。"士"在频繁的战争中间，在各种军事、外交、政治活动中间，获得了广泛的施展才能的机会。在当时中国社会由奴隶制向封建制的转化过程中，他们起了相当大的推动作用，而孔子，正是"士"这一阶层的最早的重要代表人物。

在这以前的文化是被贵族垄断的，但在社会剧烈变动、阶级关系发生新的变化时，这种垄断情况就被迫改变了。没落的贵族和原来的下层贵族在这一改变中起了桥梁作用。他们顺应广大人民学习文化、学术和各方面知识的迫切需要，开创了私人教授学术、传播文化的新教育制度。孔子就是在这种社会条件下产生的卓越的教育家，他提出"仁"，普及文化知识，在教育事业上有很大的贡献。

要研究孔子的教育思想，《论语》是最可信赖的材料。《论语》是孔子弟子及再传弟子记录孔子及其弟子言行而编成的语录文集，著笔当开始于春秋末期，而编辑成书则在战国初期。

《论语》是孔门弟子集体智慧的结晶，其编纂者主要是仲弓、子游、子夏、子贡，他们忧虑师道失传，首先商量起草编书以纪念老师，然后和少数留在鲁国的弟子及再传弟子共同完成编纂工作。《论语》的著笔有先有后，其间相距或者不止于三五十年。自唐代柳宗元以来，很多学者都认为《论语》

是由曾参的学生编定。

（二）篇章结构

据班固的《汉书·艺文志》和《〈文选·辩命论〉注》引《傅子》说，"论语"的"论"是"论纂"的意思，"论语"的"语"是"语言"的意思，"论语"就是把"接闻于夫子之语""论纂"起来的意思。

《论语》是用结构松散的语录体写成，不按主题分篇，不按主题题篇，除个别章节稍微长一点，绝大多数都是三言两语，章与章也多半没有联系。全书共 20 篇 492 章，其中记录孔子与弟子及时人谈论之语约 444 章，记孔门弟子相互谈论之语 48 章。以语录体为主，叙事体为辅，较为集中地体现了孔子及儒家学派的政治主张、伦理思想、道德观念及教育原则等。

《论语》通常取开篇前两个字作为篇名，如"学而"；若开篇前两个字是"子曰"，则跳过取句中的前两个字，如"述而"；若开篇三个字是一个词，则取前三个字，如"卫灵公"。篇名与其中的各章没有意义上的逻辑关系，仅可当作页码看待。

"学而"第一，讲"务本"的道理，引导初学者进入"道德之门"；"为政"第二，讲治理国家的道理和方法；"八佾"第三，记录孔子谈论礼乐；"里仁"第四，讲仁德的道理；"公冶长"第五，评价古今人物及其得失；"雍也"第六，记录孔子和弟子们的言行；"述而"第七，记录孔子的容貌和言行；"泰伯"第八，记孔子和曾子的言论及其对古人的评论；"子罕"第九，记录孔子的道德教育思想和孔子弟子对其师的议论，记述孔子的某些活动；"乡党"第十，记录孔子言谈举止、衣食住行和生活习惯；"先进"第十一，记录孔子教育言论和对其弟子的评论；"颜渊"第十二，讲孔子教育弟子如何实行仁德，如何为政和处世；"子路"第十三，记录孔子论述为人和为政的道理；"宪问"第十四，记录孔子和其弟子论修身为人之道，以及对古人的评价；"卫灵公"第十五，记录孔子及其弟子在周游列国时关于仁德治国方面的言论；"季氏"第十六，记录孔子论君子修身，以及如何用礼法治国；"阳货"第十七，记录孔子论述仁德，阐发礼乐治国之道；"微子"第十八，记录古代圣贤事迹、孔子众人周游列国中的言行及周游途中世人对于乱世的看法；"子张"第十九，记录孔子和弟子探讨求学为道的言论，弟子对于孔子的敬仰赞颂；"尧曰"第二十，记录古代圣贤的言论和孔子对于为政的论述。

（三）思想价值

孔子既是思想家，又是教育家。《论语》一书体现了孔子的教育思想，阐述了其教育目的、教育内容和教学方法，富有深厚的思想价值。

1. 以德为先

孔子的教育思想，是德育为先，智育次之。他说"志于道，据于德，依于仁，游于艺"。一个人先得立志，立志才能心存正念，避免走上歪路；然后以道德为根据才不会动摇志向，以仁德为依归才能继续坚持，不为物欲所迷惑；而涵泳六艺，无所遗漏，便能在不同领域中自我成长。长久如此，将不自觉地进入圣贤的境界。"志道""据德""依仁"三者，有先后无轻重，而三者之于"游艺"，则有轻重无先后。孔子把道德和道德教育放在首位，故他主张"就有道而正焉""行有余力，则以学文"。

2. 学而知之

"学而知之"是相对于"生而知之"而言的。"生而知之"，是指生来就知道，不必经过学习。极少数人生来就具有某种天分，在某方面可以无师自通。"生而知之"的境界，不是任何人都能达到的，大多数人都处在"学而知之"的境界。"学而知之"，是善于通过学习充实自己，体现了人的主观能动性。"学而知之"强调的是学习的主动性和积极性，说明人可以主动发现自己的无知与不足，然后通过学习获得新的知识、掌握新的本领。"生而知之"虽得天独厚，但仍然需要通过"学而知之"来巩固或加强，否则天才也会变成庸才，一事无成。

3. 有教无类

孔子提倡"有教无类"，即人人他都教育。招收学生时，没有阶级、地域、民族、年龄等区别、限制。他说："自行束脩以上，吾未尝无诲焉。"只要主动地给他一点见面薄礼，他从来没有不加以教诲的。"束脩"只是礼的象征，只要遵礼来学，孔子都不会拒绝。"有教无类"从本质上来说，是提倡"普及教育""平民教育"，矛头直指"学在官府"，是使当时贵族所垄断的文化教育普及一般人，将知识自贵族阶层传播至平民阶层，宣告了教育不再是贵族的专利。

4. 因材施教

朱熹说："孔子教人各因其材。"孔子是在教学实践中最早采用因材施教方法的教育家。"孔子以诗书礼乐教，弟子盖三千焉"（《史记·孔子世家》），这么多的学生不可能千人一面，每个人的素质、爱好都不一样。通过谈话和个别观察等方法，孔子了解和熟悉学生的个性特征，在此基础上，根据各个学生的能力、性格、志趣等具体情况，采取不同的教育方法，培养出了德行、言语、政事、文学等多方面的人才。"因材施教"从本质上来说，是尊重学生个性、对症下药的个性化教育。

5. 诲人不倦

"诲人不倦"是孔子的教育思想之一，意思很简单：教导别人时有耐心，不厌烦。其要义是，在教育教学方面师者应当保持良好的心态和正确的态度，教育他人认认真真不知疲倦，使受教育者能顺利地接受知识，这样才不愧为人师。钱穆《论语新解》认为，"默而识之，学而不厌，诲人不倦"这三事，"尽人皆可自勉，孔子亦常以自居。然推其极，则有非圣人不能至者"，意思是这三件事实际上常人是很难做到的。李零《丧家狗：我读〈论语〉》认为，教学是在做助人为乐的事，孔子"学而不厌，诲人不倦"属于"有恒者"，而"有恒者"是一辈子做好事且乐此不疲的人。

6. 启发式教学

孔子施教方法的最大特点是着重在启发。他说："不愤不启，不悱不发，举一隅不以三隅反，则不复也。""愤"是憋在心里，"悱"是话到嘴边，都是内心冲动，不吐不快之状。孔子反对记问之学，认为只会死记硬背不会提问的学生不值得教，要教，一定要有内心冲动，问题提出来，在关键的地方给学生以点拨，启之发之，让学生自己找答案，他们就会有收获，就能取得较好的教学效果。"启发式教学"的基础是师生心灵共鸣，一方面，学生努力钻研直到遭遇自己无力辨明的问题，一方面，老师得事先经历过学生的求学体验以及求学过程中的种种问题。师生各自的心灵中均有感受深刻而且可以共鸣的求学经验，才会有真正的"启发式教学"。

7. 温故知新

"温故而知新"是孔子对我国教育学的重大贡献之一。朱熹认为"温故而知新，可以为师矣"此章宗旨在于，如果能够时常复习过去的知识，并有心得感触，那么所学都是自己的，且能灵活运用到其他方面，因此可以当别人的老师。如果只是死记硬背过去所学，那么所知必定有限，便"不足以为人师"（《礼记·学记》）。温习已学知识，已学知识就能熟练，熟练才会有创造，才能产生新的心得，从而去预见以及解决未来的问题，这才是一个真正的大师应该具有的能力。

8. 学思并重

孔子说"学而不思则罔，思而不学则殆"，强调学习与思考并重。钱穆先生认为，这一思想宗旨在于一个人只向外面学，不反之己心，自加精思，则必迷惘无所得。不经精思，不深辨其真义所在，以非为是，就会诬罔其所学。反之，思而不学，则事无征验，疑不能定，则危殆不安。思而不学，也可能徒使精神疲怠而无所得。故学与思当齐修并进。仅学不思，将迷失自己，变成书的奴隶；仅思不学，架空知识，也会把自己封闭孤立起来。学习与思考二者结合，不可偏废；既要善于读书，也要善于思考，明辨是非，知所适从。

（四）辞章魅力

《论语》言简意赅，富于哲理性。《论语》作为语录体，绝大多数章节仅三言两语，最长的《侍坐》篇也仅 315 字，但言近旨远，简练晓畅，雍容和顺。孔子和弟子的日常对话中涉及学习、修身、处世、为人、生活、社交、政治等等，充满了朴素的智慧和哲理。如"人无远虑，必有近忧""己所不欲，勿施于人""与朋友交，言而有信""见贤思齐焉，见不贤而内自省也""不在其位，不谋其政"等等。

《论语》语言含蓄，富有形象性。孔子对弟子使用的语言往往是含蓄而富有形象性的，让人可以咀嚼，却又很具体。如孔子看到有些人虽然不是不可教育，但根本不努力，又有些人努力而不得其道，因而也没有成就，便对弟子说："苗而不秀者有矣夫！秀而不实者有矣夫！"孔子用"苗""秀""实"来比喻生命和修养，生动形象地告诫弟子：有的人树立了志向，但却没有行动，就像只长苗不开花；有的人立志并进行了修行，但却半途而废，就像庄稼开花而没有结果。只有那些既树立远大志向，积极行动，又能够坚持到底的人，才会有所成就。这样的语言还有很多，比如"岁寒，然后知松柏之后雕也""割鸡焉用牛刀"等等。

《论语》人物形象鲜明，真实生动。书中人物，夫子也好，十哲也好，都是普通人，喜怒笑骂，毫不遮掩。孔子的高兴、苦闷、愤怒，在弟子中间从不隐藏，他的歌声、笑声，也从来没有间断。直率而又含蓄，热情而又严肃，活泼而又不失分寸，是孔子生活在弟子中间的形象。而弟子们，冉耕、闵损、颜回，老实巴交，少言寡语；宰予、子贡、公西华，能说会道，善于公关；子游、子夏，多才多艺，机灵活跃；子路，鲁莽多嘴，但对孔子忠心耿耿。《侍坐》篇师生讨论志向问题，生动地表现出孔子随和宽容、子路急躁坦率、冉有彬彬有礼、公西华谦虚有加、曾皙洒脱知礼的不同特点。日常生活中，学生质疑老师，老师批评学生，一部《论语》都真实记录了下来。

三、教育思想与实践

（一）重视教育的功用

孔子认为教育对社会发展有重要作用。《子路》篇记载："子适卫，冉有仆。子曰：'庶矣哉'！冉有曰：'既庶矣，又何加焉'？曰：'富之'。曰：'既富矣，又何加焉？'曰：'教之。'"孔子认为国家富裕之后就要开展教育建设。他提出"性相近也，习相远也"，认为人的先天素质没有多大差别，只是后天教育和社会环境的影响作用，才造成人的发展有重大的差别，因此，人要发展，教育条件是很重要的。他既强调居住环境的选择，主张"里仁为美",又强调社会交往的选择,主张"就有道而正焉"。孔子把求学者分成四种:"生而知之者,上也;学而知之者,次也;困而学之,又其次也;困而不学,民斯为下矣。""生而知之者"属于上智,"学而知之者""困而学之"属于中人,"困而不学"属于下愚。"性相近也,习相远也",指的就是中人这部分,社会上绝大多数人属于中人这个范畴,对中人的发展,教育能起重大作用。

(二) 培养有德才的君子

孔子继承西周"敬德保民"的思想,主张采用德政。他说:"为政以德,譬如北辰,居其所而众星共之。"德政需要贤才也就是君子才能实行。孔子以德育为先,提出教育的基本目的是培养君子。君子的品格对己要能"修己",对人要能"安人",以至"安百姓"。修养自身是从政治人的先决条件,孔子对君子强调三方面的修养要求,"知者不惑,仁者不忧,勇者不惧",其中最注重的是君子道德方面的修养。为此,在教学中,"子以四教:文、行、忠、信",即从学问、品行、忠恕、信义四个方面教育学生,他的学生也分成了"德行""言语""政事""文学"四科。孔子提出在平民中培养德才兼备的从政君子,这条培育人才的路线,子夏简括为"学而优则仕"。孔子对实行"学而优则仕"的态度非常明确,他说:"先进于礼乐,野人也;后进于礼乐,君子也。如用之,则吾从先进。"学习与做官有了密切的联系。他鼓励弟子"不患无位,患所以立",他也积极向当权者推荐有才能的学生去担任政治职务,冉有、子路就是其中的代表。

(三) 提出教育平等理念

1. "有教无类"思想

孔子最早使贵族所垄断的文化教育普及一般人,他招收学生不分贫富贵贱,"夫子之门何其杂也"即是有力的证明。《史记·孔子世家》中说孔子"贫且贱",年轻时原本就是穷学生,所招收的学生,三千弟子,除鲁国大夫孟僖子的两个儿子孟懿子和南宫敬叔、宋国司马桓魋弟弟司马牛等少数出身高门的贵族子弟,其余皆出身贫贱。孔子收的第一批学生,都是孔子在季氏做"委吏"时先后共过事的杂役伙计们，有赶车的颜无繇，有做饭的曾点，还有看门的闵损，扫地的冉耕，守库房的琴张，野孩子子路等。据《史记·仲尼弟子列传》，子路"冠雄鸡，佩豭豚"，简直像个流氓；《孔子家语·致思》中说子路家贫，"常食藜藿之实"。据《史记·游侠列传》，原宪"终身空室蓬户，褐衣疏食"，更为穷困。《论语》说公冶长无罪被囚，假设他家有地位，有罪还未必被囚，何况无罪？足见也是下贱门第。据《弟子列传正义》引《韩诗外传》，曾参曾经做小史，能谋斗升之粟来养亲，就很满足，可见曾点、曾参父子都很穷。据《吕氏春秋·尊师篇》，子张是"鲁之鄙家"。《论语》中说颜回居住在陋巷，箪食瓢饮，死后有棺无椁。由此推论，孔子学生，出身贫贱的多，出身富贵的少。孔子不在意学生的贫富贵贱，只要遵礼来学，孔子都不会拒绝。

2. "因材施教"思想

因材施教是根据每个学生的能力、性格、志趣等具体情况，采取不同教育方法的个性化教育。孔子对每个学生非常了解，在解答学生的疑问时，纵然同一问题，因问者不同，答复也不同。颜渊和仲弓都问了孔子"仁"的问题，孔子对两人的回答各不相同。颜渊是道德先生，"不迁怒，不贰过"。颜渊"问仁"，孔子对他主要谈道德修养，告诉他"克己复礼为仁"，具体做法是"非礼勿视，非礼勿听，非礼勿言，非礼勿动"，谈对自己如何行仁（修身）。仲弓即冉雍，孔子曾说"雍也可使南面"，称赞仲弓有治世之德，可做卿大夫之类的大官。仲弓"问仁"时，可能正要出任季氏宰这个重要职务，因此孔子对他说"己所不欲，勿施于人"，是对别人如何行仁（事功）；"在邦无怨，在家无怨"，为诸侯做事无怨，为卿大夫做事也无怨，是孔子对仲弓做官的重要告诫。又如子路和冉有都问孔子"闻斯行诸"，用白话来说就是"听到就干起来吗"。《史记·仲尼弟子列传》说"子路性鄙，好勇力，志伉直"，是一个粗野，喜欢逞勇斗力，气性刚猛爽直之人，孔子一直在有意矫正他，所以此时就给他泼泼冷水，告诫他做事前先要征得父兄的同意；而冉有生性胆小，遇事畏缩多虑，他曾对孔子说"非不说子之道，力不足也"，所以孔子就要推他一把，鼓励他放开手脚，闻风而动，说干就干。《子张》篇主要记孔门弟子接闻于夫子之言，弟子各记所闻，有时互相矛盾，其实是孔子针对学生的弱点而发，很能体现"因材施教"。

3. "师生平等"思想

孔子与弟子的日常教学洋溢着师生民主平等的氛围。孔子对弟子说"以吾一日长乎尔，毋吾以也"，鼓励弟子各抒己见，师生一起学习求知，讨论人生志向、生活态度、品德修养、待人接物、从政治国等问题。学生有所得，孔子总是大加鼓励，有一次子夏问孔子"巧笑倩兮，美目盼兮，素以为绚兮"这几句诗是什么意思，孔子告诉他先有白色底子，然后画花；子夏又追问，那么是不是礼乐的产生在仁义以后呢？孔子听了，说"起予者商也"，称赞子夏是能启发他的人。孔子还承认自己不如学生，孔子和子贡谈论颜回，子贡说颜回"闻一以知十"，自己只能"闻一以知二"，不能和颜回相比，孔子也说"弗如也，吾与女弗如也"，承认自己不如颜回。因此，孔子倡导"三人行，必有我师焉"，提倡向身边的人学习，弟子可向老师请教，老师也可以弟子为师。孔子还说"当仁，不让于师"，就是说面临着仁德，就是老师，也不同他谦让。儒家强调师道尊严，但孔子也希望弟子在学习过程中，应当积极与主动，而不应把对老师的敬畏心理看成一种障碍。亚里士多德说"吾爱吾师，吾更爱真理"，恰与孔子"当仁，不让于师"的师生平等理念相呼应。

（四）创新教学方法

1. 学、思、行结合

"学而知之"是孔子进行教学的主导思想：学是求知的途径，也是求知的唯一手段。既要学习文字上的间接经验，也要通过见闻获得直接经验。他提出"博学于文""好古，敏以求之"，偏重的是古代文化、政治知识这些前人积累的经验；提出"多闻，择其善者而从之；多见而识之"，强调通过多听、多看、多问扩大知识的来源和范围，以获得直接经验。他主张"学而时习之"，在他的影响下，弟子很重视复习，曾参就把是否复习作为每天反省的三方面内容之一。孔子又提倡在学习基础上认真深入地思考，把学习与思考结合起来，他说"学而不思则罔，思而不学则殆"。子夏提倡"切问""近思"，认为要紧扣问题去"问"去"思"，是对孔子学与思辩证关系的进一步阐发。孔子还强调学习知识要"学以致用"，如学《诗》，不仅要学懂记牢，还要能实际应用在政治上、社交上。学习道德，要把自己的道德认识和道德实践统一起来，如他说"君子耻其言而过其行"，告诫弟子夸夸其谈而言行脱节是可耻的事；又说"君子欲讷于言而敏于行"，要求弟子说话谨慎，做事勤快，重视行动。

2. 启发式教学

孔子最常用的启发式教学方式，一是讨论。他是在与学生的讨论过程中，调动学生主动思考问题的积极性，加深对问题的理解，而不是简单告诉学生答案。整部《论语》就是孔子和学生讨论、谈话的记录，最经典的就是子路、曾皙、冉有、公西华跟孔子坐在一起谈论志向的问题。在老师循循善诱的启发下，子路抢先说志在治理中等国家，三年之内使国家不挨打；冉有说要治理一个小国，三年之内使百姓丰衣足食；公西华说想把礼乐学好，将来在宗庙祭祀和诸侯会同的场合做一个司仪；曾皙说他想在暮春时节，换上单衣，和年轻人相伴出游，到沂水中洗澡，到舞雩台上吹风，在和煦的春风中唱歌，兴尽而归。二是诘问。《论语》中记载了孔子用诘问的方式，启发人思考问题。比如，子张问孔子："士何如斯可谓之达矣?"孔子反问他："何哉，尔所谓达者?"在了解了子张所说的"达"是以事君或事卿大夫出名后，孔子才告诉他说，他说的只是"闻"不是"达"，"达"是立身端正，内心好义，一言一行都很谦虚，为人行事都很练达。孔子在诘问子张、了解了他的症结所在之后，给了他有针对性的回答。三是比喻。孔子通过比喻说明道理，以学生熟悉的事物为例，来引导学生理解抽象的道理。比如孔子对学生说"岁寒，然后知松柏之后雕也"，启发学生要做一个品格坚贞、气节高超的人。

（五）成为教师的典范

1. 学而不厌

孔子在《述而》篇第2、第34章对自己的一生做了总结，认为自己并没有什么特别之处，只是一生做到了"学而不厌，诲人不倦"八个字。孔子从不认为自己是"生而知之者",他曾说:"我非生而知之者,好古,敏以求之者也。"就是说,自己不是天才,之所以懂得很多东西,是因为自己后天的努力,他把自己归属于"学而知之者"。孔子求知若渴,勤勉努力,他说自己"多闻,择其善者而从之;多见而识之",这样的知,是仅次于"生而知之"的。孔子虚心好学,学无常师,说"三人行,必有我师焉",善于向各种人学习。《史记·孔子世家》记载,孔子三十多岁到周向老子问礼;后来向师襄子学琴,锲而不舍,深入体会到《文王操》的精髓;晚年喜《易》,读《易》竟至韦编三绝。孔子常常忧虑的是"德之不修,学之不讲,闻义不能徙,不善不能改",所以他拼命学习获取知识,培养品德,在生活实践中体验感悟,他评价自己是"发愤忘食,乐以忘忧,不知老之将至",真正做到持之以恒,活到老学到老。

2. 温故知新

孔子"十有五而志于学",本身就是"温故知新"的最佳楷模,他晚年整理《诗》《书》《礼》《易》《乐》《春秋》六经,都属于从传统中创新的工作。孔子强调恢复周礼,仰慕制礼作乐的周公,他曾经说,周朝的礼仪制度是以夏商两代为根据,然后制定的,"郁郁乎文哉!吾从周"。但他所讲的"礼"已经与原来的周礼不尽相同,他整理周礼并赋予传统新的价值与意义。例如"克己复礼为仁",孔子认为,克制自己,推己及人,所有行为都合乎礼,合乎义,就是"仁",这一观念强调个体的道德修养,已与强调祭祀鬼神的周礼有所出入,可说是孔子的划时代贡献。孔子温故但能知新,所以不拘泥,思想反倒走在时代的前沿,因此孟子才会称赞他是"圣之时者也"。

3. 诲人不倦

钱穆认为,孔子说自己"诲人不倦"不是谦辞,而是事实。孔子善于启发,他总是耐心地引导学生对问题进行深入的思考。一次,子贡问他:"乡人皆好之,何如?"孔子说:"未可也。"子贡便又道:"乡人皆恶之,何如?"孔子说:"未可也。不如乡人之善者好之,其不善者恶之。"孔子耐心地引导子贡思考如何对待舆论,让子贡明白人以群分,群众也分好人坏人,与其跟舆论跑,不如看看乡里的好人怎么说,坏人怎么说。为了让子路多学一点文化,让他行事多一些缓冲，孔子煞费苦心。教导子路对待知或不知的正确态度："知之为知之，不知为不知"；针对子路"好勇"，告诫他君子有勇无义就会犯上作乱，小人有勇无义就会当小偷强盗，让子路明白义在勇上；针对子路"好德不好学"，孔子又和他谈论六种不学的流弊，让子路明白仁、智、信、直、勇、刚虽是六种好品德，却都要配上"好学"，如果不好好学"道"，缺乏正确的人生观，六德也会变质。

4. 以身作则

孔子认为，对弟子进行教育，不仅有言教，还有身教。言教在说理，以提高道德认识；身教在示范，实际指导行为方法。教师亲身示范，对学生有重大的感化作用，因此身教比言教更重要。他多次论述以身作则的重要原则，如"其身正，不令而行；其身不正，虽令不从"，即本身作风端正，树立了好榜样，不用下命令也能行得通；本身作风不端正，虽然下了命令，也没有人愿意听从。又说："不能正其身，如正人何？"即自己都不端正，如何能端正别人呢？因此，在周游列国累受挫折的情况下，他仍不消极，讲诵弦歌不辍，鼓舞了颜回等弟子。

四、社会影响

2 500 多年前，孔子在教育方面作出了巨大贡献，他在创办私学、教材建设、重视道德教育、提倡有利于学生学习的教学方法等方面的贡献都是具有独创性和启发性的。

孔子所处的时代，是变革的时代。孔子以前，学在官府。《左传》载郑国有乡校，但也只有大夫以上的人及他们的子弟才能入学。私人设立学校，开门招生，学费又非常低廉，只是十条肉干，自古以至春秋，恐怕孔子是第一人。孔子三十岁左右收了第一批学生，孔子和他的弟子多半属于"士"这一社会阶层。他"有教无类"的办学观使教育得以平民化，近代思想史家杜国庠在《先秦诸子百家思想概要》中说：孔子不但是儒家的开山祖，同时也是中国教育史上第一位公开教学的教育家，最先把古代氏族贵族所专有的诗、书、礼、乐这类学问，普及民间，不问来学者出身贵贱，实行"有教无类"，把官学变成私学。

孔子所处的社会，是动荡的社会。孔子对当时无道德、无秩序的社会十分不满，他整理古代文献，以诗书礼乐教导弟子，从学问、品行、忠恕、信义四个方面教育学生，培养"志道"和"弘道"的志士和君子。他采取启发式的教学方式，根据每个弟子的性格和优缺点因材施教，诲人不倦，毫无隐瞒。孔子不仅重言教，更重身教，用"学而不厌"的为学态度和"发愤忘食，乐以忘忧，不知老之将至"的进取精神，为学生做求学、正心的榜样与引导，帮助学生找到自己的学术与人生道路。

孔子的教育活动培养了众多学生，桃李满天下，春晖遍四方。据《史记·孔子世家》记载，孔子"弟子盖三千焉，身通六艺者七十有二人"。代表人物有"四科十哲"：德行，颜渊、闵子骞、冉伯牛、仲弓；言语，宰我、子贡；政事，冉有、季路；文学，子游、子夏。后辈学生中子游、子夏、曾参等，他们不做官，多半从事教学，像老师孔子一样传授文献，使中国古代文化绵延不绝。《韩非子》说："世之显学，儒、墨也。"由儒家、墨家而后有诸子百家，中国文化的流传和发达与孔子的整理古代文献和设立私塾是分不开的。

孔子在实践基础上提出的教育学说，如"有教无类""因材施教"的平等思想，"学而优则仕"培养从政君子的教育目的，德育为先智育次之的教育思想，以及学思结合、启发思维、温故知新的教学方法，诲人不倦的教学态度，谦虚好学的学习态度，等等，为中国古代教育奠定了理论基础。而2 500多年后的今天，孔子终身学习的理念，启发式的教学方法，寓教于乐、做中学的观念，注重学生身心发展、构建平等和谐的师生关系的理想，对每一个"立德树人"的教育者仍有着生生不息的意义与价值。

主要参考文献

[1]杨伯峻. 论语译注 [M]. 北京：中华书局，2017.

[2]文天. 史记 [M]. 北京：中华书局，2016.

［3］李长之. 孔子的故事［M］. 南昌：二十一世纪出版社，2011.

［4］季旭升，文心工作室. 最美国学《论语》［M］. 北京：中央编译出版社，2014.

［5］李零. 丧家狗：我读《论语》［M］. 太原：山西人民出版社，2007.

［6］董楚平. 论语钩沉［M］. 北京：中华书局，2011.

［7］钱穆. 论语新解［M］. 北京：生活·读书·新知三联书店，2005.

［8］钱宁. 新论语［M］. 北京：生活·读书·新知三联书店，2012.

［9］孙培青. 中国教育史（第四版）［M］. 上海：华东师范大学出版社，2019.

［10］周勇. 跟孔子学当老师［M］. 上海：华东师范大学出版社，2008.

第二章 教以为道：老子的教育思想与实践

一、老子生平

老子生平材料主要来源于《史记·老子韩非列传》，由于这一材料对老子的信息记载内容有限，而且不甚清晰，老子的真实姓名、年龄、经历等生平信息目前未能有确定的说法。流传较广的观点为老子生活于约公元前 571 年到公元前 471 年春秋时期，姓李，名耳，字聃，一字伯阳，谥伯阳，古书中又常称老子为"老聃"，楚国苦县厉乡曲仁里（今河南省周口市鹿邑县太清宫镇）人，历任甘国礼官、周柱下史、周征藏史等职，最终告老归沛讲学。

其他书籍和民间则流传着大量关于老子的传说，可补充匮乏的史料记载。东晋葛洪的《神仙传·老子》记载："老子者，名重耳，字伯阳，楚国苦县曲仁里人也。其母感大流星而有娠，虽受气天然，见于李家，犹以李为姓。或云，老子先天地生。或云，天之精魄，盖神灵之属。或云，母怀之七十二年乃生，生时，剖母左腋而出，生而白首，故谓之老子。或云，其母无夫，老子是母家之姓。或云，老子之母，适至李树下而生老子，生而能言，指李树曰：以此为我姓。"这一片段中记载着丰富的老子传说：关于老子诞生的原因，并非正常的受孕而生，而是老子母亲受流星影响而生下老子；关于老子出生的时代，有说老子在天地存在之前就已经出生，是天地的精魄，有说老子的母亲怀胎七十二年才生下老子；关于老子出生的方式以及出生的相貌，更是异于凡人……这些传说充满神话色彩，为老子的生平蒙上更加虚幻的想象。早期人类由于生产力水平有限，科技不发达，在遇到不能解释的现象和自己所崇拜的对象时，喜欢为之编造神秘的传说来凸显奇异现象和崇拜对象的独特之处，这类充满神异色彩的传说与当时人们对老子的推崇、敬仰心理不无关系。因此，早在古代，老子的思想已经备受推崇，后人在讲述老子出生的故事时也会不自觉地渲染一种神奇的色彩，来增加为世人所崇拜的老子的魅力。

"老子"这一称谓的含义也颇具传奇色彩，目前的主流解释主要有两种：其中一种认为"老"作为敬语，"老子"意为"老先生"，表达人们对老子的尊敬之意；另外一种说法认为"老"是姓氏，古人习惯在姓的后面加"子"字，例如"孔子""墨子""庄子"，都是在本姓之后另外加一"子"字作为敬称语。第二种说法受更多人的认可。这两种说法都能够体现老子其人受人尊崇的重要地位。

老子所著《道德经》流传于世，老子也因这本著作体现出的博大精深的思想而著称于世。《道德经》内容广博，涉及宇宙、人生、政治等多视角的讨论，以政治为指归。其中包含的深邃的哲学思想尤其令人景仰，成就了老子"中国哲学之父"的地位。道家以《道德经》作为学派的根基之作，老子也自然成为道家学派的开创者。道家以此为基础，逐渐发展出了道教。在道教中，老子也具有至高无上的地位，被尊奉为道教始祖和"太上老君"。唐朝时期，老子还受到皇家礼遇，唐朝李姓帝王追认老子为始祖，老子受到唐朝历代天子的膜拜。

老子的学问渊博，受到时人追捧。老子与孔子两人都生活在周文明式微的春秋末年，两人同为那个时代伟大的思想家，对周礼和国家的命运进行着深刻思考。《史记·孔子世家》《史记·老子韩非列传》《礼记·曾子》《庄子》《吕氏春秋》《孔子家语》等多部典籍记载，孔子曾到周亲自向老子问礼，主要向老子请教的有"问道"和"治世"，听闻老子讲道之后，孔子发出"朝闻道，夕死可矣"的感叹，可见孔子对老子思想景仰之深，老子与儒家学派创始人孔子的这一交往也成为历史美谈。

二、经典品读：《道德经》（节选）

一章

道可道，非常道；名可名，非常名。无名天地之始；有名万物之母。故常无欲，以观其妙；常有欲，以观其徼。此两者同出而异名，同谓之玄，玄之又玄，众妙之门。

【译文】

可以用言辞表达的道，就不是常道；可以用文字表述的名，就不是常名。"无"，是形成天地的本始；"有"，是创生万物的根源。所以常从"无"中，去观照道的奥妙；常从"有"中，去观照道的端倪。"无"和"有"这两者，同一来源而不同名称，都可说是深远莫测的，从有形的深远境界到达无形的深远境界，这就是一切变化的总门径。

三章

不尚贤，使民不争；不贵难得之货，使民不为盗；不见可欲，使民心不乱。是以圣人之治，虚其心，实其腹；弱其志，强其骨。常使民无知无欲，使夫智者不敢为也。为无为，则无不治。

【译文】

不标榜贤明，使民众不起争心；不珍惜难得的财货，使民众不起盗心；不显耀可贪的事物，使民众不被惑乱。所以有道的人治理政事，要使人心灵开阔，生活安饱；意志柔韧，体魄强健。常使民众没有（伪诈的）心智，没有（争盗的）欲念，使一些自作聪明的人不敢妄为。依照无为的原则去处理世务，就没有不上轨道的。

五章

天地不仁，以万物为刍狗；圣人不仁，以百姓为刍狗。天地之间，其犹橐籥乎？虚而不屈，动而愈出。多言数穷，不如守中。

【译文】

天地无所偏爱，任凭万物自然生长；圣人无所偏爱，任凭百姓自己发展。天地之间，岂不像个风箱吗？空虚但不会穷竭，发动起来而生生不息。政令烦苛反而加速败亡，不如持守虚静。

九章

持而盈之，不如其已；揣而梲之，不可长保。金玉满堂，莫之能守；富贵而骄，自遗其咎。功遂身退，天之道也。

【译文】

执持盈满，不如适时停止；显露锋芒，锐势难保长久。金玉满堂，无法守藏；富贵而骄，自取祸患。功业完成，含藏收敛，是合于自然的道理。

十七章

太上，下知有之；其次，亲而誉之；其次，畏之；其次，侮之。信不足焉，有不信焉。悠兮其贵言。功成事遂，百姓皆谓："我自然。"

【译文】

最好的世代，人民只是感觉到统治者的存在；其次，人民亲近他而赞美他；再其次的，人民畏惧他；更其次的，人民轻侮他。统治者的诚信不足，人民自然不相信他。（最好的统治者）悠然而不轻易发号施令。事情办成功了，百姓都说："我们本来是这样的。"

十九章

绝圣弃智，民利百倍；绝仁弃义，民复孝慈；绝巧弃利，盗贼无有。此三者以为文，不足。故令有所属：见素抱朴，少思寡欲。

【译文】

抛弃巧辩，人民可以得到百倍的好处；弃绝伪诈，人民可以恢复孝慈的天性；抛弃巧诈和货利，盗贼就自然会消失。（智辩、伪诈、巧利）这三者全是巧饰的，不足以治理天下。所以要使人有所归属：保持朴质，减少私欲。

二十五章

有物混成，先天地生。寂兮寥兮，独立而不改，周行而不殆，可以为天地母。吾不知其名，字之曰道，强为之名曰大。大曰逝，逝曰远，远曰反。

故道大，天大，地大，王亦大。域中有四大，而王居其一焉。人法地，地法天，天法道，道法自然。

【译文】

有一个混一的东西，在天地形成以前就存在。听不见它的声音也看不着它的形体，它独立长存而永不休止，循环运行而生生不息，可以为天地万物的根源。我不知道它的名字，勉强称它为"道"，再勉强给它起个名字叫"大"。它广大无边而周流不息，周流不息而伸展遥远，伸展遥远而返回本原。所以说：道大，天大，地大，王也大。宇宙间有四大，而王是四大之一。人取法地，地取法天，天取法道，道纯任自然。

二十六章

重为轻根，静为躁君。是以君子终日行不离辎重。虽有荣观，燕处超然。奈何万乘之主，而以身轻天下？轻则失本，躁则失君。

【译文】

厚重是轻浮的资本，沉静是躁动的主宰。因此，君子整天行走不离开载重的车辆。虽然有华丽的生活，却安居泰然。为什么身为大国的君主，还轻率躁动以治天下呢？轻率就失去了根本，躁动就失去了主体。

三十八章

上德不德，是以有德；下德不失德，是以无德。上德无为而无以为；下德无为而有以为。上仁为之而无以为。上义为之而有以为。上礼为之而莫之应，则攘臂而扔之。故失道而后德，失德而后仁，失仁而后义，失义而后礼。夫礼者，忠信之薄，而乱之首。前识者，道之华，而愚之始。是以大丈夫处其厚，不居其薄；处其实，不居其华。故去彼取此。

【译文】

上德的人不自恃有德，所以实是有德；下德的人刻意求德，所以没有达到德的境界。上德的人顺任自然而无心作为；下德的人表现德并没有心作为。

上仁的人有所作为却出于无意。上义的人有所作为且出于有意。上礼的人有所作为而得不到回应，于是就扬着胳臂使人强从。所以丧失道就会失去德，失了德就会失去仁，丧失了仁就会失去义，失了义就会失去礼。礼，标志着忠信的不足，是祸乱的开端。预设的种种规范，不过是道的虚华，是愚昧的开始。因此，大丈夫立身敦厚，而不居于浅薄；存心笃实，而不居于虚华。所以舍弃薄华而采取厚实。

四十二章

道生一，一生二，二生三，三生万物。万物负阴而抱阳，冲气以为和。人之所恶，唯孤、寡、不谷，而王公以为称。故物或损之而益，或益之而损。人之所教，我亦教之。强梁者不得其死，吾将以为教父。

【译文】

道是独立无偶的，混沌未分的统一体产生天地，天地产生阴阳之气，阴阳两气相交而形成各种新生体。万物背阴而向阳，阴阳两气互相激荡而成新的和谐体。人所厌恶的就是"孤""寡""不谷"，但是王公却用其来称呼自己。所以一切事物，减损它有时反而得到增加，增加它有时反而受到减损。别人教导我的，我也用来教导人。强暴的人不得好死，我把它当作施教的张本。

四十三章

天下之至柔，驰骋天下之至坚。无有入无间，吾是以知无为之有益。不言之教，无为之益，天下希及之。

【译文】

天下最柔软的东西，能驾驭天下最坚硬的东西。无形的力量能穿透没有间隙的东西，我因此知道无为的补益。无言的教导，无为的益处，天下很少有能够做得到的。

四十九章

圣人常无心，以百姓心为心。善者，吾善之；不善者，吾亦善之，德善。信者，吾信之；不信者，吾亦信之，德信。圣人在天下歙歙，为天下浑其心，百姓皆注其耳目，圣人皆孩之。

【译文】

圣人没有主观成见，以百姓的心为心。善良的人，我善待他；不善良的人，我也善待他。这样可使人人向善。守信的人，我信任他；不守信的人，我也信任他。这样可使人人守信。圣人在位，收敛自己的主观成见与意欲，使人心思化归于浑朴，百姓都投注他们自己的耳目，圣人却像孩童般看待他们。

五十一章

道生之，德畜之，物形之，势成之。是以万物莫不尊道而贵德。道之尊，德之贵，夫莫之命而常自然。故道生之，德畜之：长之育之，亭之毒之，养之覆之。生而不有，为而不恃，长而不宰。是谓玄德。

【译文】

道生成万物，德畜养万物，万物呈现各种形态，环境使各物成长。所以万物没有不尊崇道而珍视德的。道所以受尊崇，德所以被珍视，就在于其不加干涉而顺任自然。所以道生成万物，德畜养万物：使万物成长作育，使万物安宁心性，使万物得到爱养调护。生长万物却不据为己有，兴作万物却不自恃己能，长养万物却不为主宰。这就是最深的德。

五十六章

知者不言，言者不知。塞其兑，闭其门，挫其锐，解其分，和其光，同其尘，是谓玄同。故不可得而亲，不可得而疏；不可得而利，不可得而害；不可得而贵，不可得而贱。故为天下贵。

【译文】

有智慧的人是不多言说的，多话的就不是智者。塞住嗜欲的孔窍，闭起嗜欲的门径，不露锋芒，消解纷扰，含敛光耀，混同尘世，这就是玄妙齐同的境界。这样就不分亲，不分疏；不分利，不分害；不分贵，不分贱。所以为天下所尊贵。

六十三章

为无为，事无事，味无味。大小多少，抱怨以德。图难于其易，为大于其细。天下难事，必作于易，天下大事，必作于细。是以圣人终不为大，故能成其大。夫轻诺必寡信，多易必多难。是以圣人犹难之，故终无难矣。

【译文】

以无为的态度去作为，以不搅扰的方式去做事，以恬淡无味当作味。大生于小，多起于少，用德来报答怨恨。处理困难要从容易的入手，实现远大要从细微的入手。天下的难事，必定从容易的做起；天下的大事，必定从细微的做起。所以有道的人始终不自以为大，因此能成就大的事情。轻易允诺的一定会失信，把事情看得太容易一定会遭遇更多的困难。所以圣人总把事情看得艰难，因此终究没有困难。

六十六章

江海之所以能为百谷王者，以其善下之，故能为百谷王。是以欲上民，必以言下之；欲先民，必以身后之。是以圣人处上而民不重，处前而民不害。是以天下乐推而不厌。以其不争，故天下莫能与之争。

【译文】

江海之所以能成为百谷之王，是因为它善于就低，而能够成为百谷王。因此，圣人要位居民众之上，必须在言语上谦让百姓；要想领导民众，在利益上必须置身民众之后。这样，圣人位居民众之上民众也不觉得他压人，居民众之前也不觉得他害人。这样百姓就乐意推戴他而不厌恶他。因为他不争，所以天下没人能够和他争。

六十八章

善为士者，不武；善战者，不怒；善胜敌者，不与；善用人者，为之下。是谓不争之德，是谓用人之力，是谓配天，古之极。

【译文】

善做将帅的，不逞勇武；善于作战的，不轻怒；善于战胜敌人的，不用对斗；善于用人的，对人谦下。这叫作不争的品德，这叫作善于用人，这叫作合于天道，这是自古以来的最高准则。

八十一章

信言不美，美言不信。善者不辩，辩者不善。知者不博，博者不知。圣人不积，既以为人己愈有，既以与人己愈多。天之道，利而不害；圣人之道，为而不争。

【译文】

真话不好听，好听的不是真话。好人不巧辩，巧辩的不是好人。真正了解的人不广博，广博的人不能深入了解。有道的圣人不私自积藏，他尽量帮助别人，自己反而更充足；他尽量给予别人，自己反而更丰富。自然的规律，利物而无害；人间的行事，施为而不争夺。

（一）写作背景

《道德经》有多种不同的版本：最早的版本是郭店楚墓竹简《老子》，于1993年出土；其次是长沙马王堆汉墓出土的帛书《老子》，于1973年出土，分甲本和乙本，甲乙本的主要区别在于避讳，甲本不避刘邦的"邦"字，乙本以"国"代"邦"；西汉时有严遵的《老子指归》本；东汉时有《老子河上公章句》本；汉末有《老子想尔注》本；魏晋间有王弼《老子道德经注》本；唐初有傅奕《道德经古本篇》；宋代反映元有《老子道德经古本集注》。这些版本在不同的群体内流传度有所区别。在民间，流传最广的为河上公本，该本尤为道教弟子尊崇，因此也在社会上广为流传。在文人学者与士大夫之中，王弼本广为流传。因为研究人员主要以王弼本为研究对象，所以王弼本被称为通行本。该章引用王弼本中的章节顺序，对原文的翻译主要借鉴陈鼓应先生的《老子今注今译》。

《道德经》原名《老子》，又称《道德真经》《五千言》《老子五千文》，由别称的丰富可以一窥《道德经》的影响之大。《道德经》历来受到封建王朝统治者的重视。自汉景帝起此书被尊称为《道德经》，唐太宗时期《道德经》曾被下令翻译为梵文，唐高宗时期尊称《道德经》为《上经》，唐玄宗时期尊称这本书为《道德真经》。《道德经》倡导"道与德之准则"，对于其他诸家思想也有重要影响，被盛誉为"万经之王"。

关于《道德经》的成书年代有多种观点，如成书于魏晋时期说、战国时期说、不晚于战国初期说，目前主流观点认为《道德经》成书于战国时期。这一时期也是文化剧变的时期，各种学说纷纷兴起，各个思想学派都期待在政坛上获得一席之地，但是这些学说大多停留在思想层面，在实践中效果不明显，没有发挥改善天下百姓生活的作用。随着社会状态愈演愈乱，独具特色的、主张"无为""无治"的老子思想兴起，老子冷静思考当时所处的时代的特点，提出直击君主人性弱点的主张，期望当权者能够放弃奢侈的生活而返璞归真、回归自然。

东周列国时期，"士"的社会地位发生变化，作为思想家，士人将毕生精力投入思想建设，注重个人的身后名，使记录自己思想的文字流芳后世成为士人的共同追求。从书籍本身内容来看，《道德经》的主旨是基于老子切身的修道体验，为了杜绝文明带来的异化现象，提倡"道"和"德"的思想，呼吁人们做到自然无为，主张返璞归真。老子传播自己的这一思想的意图是著作本书的重要原因。在史书中，有本书写作缘由的另外一种说法。《史记·老子韩非列传》中记载老子八十岁时离开周都到函谷关，关令尹喜恳求老子在离开前记录下他的所有教诲，于是老子用三天时间完成了一部包含毕生所有智慧的书，共约五千字八十一章，这部作品就是众所周知的《老子》（《道德经》）。关令尹喜欣赏老子的思想，期望发挥老子思想的教化作用，把老子思想作为珍贵的财富流传后世，这是《道德经》诞生的直接原因。

（二）篇章结构

目前所发现的《道德经》传世版本较多，原始版本尚未发现。现在的通行本《道德经》分为上、下两篇。上篇为"道经"，共三十七章；下篇为"德经"，共四十四章。

不同版本的《道德经》章节编排并不一致。马王堆帛书本是迄今发现最早的《道德经》版本，而这个本子（包括甲、乙两种）只是分为"德经"和"道经"两个部分，这两部分内部不再另外分章节。通行本两篇八十一章的划分是西汉后人所为。根据刘歆《七略》记载，刘向在整理《道德经》时，"定著二篇八十一章。上经三十四章，下经四十七章"。其后王弼也将之分为八十一章，与刘歆记载章节的区别为，王弼本"道经"为三十七章，"德经"为四十四章。内部章节的划分除八十一章的主流划分以外，还有另外的分章办法，如严遵本七十二章，吴澄本六十八章，孔颖达本六十四章等。尽管各本分章不尽相同，但是章次基本相同。

今人著作中，章节编排仍存在差异。董京泉先生分析《道德经》，认为书中存在多处篇章编连的颠倒、错落问题，他主张按内容重新排列《道德经》章节，可以分为八十四章，并在"道论""德论"之外，增加"修身""治国"两篇。柴晓明先生提出《道德经》应该分为四部，可以划分为八篇二十六章，各篇章之间互相呼应、承接有序，各章内容相对独立。《道德经》篇章的不同分类方法，体现了对《道德经》思想内容的不同认识。

《道德经》的内容涵盖广泛，涉及哲学、文学、美学、医学、社会学、天文学、养生学、兵学等，通常被认为是中国哲学史上本体论的第一部著作。《道德经》以朴素辩证法为特色，采用格言体，常见"夫唯……""是以……"等独特的结构。《道德经》内容磅礴且集中，主要讨论对"道"的认识。通行本《道德经》第一章是关于"道"的总纲，"道"作为宇宙本源的总方法论，前三章主要论述什么是"道"，思考"道"的内涵；从第四章开始讲述"道"与宇宙的关系以及"道"的特征；第十七章之后，具体阐明如何认识和把握"道"，以及"道"与"德"的关系。

（三）思想价值

老子在《道德经》中首次提出了"道"的概念，并把"道"作为自己思想系统的核心。主张尊重并顺应人的天性，"无为而治，道法自然"，圣人按照自然无为的原则来管理百姓，不强加自己的意图于百姓之上。提出并尊重"道"，在人类认识史上无疑是一次巨大的进步，这也是老子教育思想的基础。

老子在思想体系中赋予"道"根本性的地位，认为"道"是万物的始基，即"道"是天下万物产生的根源，"道生一，一生二，二生三，三生万物"。老子提倡的"道"是一种客观规律，从自然界中发展而来，不以人的意志为转移，因此，人应该遵循道的规律，不可以因自己的私欲改变甚至破坏道。在老子思想体系中，"道"的内涵丰厚，古往今来为研究者津津乐道，研究成果迭出。

老子提出"道"来源于自然，书中有言"人法地，地法天，天法道，道法自然"。其中，"法自然"强调人的行为、活动、思想要效法天地，成为具有自然意义、自然本性的人。在此基础上提出人应该具备朴素的特点，即少一些伪饰，追求"见素抱朴，少私寡欲"的品质，回归本真，减少欲望。将这一思想运用到教育领域，即主张尊重自然无为，顺应人的天性进行教育，不以外界的标准来束缚或者改变人的天性；教育方式上注重适度教育，不违背受教育者的身心规律和特点强硬施加教育影响。

老子重视思想的自然教化，反对教育内容和形式的严苛限定，因此敢于挑战传统的教育内容。老子认为教育不应该只追求使人积累社会文明的种种成果，而是应该逐渐摒弃得之于社会、违反自然个性、影响人的本真内在的影响。这种教育思想实质上是注重教育的发展，将教育内容与时代需求相结合，通过思维培养、自主思辨，来使学生判断已经存在的事物、现象和思想等是否合理。"上礼为之而莫之应，则攘臂而扔之。"老子认为，当上礼无法适应社会和个体发展状态时，需要对此反抗。老子这种保留传统文化中适于人与社会发展的部分，废止阻碍人与社会发展的部分的内容，体现了与时俱进、以人为本的教育思想，在此基础上培养具有自然之道的"圣人"，强调

"绝学无忧"。

老子对教育者和受教育者都作出了要求，"听凭自然"这一思想尊重每一个受教育者的独特个性，讲究因材施教，对人性的解放和自由发展具有重要意义。老子的教育思想中体现出自然无为的主张，而自然无为的推行需要学习者和施教者各自具有相应的能力，老子实际上对学习者提出的要求是自觉守道的教育思想，对施教者则是提出主动施教的教育思想。

老子对"为道"与"为学"作了严格的区分。"为道"不等同于"学道"，重在体会。因为道是"无名"的，没有任何规定，不需要去学习，而是通过生活来觉察并习得。"学道"需要"无为"，"无为"并不是在行为上无所作为，而是顺其自然、远离社会纷争，不刻意追求学习的深度、广度和境界，通过施教者和受教者双重的"无为"的方式来"为道"，寻找最适合受教者的教育内容和教育程度。

"为学"重在"日益"，强调"观"，即通过积累，养成细心观察的习惯，并根据观察到的客观规律学会举一反三，进行推理。老子强调"观"这一方法，"以身观身，以家观家，以乡观乡，以国观国，以天下观天下"，"观"在这里意为观照事物原本，保持内心的平静，不带感情色彩或者不受欲望的控制，以这种冷静的态度来认识事物本真面貌，把握客观规律，抓住事物的要点和原则，通过推理达到"不出户，知天下"的悟道的境界。老子这一教育思想的意义重在思想的彻悟和方法的训练，能够轻松驾驭实践，理解现象，避免机械性的教育反复操作行为。

老子对"道"的境界有切身的体悟。在老子看来，"为道"而得道之人可以达到一种"微妙玄通，深不可识"的气象。"为学"是用"观"的态度去对待有关外界事物的知识。为道日损，"损"在于减少欲望，降低情感对人的行为的支配，以此规范人的理智的行为；为学日益，"益"重在沉淀，积累知识以达到精神境界的提升，进而实现人的思想的不断提升。

在教育上，老子强调人的精神境界的提升，这对于培养人格健全的自然人无疑是最关键的。但是老子的思想在一定程度上也否定了教育的作用，否定了传统文化的重要性，因此对后世教育的发展具有一定程度的消极作用。

老子主张的多种教育观点也具有片面性，如"弃智""绝学""愚民"，这些说法过于偏激和绝对。老子甚至相信如果社会处于原始落后的状况，人民就能自然达到无为而治的一种理想政治的状态。"愚"的意思是真、朴，希望人们回归真实、朴素的愿望是好的，但是如果采用简单的废弃文明的方式来达到缓和社会矛盾、防止人的异化的目的，或者通过取消人的经验、理性认识等活动来达到人的纯真状态，则是消极而且有害于人类文明进程的，需要审慎对待。

（四）辞章魅力

通行本的《道德经》共八十一章，每章内容简短，由隐喻式格言和对现实意义的分析两部分构成，通过这种形式的表达达到说理的目的。与一般的散文相比，《道德经》每一章的形式更有诗意。《道德经》的著作思想和文体错综复杂，间杂韵文、散文、格言、经注、治术等多种文体。由于一本书中汇总了多重要素，一些学者推测该书不是出自一人之手，而是多人合作著写而成。

《道德经》的语言善用修辞，说理形象生动，富有感染力。如对偶的使用，"故常无欲，以观其妙；常有欲，以观其徼""天下皆知美之为美，斯恶已。皆知善之为善，斯不善已"，使语言增添音韵美，更易深入人心；排比的使用，"大方无隅，大器晚成，大音希声，大象无形""有无相生，难易相成，长短相较，高下相倾，音声相和，前后相随"，增强了说理的气势，突出强调所论述的道理的重要性；比喻的使用，"明道若昧，夷道若纇，进道若退，上德若谷，大白若辱，广德若不足"，使语言生动活泼，形象易懂；顶真回环的使用，"信言不美，美言不信。善者不辩，辩者不善。知者不博，博者不知"，更易于记诵。《道德经》的言辞简练，文约意丰，将深刻的理念融入简约的文字，其魅力凝为成语、格言流传甚广，如"少私寡欲""弱之胜强，柔之胜刚""祸莫大于不知足，咎莫大于欲得"等。由于成书年代较早，书中的一些文字带有古语的特征，偶尔会用方言词语，如"五味令人口爽"的"爽"为"败、坏"之意。

《道德经》中有丰富的意象，深入浅出，将复杂的道理形象地表达出来。其中关于"水"的意象使用最多，如"上善若水。水善利万物而不争"，用水来比喻道能给万物带来好处但是不争名利；"天下莫柔弱于水，而攻坚强者莫之能胜"，用水来说明柔弱反而能攻破坚强，阐述老子关于"弱"的智慧。选用人们熟悉的意象来解释《道德经》中抽象隐晦的概念，使复杂的思想观点深入浅出，容易被读者接受。

《道德经》充满朴素思辨的色彩，提出了一系列的对立的哲学范畴，如"有无""虚实""奇正"等，又善于将事物的两面进行对举，如"祸兮福之所倚，福兮祸之所伏""天下万物生于有，有生于无"，彰显《道德经》的思辨特色，内涵深刻。

《道德经》从内容上而言，可以归入哲理著作，但不乏文学色彩。《道德经》部分内容采用韵文文体，句式整齐，具有像诗歌一样的韵律美，如"有无相生，难易相成，长短相形，高下相倾""虚其心，实其腹，弱其志，强其骨"等，合于古韵，朗朗上口。在《道德经》之前，还没有出现过整篇诗化的散文，《道德经》一方面将春秋时期以前韵散结合的语言艺术形式发挥到极致，一方面也宣告了文学从口头向书面转化的完成，因此，《道德经》不仅是哲学史上的光辉著作，也是中国先秦文学史上的里程碑。

三、教育思想与实践

老子的教育思想以"道"为核心，主张"无为"。"道"即天道，与人道相区别，无论是自然还是人类社会都要遵循"道"，收敛人的欲望，去除私心。老子在教育内容上重视思想教化，而非知识、经验、礼仪的学习。通过自然的教育引导，使人们自觉遵守"无为"的处世之道，摆脱对功名利禄的渴求，追求自我觉醒与精神超越。这一思想为统治者提供了重要的教化方向，"文景之治""贞观盛世"是老子教育思想在实践中成功运用的范例，也为中国文人士子在逆境中心态依然坦然提供寄托，对中国传统人文精神的塑造具有重要的意义。

《道德经》一书内涵意蕴深广，虽然并未专门讨论教育的内容，但其中隐含的教育思想为历代教育家所推崇，本节从教育思想的角度分析老子的相关论述。

（一）"道法自然"

老子思想的核心在于"道"，"道"的纲纪在于"道法自然"。老子认为"道"具有化生万物、成就万物的功能，遵"道"需要效法"自然"。

"道"取法于"自然"，遵循"自然"，在先秦时期"自然"的内蕴丰富，有数种对"自然"的解读。第一种指自然界中客观存在的事物及其运行状态，与今天对"自然"的认识相同，这是对"自然"的基本的认知；第二种指没有被人改造的事物本来状态，尚未脱离本真的"事实"本身，含有哲学上的思考；第三种是基于上述两种理解基础之上的，认为"自然"是物的本性、本然的存在、运动的状态和境界，这是一种哲学的深思。老子主张"道"以"自然"为纲纪，其"自然"的理解包含了这三层意思，"道"应该遵循物的本性、本然之理，去除影响本性和本然的外界因素。

老子的思想具有方法论的重要意义，不只适用于政治方面，还同样适用于教育领域。遵循"道"的教育是指对学生、教学没有约束、不强加干涉的教育，遵循学生的内在特性，使学生自愿主动遵守、学习，而没有丝毫压迫之感。合乎"道"的教育，将"道"的原则贯串于整个教学环节，尊重"教"与"学"各个环节的本性特征和法则，在"道"的基础上同时建立起"教"与"学"的合理、自然的联系。

在这一纲领的指导下，教育的目标是"合道"。于个人层面，是人性"复归于朴"，使人回到自然质朴的状态。老子认为，宇宙初始是混沌状态，道生成万物，万物的形体内包含精神，精神各有特性，各有规则。人是有欲望的动物，在生活中容易受到名利等诱惑，渐渐偏离"道"的轨道；当人们认识到虚荣外物终归于无，会再次回到"道"的轨道。于社会层面，是达到"小国寡民"的理想境界。老子生活的时代充满战争、欺骗、掠夺、心机，于是老子提出了自己理想中的国家蓝图，国土不用太大，这也符合当时的国家以小国居多的状态，民风淳朴，百姓生活欲望寡淡，没有心机与狡诈。统治者重视百姓心智的纯洁，重心灵修养甚于物质和科技的发展，反对物质的追求和攀比，使百姓各安其所、各享其成，能够自然享受而终。

（二）"行不言之教"

《道德经》中有"圣人处无为之事，行不言之教"，这是在"道"的总思想指导下对老师提出的基本要求。

老子认为能够做到"处无为之事"的圣人可以去施行教育，"无为"指的是没有强制和压迫行为，尊重事物本身发展规律，尊重自然法则，能够这样来从事教育的圣人可以具备老师的素质。"处无为之事"指能够顺应学生的不同特点，施行适合学生自然本质的教育。

"行不言之教"表明老子的教育思想不尚空谈，言语施教不如行动施教。通过"不言之教"的实际行动的教育更能够自然深入人心，达到空洞言辞所不能达到的教育效果。"不言之教"一方面对老师提出以身作则的要求，为学生提供表率作用，也就意味着老师对学生提出的要求，自己首先要达到；另一方面也强调学生自觉通过观察、模仿、体悟进行学习，有利于培养学生自我学习与自我发展的能力。

"圣人处无为之事，行不言之教"建立在平等的师生人格关系基础之上，因此这一教育思想首先强调建立平等的学习氛围，教育者也需要做到"圣人无常心，以百姓心为心"，敏于教学，善于与受教育者位置互换，切实关心受教育者的接受能力和接受方式，激发受教育者对学习的内在自觉。

（三）教育对象：圣人、侯王、士

根据人与"道"的关系的不同，老子在《道德经》中提及不同的人物层级，分别为圣人、侯王、士（上士、中士、下士），其中圣人是具有最高境界的人物，是道家最为推崇的具有完美的道家道德典范的人物。

老子尊重受教育者的特点，分别设定不同的教育目标。圣人体"道"，即圣人能够自觉体悟"道"、身体力行践行"道"，达到自身与万物和谐平衡的境界。侯王守"道"，侯王如果能够守护并且善于使用"道"，那么将会达到内外和谐、国力强盛的局面。从道德境界而言，"上士"是具有"上德"的士人。从政治身份而言，士人在商、西周、春秋时属于贵族阶层，在贵族阶层级别中属于最低的一类，春秋之后，士人的地位逐渐提高，统治阶级的知识分子被统称为"士人"。《道德经》中的"上士"主要指道德境界层面具有"上德"的士人。上士闻"道"，指的是心怀上德的士人听闻"道"之后，能够勤奋勉励，依从"道"规范自己的行为。"中士"，指道德境界层面拥有"下德"之人。这类人智慧和德行都尚有欠缺，执迷于自己的见解和考虑，听闻"道"之后对其半信半疑，对"道"不够坚定。"下士"，指的是浅薄卑陋之人，沉迷于世俗成见之礼，听不懂"道"的道理，迷惑不解，用大笑掩饰自己的愚昧。

《道德经》的教育对象主要是国家管理层，从修身养性、做人做事多方面教育他们如何成为一个合格的管理者。"古之善为道者，非以明民，将以愚之"，古代善于行道的人，不是教人如何精明，老子认为道家以外的学问，都是世俗的末学，增加了百姓的投机取巧和诈伪之心，应该摒弃道家以外的学问，教人质朴纯真，保持乐观心态，"以智治国，国之贼；不以智治国，国之福"，用"反智"的治理方法，为国家管理层引导百姓发展提出明晰的管理方向。

（四）朴素辩证法

《道德经》中包含大量的朴素辩证法观点，深刻而系统地揭示出了事物对立统一的规律。老子将万物的本源归为"道"，为世间自然和社会的基本物质寻找到了一个共同的基础。在寻到世界本源之后，老子提出"反者道之动"，认为矛盾对立是自然和社会的根本属性，促成了物质与社会的发展演化。

在《道德经》一书中，老子结合自然和社会对矛盾对立进行分析总结，试图找到一种合理的政治制度模式。如认为一切事物均具有正、反两面，"正复为奇，善复为妖"，福祸相依，"祸兮，福之所倚，福兮，祸之所伏"；又以为世间事物均为"有"与"无"之统一，有无相生，而"无"为基础，"天下万物生于有，有生于无"。在人类生活方面，老子总结出的矛盾对立思想有善恶、有无、吉凶、美丑、奇正、荣辱、是非、强弱、雌雄、成败、祸福、阴阳等，把世界看成一个有机联系的整体。

老子的朴素辩证法注重对立面的同一性，将这一思想应用于教育，重视施教者与受教者内在的同一性，可以营造相对宽松的教育环境，使受教者保持淳朴天真的本性。

（五）提倡怀疑的学习方法

老子主张"道"是宇宙的本源，需要超脱外物的形状来探究事物的本体规律，"为学日益，为道日损"，不断提高思辨能力，不拘于时间、空间与所接受的教育。老子对"道"没有一个具体的规定，而是在阐释寻"道"的方法以及"道"的境界，体现了谨慎的推断态度与严谨的怀疑精神。基于朴素辩证法的思想，老子认为事物包含着两个相反相成的方面，在一定条件下，可以向相反的方向转化，如"祸兮，福之所倚，福兮，祸之所伏"，认为福祸在一定的条件下可以相互转化，于是提倡在实践中积累经验，认为学习不应该从书本出发，而应该从接触实际经验开始，由感性认识上升到理性认识，不应墨守成规，提倡大胆质疑的学习精神。

（六）修己处世

欲望是行为的动力，老子对人们的欲望作了鞭辟入里的讨论。"五色令人目盲，五音令人耳聋，五味令人口爽"，"五色、五音、五味"是物质层面的追求，老子认为，物质的追求只会引起无穷的欲望。如果把人生的追求寄托在物质上，那么感官的贪欲永无尽头，人的欲望永远不会得到满足。进而提出，人应该保持内心的淳朴自然，不被外物所干扰，向内追求，注重精神修养以达到返璞归真的精神状态。这就需要创造良好的外部环境，"不尚贤，使民不争；不贵难得之货，使民不为盗；不见可欲，使民心不乱"，通过外部的"无"，优化外部环境，净化攀比风气，来使百姓洁身自好，以"俭"为宝。

在管理上能够做到"圣人之治，虚其心，实其腹，弱其志，强其骨，常使民无知无欲，使夫智者不敢为也"，强调让百姓生活好，身体健康，引导百姓内心淡泊，使为利益诈伪的狡黠之人不敢有所作为，引导百姓自正，并强调圣人的管理应当是"我无为而民自化"，为政者首先自己无为、无欲、清静无事，百姓才能自然归朴安宁。

从个人内心而言，修己处世需要"虚怀若谷"，人要有像山谷一样内藏生机、蕴含力量的深广胸怀，居上谦下，"上德若谷"，虚怀若谷才能容。并且强调个人内心不能被占有的心思所吞噬，需要有奉献精神。"圣人不积，既以为人己愈有，既以与人己愈多"，圣人不会占有，而帮助别人去拥有，自己就会占有越来越多，越来越充实。在对待个人与他人利益的矛盾时，要首先关注他人的利益，其次才能实现保护自己的利益。"是以圣人后其身而身先，外其身而身存。非以其无私邪？故能成其私"，圣人把自己的利益置于他人利益之后，才能够完全放下私心，所以得到的越来越多，成就自己本真的追求，实际上得到了"大私"。

老子关注"柔弱"在修己中的功能。"我有三宝，持而保之。一曰慈，二曰俭，三曰不敢为天下先。""不敢为天下先"是一种"柔弱"的体现。在老子的思想体系中，柔弱有独特的意义，在柔弱中可以实现刚强，在柔弱中可以成就和谐，永葆生机。"守柔曰强""曲则全""柔弱胜刚强""无为而无不为""夫唯不争，故天下莫能与之争"，都体现了老子提倡的"弱道哲学"：一个人处于"弱"的状态，才能保有韧性，能进能退，韬光养晦，最终变化为强者。

老子也指出了修己处世要善于"观"与"推"。"涤除玄览，能无疵乎？"首先涤除影响人的思维淳朴的因素，如各类机巧和无穷的欲望，使人的思维合于自然之道，达到"致虚极，守静笃"的清明寡欲的精神状态，这是人们修身成德的途径。对于求道的方法，主张向内求道，训练人们自悟、内求的思维方法。"不出户，知天下；不窥牖，见天道"，老子强调心中有道，那么自然能够以道推道，不需要用求知的办法去求道。"天下有始，以为天下母。既得其母，以知其子"，可以通过推演的方式，由其母的特性推知其子的特性。"以身观身，以家观家，以乡观乡，以国观国，以天下观天下。吾何以知天下然哉？以此"，以同类类比同类，可以由此知彼，由己知推未知。

在一个没有烦琐的礼法的时代，规范大家的行为依靠的是"道"。"道"依天地而生，老子将其描绘出来。处世之道在于以无为而无不为，"治大国，若烹小鲜"。"修之于身，其德乃真；修之于家，其德乃余；修之于乡，其德乃长；修之于国，其德乃丰；修之于天下，其德乃普"，老子强调用道修身、治家、治乡、治国、治天下的过程，通过个体修身，推己及人，实现邻里、家国、天下人人都认同的道德标准。"失道而后德，失德而后仁，失仁而后义，失义而后礼。夫礼者，忠信之薄，而乱之首"，用仁义礼忠信去治理国家，反而会使天下大乱，这是因为没有抓住治国的根本——大道。"大道废，有仁义；慧智出，有大伪；六亲不和，有孝慈；国家昏乱，有忠臣"，因为大道废弃，才会出现诸多问题。因此，治理国家、管理人民，就应该推行大道，让人们自觉遵循事物本身特性和发展规律，教育也不例外。

先秦时期，教育与政治互相渗透，《道德经》中，"圣人"有着多重身份，既是理想的统治者，又是理想的教育者，圣人对百姓的管理方法，同样适用于对学生的教育。老子的关于"道""德"的教育思想，成为后世教育的关键内容。在《道德经》中"道德"内涵丰富，不仅指品德、美德，而且还具有自然、无为、把握规律等更为复杂的思想，因此，《道德经》微言大义，其理论在教育中具有普适性。

四、社会影响

《道德经》问世之后，以其深邃的哲学思想和内蕴丰富的思想体系为后世所推崇。在哲学方面，先秦诸子多少都曾受到《道德经》的影响；在政治方面，即使在"罢黜百家，独尊儒术"推行之后，老子《道德经》中的政治思想因已经被儒家所吸收，在整个封建王朝中仍一直发挥着重要的作用；在文学方面，《道德经》对山水田园诗的开创具有重要影响。

《道德经》中老子主张自然无为的方法论，这是中国教育史上最早体现自然主义思想的教育方法论。"人法地，地法天，天法道，道法自然"的思想虽然与亚里士多德提出的"教育要与人的自然发展相适应"、夸美纽斯提出的"教育适应自然的原则"思想一致，但是《道德经》中的自然主义教育思想在历史上没有得到应有的重视。

《道德经》在国外产生过重要的影响，黑格尔、尼采、托尔斯泰等都曾经发表过《道德经》相关研究成果。如今，研究《道德经》俨然成为世界潮流。

中国传统子学在近现代以来再次兴起，道家作为其中的重要流派受到越来越多的关注，学者们试图将道家思想与时代精神相结合，发挥老子思想在现代社会中的重要意义。20世纪90年代后，老子教育思想逐渐成为国内教育学者探讨的热点，张瑞璠在《中国教育史研究（先秦分卷）》中提出，儒家教育思想和道家教育思想是我国古代教育思想的两大渊源，其中道家教育思想以老子、庄子为代表。在当下的教育界，《道德经》受到越来越多的关注，研究成果数量可观。在具体教学实施过程中，不仅把《道德经》作为中小学生以及大学生学习的重要内容，而且把《道德经》的研究成果作为指导教育方法论的重要参考标准，用来研究通向教育真理的方法，解决各类教育问题。

在当今市场经济竞争激烈的大环境下，个体的欲望在蓬勃发展的物欲刺激下不断膨胀，而人在精神层面的追求却日益萎靡，人们道德行为的基础信条受到冲击，人与人之间的关系变得冷漠，赖以生存的社会环境中屡屡出现人道主义缺失、道德失范的现象，甚至是人们赖以生存的自然环境也不时敲响警钟，环境污染、资源短缺等威胁着人类的生存。因此，研究分析《道德经》中的教育思想，教化人们修身正道，清明寡欲，善待万物，对学校教育、家庭教育和社会教育的发展具有重要现实意义。

主要参考文献

［1］严遵，王德有. 老子指归译注［M］. 北京：商务印书馆，2004.

［2］于漪. 于漪全集（修订版）［M］. 上海：上海教育出版社，2023.

［3］孙培青. 中国教育史（第四版）［M］. 上海：华东师范大学出版社，2019.

［4］唐琳.《老子》疏论［M］. 武汉：华中科技大学出版社，2019.

［5］陈鼓应. 老子今注今译［M］. 北京：中华书局，2020.

［6］王弼，楼宇烈. 老子道德经注［M］. 北京：中华书局，2011.

第三章　得天下英才而教育之：孟子的
　　　　教育思想与实践

一、孟子生平

孟子，名轲，字子舆，具体生卒年月不详，约为公元前 372 年至公元前 289 年，邹国（今山东邹城东南）人，战国时期哲学家、思想家、政治家、教育家。

孟子自称"予未得为孔子徒也，予私淑诸人也"（《孟子·离娄下》），宗仰圣人遗风，研读孔门思想，欲承先贤传统，却因时代先后未得身受其教。根据司马迁《史记·孟子荀卿列传》，孟子"受业子思之门人"，与孔子之孙子思的思想主张多有相通，故后人将"子思之儒"与"孟氏之儒"的流派传承统称为"思孟学派"。后因受唐代政治家、文学家、思想家韩愈推崇，孟子被列为先秦儒家继承孔子"道统"的重要人物。孟子的地位节节攀升，元朝起被追封为"亚圣"，与"至圣"孔子并称为"孔孟"，是继孔子之后、承荀子之前的儒家学派代表人物。

孟子是鲁国贵族孟孙氏的后裔，孟孙氏其中一支在家族衰微之后迁居邹国，至于孟子之时，已与庶民别无二致。赵岐《〈孟子〉题辞》认为，孟子"夙丧其父，幼被慈母三迁之教"，是孟母的言传身教与良好的居住环境在潜移默化中奠定了孟子向往儒学的根基。

孟子不仅幼年经历与孔子类似，践学之路也紧跟孔子的步伐，在周游列国的道路上，他充分发挥了孔子思想中"仁"的内涵：发扬了"仁政""民贵君轻"等治国理念，并转换成"薄其税敛""尊贤使能"等具体的政治主张；又承接孔子"因材施教"的平等教育思想和"不愤不启，不悱不发"的启发式教育理念，充分发扬儒家教育精神，注重志向培养，以"浩然之气"的天地境界引导学生形成宏大气象。

他在积极游说诸侯国君的旅途中，大力推行自己的政治理想，践行自己的教育主张。他曾率领弟子游历齐、宋、滕、魏、鲁等国，前后历经二十多年，其中两次到访齐国，分别游说齐威王（在公元前 330 年至前 324 年期间）与齐宣王，提出"仁政无敌"，并大力推崇教育的重要意义："仁言不如仁声之入人深也，善政不如善教之得民也。善政，民畏之；善教，民爱之。善政得民财，善教得民心。"（《孟子·告子上》）进一步发挥了"庶富教"这一孔子的教育政治理想，无奈只关注如何发展武力的两位齐国君王都未采纳孟子的建议。

此后孟子在宋国、邹国、魏国的尝试也均以失败告终，唯在滕国君主滕文公处取得了些许进展，孟子在滕期间（公元前 322 年至前 320 年），与滕文公探讨了许多具体的政治措施，包括重视生产（"民事不可缓也"）、注重教化（"人伦明于上，小民亲于下"）、井田税收（"夫仁政，必自经界始"）等。显示出孟子在失败的政治尝试后的反思与进展：他在原有学说的基础上，进一步发挥了其中有关教育的部分，包括明确"明人伦"的教育目的，将修身、齐家、治国、平天下融合联系；并开创"性善"的人性学说作为推动教育学说落实的重要基础，赋予教育以道德推动力；同时注重强调教育为学的方法，培养"浩然之气"，在开阔的天地视野中树立个人的志向；也是孟子最早充分阐述了在此过程中教育之于人内心精神的成就意义——"得天下英才而教育之，三乐也"。这都成为儒家教育思想后续发展的重要基石。孟子在游说诸侯的过程中留下了"好辩"的名声，但他的好辩是在"杨朱、墨翟之言盈天下，天下之言不归杨则归墨"的时代背景下，为了继承孔子事业，发展儒家教育理念，高扬教育意义的必要手段。可惜周游列国终究无人问津。仕途不畅的孟子最终还是选择回乡从事教育和著述，整理经书，写作《孟子》，阐发传承孔子学说，用另一种方式将教育的火种流传后世。

二、经典品读：《孟子》（二章）

鱼我所欲也①

孟子曰："鱼，我所欲也，熊掌，亦我所欲也；二者不可得兼②，舍③鱼而取熊掌者也。生，亦我所欲也，义，亦我所欲也；二者不可得兼，舍生而取义者也。生亦我所欲，所欲有甚④于生者，故不为苟得⑤也；死亦我所恶，所恶有甚于死者，故患有所不辟也⑥。如使人之所欲莫甚于生⑦，则凡可以得生者⑧何不用也？使人之所恶莫甚于死者，则凡可以辟患者何不为也？由是⑨则生而有不用⑩也，由是则可以辟患而有不为⑪也。是故所欲有甚于生者，所恶有甚于死者。非独贤者有是心也，人皆有之，贤者能勿丧耳。一箪食，一豆羹⑫，得之则生，弗得则死。嘑尔而与之，行道之人弗受⑬；蹴尔⑭而与之，乞人不屑⑮也。万钟则不辩礼义而受之⑯，万钟于我何加⑰焉？为宫室之美、妻妾之奉⑱、所识穷乏者得⑲我与⑳？乡㉑为身死而不受，今为宫室之美为之；乡为身死而不受，今为妻妾之奉为之；乡为身死而不受，今为所识穷乏者得我而为之：是亦不可以已㉒乎？此之谓失其本心㉓。"

【注释】

① 选自《孟子·告子上》。

② 兼：动词，同时具有。

③ 舍：放开，放下。

④ 甚：超过，胜过。

⑤ 苟得：苟且求得，不当得而得。

⑥ 故患有所不辟也：患，祸患。辟，通"避"，逃避。

⑦ 莫甚于生：没有什么比生存更重要。

⑧ 可以得生者：可以凭借来保全生命的做法。

⑨ 由是：根据这个道理。

⑩ 生而有不用：有办法求生但是却有人不采用这个做法。

⑪ 可以辟患而有不为：可以借此来躲避灾祸却有人不这样做。

⑫ 一箪（dān）食，一豆羹：表示很少的一点食物。箪，古代用竹或苇制成的容器，多用来盛饭。豆，古代的一种盛食物的器皿。

⑬ 嘑（hū）尔而与之，行道之人弗受：嘑尔，同"呼尔"，吆喝的样子。这句意思是，即使是人赖以生存的东西，用轻蔑的、侮辱人的态度赐给人，普通的过路人都不会接受。

⑭ 蹴（cù）尔：用脚踢的样子。

⑮ 不屑：轻视，认为不值。

⑯ 万钟则不辩礼义而受之：万钟俸禄却不去辨别是否合乎礼义而接受它。钟，古代容量单位，六斛四斗为一钟。万钟，指很高的俸禄。辩，通"辨"。

⑰ 于我何加：对我有什么增益。这里指道义上的增益。

⑱ 奉：侍奉。

⑲ 得：通"德"，感谢恩惠。

⑳ 与：通"欤"，疑问句末语气词。

㉑ 乡：通"向"，从前，过去。

㉒ 已：停止。

㉓ 此之谓失其本心：这就叫作丧失了本性。此之谓，这就叫作。本心，本性，天良。

【译文】

孟子说："鱼是我所想要的，熊掌也是我所想要的，如果这两种东西不能同时得到，那么我就只好放弃鱼而选取熊掌了。生命是我所想要的，道义也是我所想要的，如果这两样东西不能同时都具有的话，那么我就只好牺牲生命而选取道义了。生命是我所想要的，但我所想要的还有比生命更重要的东西，所以我不做苟且偷生的事；死亡是我所厌恶的，但我所厌恶的还有超过死亡的事，因此有灾祸我也不躲避。如果人们所想要的东西没有能比生命更重要的，那么凡是能够用来求得生存的手段，哪一样不可以采用呢？如果人们所厌恶的事情没有超过死亡的，那么凡是可以躲避祸患的办法，什么不可以做呢？采用某种手段就能够活命，可是有的人却不肯采用；采用某种办法就能够躲避灾祸，可是有的人也不肯采用。由此可见，他们所想要的有比生命更宝贵的东西（那就是"义"）；他们所厌恶的，有比死亡更严重的事（那就是"不义"）。不仅贤人有这种本性，人人都有，只不过贤能的人不丧失罢了。一碗食物，一碗汤，得到它就能活下去，得不到它就会饿死。如果盛气凌人地呼喝着给他吃，饥饿的行人也不愿接受；用脚踢给别人吃，就连乞丐也会因受轻视而不肯接受。高官厚禄却不辨是否合乎礼义就接受了它，这样，高官厚禄对我有什么好处呢？是为了住宅的华丽、妻妾的侍奉和认识的穷人感激我吗？以前为了大义宁死也不愿接受，现在却为了住宅的华丽接受了它；以前为了大义宁死也不愿接受，现在却为了妻妾的侍奉接受了它，以前为了大义宁死也不愿接受，现在却为了认识的穷人感激自己接受了它：这种行为难道不可以停止吗？这就叫作丧失了人所固有的本性。"

我善养吾浩然之气①

（公孙丑问曰：）"敢问夫子恶乎长②？"

曰："我知言③，我善养吾浩然之气④。"

"敢问何谓⑤浩然之气？"

曰："难言⑥也。其为气也，至大至刚，以直养而无害，则塞于天地之间⑦。其为气也，配⑧义与道；无是，馁也⑨。是集义所生者，非义袭而取之也⑩。行有不慊于心，则馁矣⑪。我故曰，告子未尝知义⑫，以其外之⑬也。必有事焉而勿正⑭，心勿忘，勿助长⑮也。无若宋人然⑯。宋人有闵⑰其苗之不长而揠⑱之者，芒芒然⑲归，谓其人曰：'今日病⑳矣！予助苗长矣！'其子趋而往视之，苗则槁㉑矣。天下之不助苗长者寡矣。以为无益而舍之者，不耘㉒苗者也；助之长者，揠苗者也——非徒㉓无益，而又害之。"

【注释】

① 选自《孟子·公孙丑上》。公孙丑，复姓公孙，名丑，齐国人，是孟子的弟子。

② 恶（wū）乎长（cháng）：在哪方面擅长。

③ 我知言：我能理解别人言辞中表现出来的情志趋向。

④ 我善养吾浩然之气：我善于培养我拥有的浩然之气。养，培养，养育。

⑤ 何谓：什么叫作。

⑥ 难言：难以说得明白。

⑦ 其为气也……天地之间：那浩然之气，最宏大、最刚强，用正义去培养它而不用邪恶去伤害它，就可以使它充满天地之间无所不在。

⑧ 配：配合辅助。

⑨ 无是，馁（něi）也：这里指得不到义和道的配合辅助，则浩然之气就会像人得不到食物一样疲软衰竭，即气馁。是，这。馁，饥饿。

⑩ 是集义所生者，非义袭而取之也：浩然之气是由正义在内心长期积累而形成的，不是通过偶然的正义行为来获取的。袭而取之，从外入内突然攻取得到它。

⑪ 行有不慊（qiè）于心，则馁矣：自己的所作所为有不能心安理得（即违背仁义、有愧于心）的地方，则浩然之气就会衰竭。慊，满意，满足。

⑫ 告子未尝知义：告子不曾懂得什么是义。告子，姓告，名不害，据说他兼通儒家和墨家的学说，曾经求教于孟子。

⑬ 外之：把义看成心外之物。外，动词，以……为外。之，代词，指代"义"。

⑭ 必有事焉而勿正：一定要在心中有集义这件事而不要停止。正，在文中是"止"的意思。下句"心勿忘"，也是不要停止的意思。

⑮ 助长：指用外力（违背规律地）帮助它成长。

⑯ 无若宋人然：不要像宋人那样。无，通"毋"，不要。若，如同。然，代词，如此，这样。

⑰ 闵：同"悯"，忧虑，担心。

⑱ 揠（yà）：拔起。

⑲ 芒芒然：疲倦的样子。

⑳ 病：疲惫之极。

㉑ 槁（gǎo）：枯槁，干枯。

㉒ 耘：给作物除草。

㉓ 非徒：不但，不仅仅。

【译文】

公孙丑问："请问老师您长于哪一方面呢？"

孟子说："我能理解别人言辞中表现出来的情志趋向，我善于培养自己的浩然之气。"

公孙丑问："请问什么叫作浩然之气呢？"

孟子说："这很难用一两句话说清楚。这种气，极端浩大，极端有力量，用正直去培养它而不加以伤害，就会充满天地之间。不过，这种气必须与仁义道德相配，否则就会缺乏力量。而且，必须有经常性的仁义道德蓄养才能生成，而不是靠偶尔的正义行为就能获取。一旦你的行为问心有愧，这种气就会缺乏力量了。所以我说，告子不懂得义，因为他把义看成心外的东西。我们一定要不断地培养义，心中不要忘记，但也不要一厢情愿地去帮助它生长。不要像宋人一样。宋国有个人嫌他种的禾苗老是长不高，于是到地里去用手把它们一株一株地拔高，累得气喘吁吁地回家，对他家里人说：'今天可真把我累坏啦！不过，我总算让禾苗一下子就长高了！'他的儿子跑到地里一看，禾苗已全部枯死了。天下人不犯这种拔苗助长错误的是很少的。认为养护庄稼没有用处而不去管它们的，是只种庄稼不除草的懒汉；一厢情愿地去帮助禾苗生长的人，就是拔禾苗的人——但这不仅仅是没有好处，而且还损伤了禾苗。"

（一）写作背景

春秋战国时期，崩坏的礼乐制度与混乱的社会环境迫使所有文人志士对于"如何恢复秩序"这个问题加以思考与实践，儒家、道家、墨家、法家纷纷基于对社会的不同认识提出了自己独特的主张，其中儒家学派采取的是"恢复周礼"的做法："郁郁乎文哉！吾从周。"认可并推崇周公所制之礼的孔子建立了"仁礼"的学说，在宣扬礼制的过程中推动政治理想的落实。但效果却并不理想。敏锐的孟子捕捉到人们不行周礼的源头并不在于对于礼法的不熟悉，而在于内心并没有行礼法的动力。所以当儒家学说发展到孟子的阶段，这位"亚圣"选择着重发扬孔子思想中有关"仁"的部分，试图从人性的角度为人们主动行礼找出一条可行的途径。

孟子时期对于人性最为主流的观点当属告子的"性无善无不善论"。告子的观点以"生之谓性"为基础，认为"性"就是"生"，"生"就是"性"，把人生而具有的那个东西称为"性"。基于保留在《孟子·告子上》中孟子与告子的论辩来看，告子认为人生下来的时候是不具备善恶的，就好比急流的水，从东方开了口子就会往东方流，从西方开了口子就会往西方流，人性就好比这没有东流西流固定方向的水，同样不具有善或不善的定性；而善是后天教化的产物，他以柳条为喻，认为善是后天加工的结果，正如自然的柳条在加工之后才成为有用的器具。

孟子是在这样的背景下提出了"恻隐之心，仁也；羞恶之心，义也；恭敬之心，礼也；是非之心，智也。仁义礼智，非由外铄我也，我固有之也，弗思耳矣"的"性善论"，认为"人之为善，是他的本性的表现，人之不为善，是违背其本性的"，也即所有人都具有先验的善性，这不是外界强加的，而是本来就内在于"我"的天性，人可以在后天不断发扬四端之心，成就道德，而"恶"只来源于对于本性的违背，借以批判告子学说对于人们为善基础的取消，贯彻并弘扬孔子有关于"仁"的学说。

（二）篇章结构

1.《鱼我所欲也》

本段论述了义重于生的道理，倡导了舍生取义的立身处世原则，批判了贪恋富贵而不顾礼义廉耻的行为。论述的基点是孟子在本段所在章节《告子上》所提出的人应该保持"本心"。在社会生活中一个人要保持本心，自然而然就会做到舍生取义。

文章分四个层次，层层递进来论述义重于生的道理。首先用日常生活中的饮食好恶——舍鱼取熊掌作譬，通俗易懂地提出舍生取义的道理。其次承上比喻说法，正面论述儒家在生活中面临严峻考验时，有比生死更为重要的价值标准——也即以羞恶之心为发端的义这一标准。由此引出儒家所倡导的舍生取义的立身处世原则。第三层则进一步从反面论证，运用归谬法假设生死作为人行为判断的最高价值标准，那么人为了生可以不择手段，苟且偷生者将充斥世间，这与现实中仁人志士为保气节甘愿赴死的情况背道而驰，由此得出前提的错误，证明义才是更甚于生死的最高价值标准，舍生取义是人性的表现，不仅仅贤能的人是这样的，普通人也有这样的人性，只不过贤者可以保持它不使它丧失。最后将论述重心放到社会生活的现实中，以实例证明舍生取义的行为在人们生活中比比皆是，同时也揭示了为何有些人在现实生活中不能做到义重于生而是不辨礼义地贪享富贵奢华。

2. 《我善养吾浩然之气》

本段文字阐述了孟子提出的一个重要的道德观念——"气"，它是一种道德体验，也是一种精神境界。

孟子逐层论述了气的性质和养气的要点。第一，气的特征，"气"是至大至刚，充塞于天地之间的浩然之气；第二，气的来源，"气"是经由"义"和"道"的辅助在人心中生成的，没有这两者这气是要衰竭的；第三，气的形成，"气"是长期积累"义"而形成的，不是通过一两次义举就可以获得的，但是一次不义之事就会毁灭它。随后孟子运用"揠苗助长"的寓言说明了养气的要点在于符合养气的规律——既要不断地培养，又不能刻意追求，违背气的规律去帮助它成长。

（三）思想价值

1. 贤庶一体，提供教育得以实践的动力

礼崩乐坏，道德核心价值失落的时代背景之下，告子"性无善无不善论"的盛行无疑对孟子推行儒家学说造成了更大的阻碍。要想让人们自觉行礼，恢复社会秩序，就必须高扬教育的意义。因此，确立人性本善的基础是极为必要的，只有保障了人性本善的前提，将善作为人性发展的自然倾向，才能保障人们行善的动力，让人们拥有通过教育改善自己的前提。而"人性本善"的学说能有多大的影响力取决于学说对于现实的兼容性有多强——但现实生

活中有仁人志士的善行善举的同时，也有桀纣恶人的残虐暴行，且不可否认，更多的是平民在这两极之中的摇摆不定。如果将这几类人分离宣扬"性有善有恶论"或者"有性善有性不善"的论说，虽能解决现实层面的现象，其道德引导促进人们行善的作用却在"性二元论"中被完全消解。

所以孟子在《鱼我所欲也》一文中赋予"义"极为丰富的内涵——从伯夷、叔齐等人绝食明志、重道德情操甚于生命，到衣衫褴褛、"得之则生，弗得则死"的乞人不食嘑尔、蹴尔之食，再到普通士人不贪求万钟之禄的物欲享受等，都被纳入符合儒家礼义道德的行为。又举孺子入井的事例，孟子"今人乍见孺子将入于井，皆有怵惕恻隐之心；非所以内交于孺子之父母也，非所以要誉于乡党朋友也，非恶其声而然也"的解释，通过将百姓日常可能会有的行为赋予道德的意味，将百姓与圣人自然地涵盖进一个群体，从而在坚定的性一元论中赋予百姓同于尧舜成就道德的可能。"人皆可以为尧舜"，只要顺应人的天性，人人都可以成为像尧、舜、禹那样的圣人，而恶行的出现，只是因为"或相倍蓰而无算者，不能尽其才"，即人们之间有相差一倍、五倍甚至无数倍的，是出于不能全部发挥出人的天赋资质的缘故，绝非因为人性中包含恶的部分。

"生亦我所欲，所欲有甚于生者，故不为苟得也；死亦我所恶，所恶有甚于死者，故患有所不辟也。""由是则生而有不用也，由是则可以辟患而有不为也。是故所欲有甚于生者，所恶有甚于死者。非独贤者有是心也，人皆有之，贤者能勿丧耳。"孟子用正反两方的论述说明了义重于生的普适性，将贤者和庶人紧密连接，为人们成德提供动力基础，将教育得以实施的基础打牢，为实现"明人伦"的教育目的做好铺垫。

2. 人性本善，奠定教育实施的前提基础

孟子建构"人之为善，是他的本性的表现；人之不为善，是违背其本性的"的性善论的根本目的是弥补孔子思想的未足够之处，通过教育思想的落实来推动儒家王道主义的践行——从性善论出发，孟子提出了"仁政""王道"的政治学说，他指出："人皆有不忍人之心。先王有不忍人之心，斯有不忍人之政矣。以不忍人之心，行不忍人之政，治天下可运之掌上。"认为上位

者应将人人具备的恻隐之心进一步推广，将"推恩"贯彻到百姓身上，才能达到"多助""战必胜""仁者无敌"的效果。将"民"的地位充分抬高，置于君王社稷之上："民为贵，社稷次之，君为轻。"

儒家提倡的仁政对于上位者个人的道德要求是非常高的，"君子之德风也，小人之德草也。草上之风必偃"，基于儒家一贯对于自上而下道德教化的重视，孟子也认为上位者的崇高德行对于庶民百姓行仁义会起到非常正面的积极影响，反之亦是如此，"君仁，莫不仁；君义，莫不义"。所以在孟子看来，君王与诸侯大臣的德行与政治的实际结果之间便构成了一种因果性的联系，这使得在孟子学说建构之中，确保人性本善，督促推动君王与诸侯大臣主动践行礼法、提高修养就成了推动教育开展、迈向理想政治中最为关键的一环。

孟子在用事实论证下层的普通人也能舍生取义之后，将笔锋转向上层的统治者，穷困的底层民众在生、义之间的坚定取舍和一向以贤能自居、瞧不起底层百姓的上层统治者们贪图富贵奢华，对于最高俸禄"万钟"根本不问是否合乎礼义而安之若素，以至于尸位素餐、醉生梦死之间形成了鲜明的反差。孟子细致地剖析俸禄给他们带来的享受不过是一些非常琐屑的物欲，宫室之美、妻妾之奉、相识者的感恩戴德，达官贵族被这些比不得生命珍贵，更比不上高于生命的礼义的小物欲所蒙蔽。连用的三个细致对比，逐层揭示统治者不辨礼义行为的荒唐性，批判上位者的昏聩愚昧，给他们敲响了振聋发聩的警钟——丧失本心的上位者早该停止这样的行为了。

孟子在贤庶一体，人人皆可为尧舜的前提下，在本段中反观社会现状，用普通人对于仁礼的坚守完成对上位者不辨礼义的批判，从而构建出一条完整的由上位者主导，从人性向仁政发展，从教育实施到理想政治的践行途径。

3. 贯通天地，塑造教育的理想人格

选段不仅是孟子人性论和政治论的重要构成部分，其思想价值还体现在树立教育的理想人格上。在培养"浩然之气"的天地境界中，将教育的作用进一步发挥，那些激励人心、传颂千古的经典语句因此成为后世文人志士的精神支柱和追求一生的发展方向，使教育在不断推动社会发展的过程中彰显

其意义。

孟子认为"浩然之气"是一种靠正直培养起来，能够充塞天地之间的"至大至刚"之气。有了"浩然之气"，面对再大的利益也不会动心，面对各种各样的考验都能从容应对。孟子的"舍生取义"和"富贵不能淫，贫贱不能移，威武不能屈"都是"浩然之气"的具体体现。"浩然之气"的培养最重要的是三点：要有专一不变的心志（信仰、目标、志向、志气）；要与道义结合为一体；要坚持不懈地培养、积累。以今天的说法，"浩然之气"就是一种为了真理、正义，敢于藐视一切威逼利诱，无私无畏的崇高精神。

孟子的这段论述，将仁义之道与天地相联结，在宏大背景之下抬升人格精神至于天地境界，一方面与人性论中将人性根源上接于天，"天生烝民，有物有则。民之秉彝，好是懿德"，构成一个完整圆融的学术系统，另一方面将人置于天地坦荡开阔之中，"夫君子所过者化，所存者神，上下与天地同流"，"性性为能存神，物物为能过化"，对后世士大夫及知识分子的人格精神的培养产生了重大影响，也影响到中华民族精神价值的取向。历史上有许多可歌可泣的仁人志士，他们为了推动社会的改革，为了国家和人民的利益，坚持道义，慷慨捐躯。文天祥、谭嗣同就是突出代表。文天祥临刑前在《正气歌》中写道："天地有正气，杂然赋流形。下则为河岳，上则为日星。于人曰浩然，沛乎塞苍冥。"就是受"浩然之气"说影响的典型例证。孟子通过对于理想人格的论述，开拓了儒家教育观念的内涵，引导后人重视教育过程中立志的重要性以及对于教育意义的深刻理解。

（四）辞章魅力

选段中心论点显豁，逻辑层次清晰，论证严密，说理性强，富于雄辩性和说服力，是孟子散文中比较成熟完整的论说文。作者在文中多处运用了形式逻辑中判断、推理、证明、反驳等方法，尤以比喻论证和推理最具特色。

如《鱼我所欲也》中以性善论作为理论基础，由比喻类比推出"舍生取义"的中心论点，使得观点平易近人，容易理解。随后从正反两个角度，分别运用演绎推理和假设推理充分论述了"舍生取义"的真实性与重要性，这一部分围绕中心反复论证，正反相辅相成，层层深入，环环相扣，具有严密的逻辑性。《我善养吾浩然之气》中采用了揠苗助长的寓言故事，将抽象的道理化为生动形象的故事，使得读者更容易接受养气不能依靠外力助长的观点。除孟子行文中缜密的思路、透辟周详的说理展现出的逻辑力量之外，其笔锋的恣肆、凌厉的气势也令人叹服。选段使用了排比、比喻、设问、反问、对比等多种修辞手法，使文句活泼生动，变化多姿，进一步增强了文章说理的气势和力量。特别是其中排比句式的运用，如"乡为身死而不受，今为宫室之美为之；乡为身死而不受，今为妻妾之奉为之；乡为身死而不受，今为所识穷乏者得我而为之"，将一句话的意思分拆成三句排比列出，一而再、再而三地加以申说，显得理直气壮，雄肆酣畅，充分表达了作者对那些不顾礼义廉耻的利禄之徒的激愤和鄙视，加强了严峻的气势，浓化了感情色彩，同时也增添了语言的节奏感和整饬美。孟子以仁义蔑视君王的富贵，并以帝王师自居，因此行文既有气势，锋芒毕露，又富有激情，澎湃昂扬。纵横捭阖，凌厉逼人，再加上生动形象的比喻，使得文风至大至刚，而又饶有韵味。其辞章的形式与其推崇"天下英才"的教育理念，以及开阔的"浩然正气"的教育境界是全然一致的。

三、教育思想与实践

孟子一生从事教育工作，在周游列国的过程中也没有忽视对学生的教育，"后车数十乘，从者数百人"的聚徒讲学盛况与自许"帝王师"对君王的劝诫进言构成双线，贯串了孟子最为重要的人生阶段，晚年的孟子更是回归家乡，专心讲学，编撰书籍。孟子谈及君子的快乐，认为"君子有三乐，而王天下不与存焉。父母俱存，兄弟无故，一乐也；仰不愧于天，俯不怍于人，二乐也；得天下英才而教育之，三乐也。君子有三乐，而王天下不与存焉"，将教育的快乐置于"王天下"带来的权势之上，纳入君子真正的快乐之中。孟子的教育观是对孔子教育观的继承与发扬，同时也在不断启发后世之人，不断从中获取借鉴。其对于教育的重视，对于教育目的、教育作用、教育内容、教育方法等的论述经久不衰、历久弥新，至今仍有着极为丰富的意蕴与价值。

（一）深化教育的功用

孔子认为教育对社会发展有重要作用，并提出了"庶富教"三步走的政治设想，强调在物质富裕之后就要开展教育建设。孟子则在孔子的基础上进一步深化了教育的功用，更全面深入地阐述了教育之于民众、社会以及国家的意义。

孟子打通了"家国一体"中的关键环节，将国家设想为扩大版的家庭，对应家庭为缩小版的国家，因为家庭中的关系可以延伸到国家层面的关系上，例如父子之间的孝慈可以对应君臣之间的忠信以及君民之间的忠慈等等。通过将道德规范与国家秩序的维护紧密连接，将教育的功用从民众社会的层面进一步推进到国家治理、平定天下上，所谓"仁之实，事亲是也；义之实，从兄是也；智之实，知斯二者弗去是也；礼之实，节文斯二者是也；乐之实，乐斯二者"，因而"其为人也孝弟，而好犯上者，鲜矣；不好犯上，而好作乱者，未之有也"。在"明人伦"的教育下，国家政权将会得到进一步的巩固，社会将会实现更广泛的和谐。忽视教育可能导致更为严重的后果："上无礼，下无学，贼民兴，丧无日矣！"

（二）夯实教育的基础

孔子继承西周"敬德保民"的思想，主张采用德政，提出教育是为了培养德才兼备的君子，但在当时的时代背景下却面临着"理解孔子设想的正确性却没有实际践行动力"的困境，因而生活在时代背景更为复杂的战国的孟子，在孔子教育学说的基础上提出"性善论"，作为教育思想的基础前提，以夯实理论基础来推动教育的实践。

孟子认为仁义礼智"四端"是人人皆有的，向善的自然倾向是先验根植于每个人的人性之中的，"非由外铄我也，我固有之也"，所以每个人都有成为圣人的可能性，所谓"人皆可以为尧舜"。而社会上之所以还会出现恶行，是因为并非人人都能顺利发挥本性，而本性的未完全的发挥，使得在现实中仁义礼智的端芽未能扩充出来，从而有了恶的行为。所以教育的作用就在于端正人的行为，纠正辅助人回归本心，成就上天赋予的至纯至善的天性："学问之道无他，求其放心而已矣。""苟得其养，无物不长；苟失其养，无物不消。"性善论解释了教育的机制，对教育培养高尚人格的作用是满怀信心的，包含外因须通过内因起作用的合理成分，是人格完善最终追寻的目的。

通过承认"人性本善"的前提和引入上天作为"人性本善"的根源依据，使得行善修养内化于百姓的存在之中，保存和扩充人的善端，就能形成更为高尚的人格。消弭理论与实践之间的隔阂，夯实基础来推动儒家教育的实践，为社会培养更多德才兼备的对象。

（三）扩大教育的内容

朱熹在《〈大学〉章句序》中对儒家教育的内容进行了区分与概括："人生八岁，则自王公以下，至于庶人之子弟，皆入小学，而教之以洒扫、应对、进退之节，礼乐、射御、书数之文；及其十有五年，则自天子之元子、众子，以至公、卿、大夫、元士之适子，与凡民之俊秀，皆入大学，而教之以穷理、正心、修己、治人之道。"知识性的礼节与技能是小学部分需要承担的内容，而十五岁之后的教育内容则从知识与技能提升为道德与修养。孟子的教育观亦是如此，在性善论的基础上，提出了以"存心养性"为核心的一系列道德教育和修养的原则、方法，扩大了教育的内容，强调发挥学生的主观能动性和理性思维，继承发展了以孔子为代表的儒家德育思想，对于铸造士大夫品格产生了深刻的影响。

1. 存心养性

孟子以上天作为人性本善的保障，将"恶"归结于对人性的不充分发挥，所以要想提升修养，只需要求其放心，回归本性，也即"存心养性"——"养心莫善于寡欲。其为人也寡欲，虽有不存焉者，寡矣；其为人也多欲，虽有存焉者，寡矣。"这是因为心是善之本，也是人体的"大官"。"心之官则思"，存心才能获得对善的理性自觉，摒弃来源于耳、目、口、鼻、舌等感觉器官的过分的"欲"，防止被外物引向迷途，成为存心的障碍。"存心养性"

要求人们追求高尚的精神生活，正确对待物质欲望问题，不贪图物质生活享受。

2. 立志养气

孟子强调立志，志行高尚，所谓"居仁由义，大人之事备矣"，认为具有仁义理想的人，有一种高尚的精神力量，能把生死、荣辱、苦乐置之度外，并将养气与立志联系起来，"我善养吾浩然之气"，认为用直培养，与道配合，经过正义行为的不断积累产生的浩然之气，是在精神上压倒一切的凛然正气。"富贵不能淫，贫贱不能移，威武不能屈，此之谓大丈夫"的理想人格境界方是孟子追求的道德教育的最终目标。

3. 反求诸己

孟子认为"仁也者，人也。合而言之，道也"，将人际关系的处理放在道德修行与教育的重要位置上，所以孟子根据孔子"君子求诸己"的要求，提出"反求诸己"原则："爱人不亲，反其仁；治人不治，反其智；礼人不答，反其敬。行有不得者皆反求诸己，其身正而天下归之。"认为只有通过不断回顾反思改进自身的行为，才能达到更高的道德境界。儒家认为人际关系的提升是相互的，一方做到了礼貌待人，那么一般来说另外一方是会以相应的理解回应的，"投之以木桃，报之以琼琚"是儒家一贯提倡的。但值得一提的是，孟子认为这种"反求诸己"也是有限度的，如果在出现了并不良好的人际关系之后反躬自求，扪心自问已经做到了仁爱待人，那么只能把"横道"待我的人看作禽兽而远离，基于同样的思考，君子也应当远离那些自暴自弃的人："夫人必自侮，然后人侮之。""自暴者，不可与有言也；自弃者，不可与有为也。"

"反求诸己"的原则也可运用于与自身关系的处理上，孟子认为仁义礼智的根源本植于心，认为"万物皆备于我矣"，因此，只要自觉体认，积极思考，便会获得知识德性，即所谓"思则得之，不思则不得也"，"求则得之，舍则失之，是求有益于得也，求在我者也"。可以通过向内对自我的探求获取世间的真理，因而在没有外界干扰的夜晚，反观自身，求其本心，养其夜气，便可恢复至纯至善的天性："其日夜之所息，平旦之气，其好恶与人相近也者几希，则其旦昼之所为，有梏亡之矣。梏之反复，则其夜气不足以存；夜气不足以存，则其违禽兽不远矣。人见其禽兽也，而以为未尝有才焉者，是岂人之情也哉？"

（四）完善教学的方法

孔子开创私学，在教育的实践中总结出学、思、行结合和启发式的教育方法，孟子则在秉承孔子的教学法的基础上，进一步完善了教学的方法论。

1. 启发教学与深造自得

孟子发展孔子有关启发教学的创见，更进一步强调启发学生学习的主动性和积极性。学生要自求自得，教师不应代替学生思考做结论，"君子引而不发，跃如也。中道而立，能者从之"的思想与孔子"不愤不启，不悱不发"的思想一脉相承。同时孟子又说："梓匠、轮舆能与人规矩，不能使人巧。"点明了教师的作用只是提供教学的材料与契机，而知识技能的掌握、道德修养的提升都需要建立在学生自觉探求、主动思考、积极践行的基础之上，只有这样学生才能掌握得牢固，运用得心应手："君子深造之以道，欲其自得之也。自得之，则居之安；居之安，则资之深；资之深，则取之左右逢其原。故君子欲其自得之也。"

2. 因材施教与坚持标准

孟子发挥孔子"因材施教"的原则，认为对于素质、才能、态度、条件等等有差异的学生应当采取不同的教学方式和方法，在学生原先的基础之上以最为合适的方法提升。"君子之所以教者五：有如时雨化之者，有成德者，有达财者，有答问者，有私淑艾者。"又说："教亦多术矣，予不屑之教诲也者，是亦教诲之而已矣。"对于君王的教育也是如此，单看孟子与齐宣王的对话，针对齐宣王的个人情况量身定制语言上的谋略，把向往"霸道"的齐宣王通过牛羊之辩、折枝之喻、缘木求鱼一步步引导向"王道"的过程，让齐宣王从"德何如则可以王矣"的漫不经心转变为"可得闻与"的好奇追问，再到"吾惛，不能进于是矣。愿夫子辅吾志，明以教我。我虽不敏，请尝试之"的虚心求教，可见其对"因材施教"的重视与践行落实。

同时，孟子也提出教学必须坚持一定标准，对因材施教思想作了必要补充。《孟子》举例说，羿教人射箭一定把弓张满，学者也必须学着张满弓，张满弓是射箭所要求达到的标准。能干的工匠教人学艺，一定要用规矩，学者也必须学会用规矩，因为无规矩方圆便失去了标准。"大匠不为拙工改废绳墨，羿不为拙射变其彀率。"教学要做到因材施教，又要坚持统一要求与标准，"中道而立，能者从之"。

3. 循序渐进与专心有恒

《孟子》以流水为喻，生动地阐发了孔子循序渐进的思想。"流水之为物也，不盈科不行；君子之志于道也，不成章不达。"坚持循序渐进原则，必须反对急躁邈遏等，因为"其进锐者，其退速"。同时，《孟子》讲循序渐进，还有不舍昼夜、持之以恒的意思。"原泉混混，不舍昼夜。盈科而后进，放乎四海。有本者如是，是之取尔。"因此，坚持循序渐进原则，还必须反对"一曝十寒""半途而废"。

4. 发展批判性思维

孟子重视学生主体性和独立思维能力的培养，他提出"尽信《书》，则不如无《书》"的教育学习理念，认为被奉为经典的《尚书》的价值在于启发人的思考，而不是限制人的思考。教育并非一个单纯树立权威的过程，而是教会学生不迷信权威，敢于质疑，形成自我独立思考的过程，强调自主探究、理解和把握。"故说诗者，不以文害辞，不以辞害志。以意逆志，是为得之"，在理解诗歌和阅读经典的过程中，反对望文生义与被文本束缚，要根据自己的思考和体会去推测作者的本意，领悟其中的道理与意涵。除此之外，孟子也常常以身作则，在与学生或者君王的对话中常常运用批判性思维，从区别与联系两个角度出发，更为全面深入地把握义理，输出观点。例如对"善恶"的界定，"诚者"与"思诚者"的区分，以及在上文中提及的其他教育方法，孟子都从不同的角度来把握，以求通过批判性思维将对事物以及义理的理解推进到更高的层次。

（五）享受教育的快乐

孔子在《论语》中就有表现出因为教育而感受到的快乐："闵子侍侧，訚訚如也；子路，行行如也；冉有、子贡，侃侃如也。子乐。"孔子在因材施教的教育理念下看到不同学生独特的成长而展现出温和的笑容。孟子则是在孔子的基础上，正面直接阐述了教育的快乐："君子有三乐，而王天下不与存焉。父母俱存，兄弟无故，一乐也；仰不愧于天，俯不怍于人，二乐也；得天下英才而教育之，三乐也。君子有三乐，而王天下不与存焉。"孟子将"得天下英才而教育之"作为君子三大快乐之一，并将之置于"王天下"的理想政治之上。

朱熹对此的分析是非常到位的："尽得一世明睿之才，而以所乐乎己者教而养之，则斯道之传得之者众，而天下后世将无不被其泽矣。圣人之心所愿欲者，莫大于此。今既得之，其乐为何如哉！"孔孟所品味到的教育的快乐不在于通过自身的学识帮助学生在能力上提升，而在于教育作为"道"中的一部分，自觉地"先觉觉后觉"，将圣贤之道传承下去，是从天地境界去思考道的传承，是张载在"横渠四句"中提到的"为万世开太平"。

孟子明确提出教育的快乐，同样也是从教师的一端保障了教育的可行性，正是基于高尚与久远的目标，感受到了内心的充盈与快乐，才能长久践行教育之道。这是孟子针对当时的社会状况，重视人们内心动力的另外一重表现。

孟子的教育思想传承于孔子，秉承了其先师在人性相近的基础上发展的启发促进、因材施教、循序渐进的教育原则，并在新形势下对于孔子的思想有所发展，他以"性善论"为坚实的基础，以教育作为道德修养中的关键步骤，发展完善教育的内容与方法，充分阐释教育的快乐，使得孔子建立起的儒家教育思想构建起一个较为完整的体系。

四、社会影响

孟子有关教育的论述作为其思想体系中重要的一环，贯通了"人性论"

的基础与"王道论"的理想，将孔子思想进一步深化，形成较为完整的学术体系，但在武力为尊的战国时代背景下，孟子学说的影响力是极为有限的。汉代虽推崇儒学，但却名实相离，"儒家"的名目之下，其本质是董仲舒以"天人感应"为核心统筹异化的"经学"。孟子学说的价值再次发挥价值要到中唐，韩愈著《原道》，阐发儒家道统，认为孟子才是先秦儒家中继承孔子正统思想之人，孟子其人其书的影响才逐渐增大。到宋代范仲淹、欧阳修等人凭借其政治影响力进一步抬高孟子的地位，加之程颢、程颐、张载、朱熹等众多学者在孟学上的卓越成就，使得孟子在宋代经历了从政治地位到学术思想、治学方法等，被称为"孟子升格运动"的全方位变革，也使得《孟子》作为八股文的出题范围之一被列入科举考试科目，成为文人士族的必读书目之一。

孟子在性善论基础上提出的"养浩然之气"的道德修养方法一方面为宋代学者树立心性本体论，排辟外来佛教学说、弘扬本民族儒学思想提供了理论资源与依据，另一方面也给宋人建立新的道德修养理论提供基石，诞生了张载"能克己则为能变，化却习俗之气性"、二程"清明纯全，而昏塞之患去矣"、朱熹"存天理，去人欲"等学说，推动了整个社会崇德尚理之风的树立，尚德行、重修养的道德精神逐渐盛行。同时，这种与宇宙本体对接的天地精神，使得人们对于自身德行的修养在更广阔的范围内展开，具备面对现实复杂境况自我超越的坚定力量，"中外搢绅知以名节相高，廉耻相尚"，"故靖康之变，志士投袂，起而勤王，临难不屈，所在有之。及宋之亡，忠节相望，班班可书，匡直辅翼之功，盖非一日之积也"。

"富贵不能淫，贫贱不能移，威武不能屈"的人格精神，"我善养吾浩然之气"的崇高理想，以及"有如时雨化之者，有成德者，有达财者，有答问者，有私淑艾者"的教育方法，是孟子留给后人的宝贵财富，直至今日依然给人启发，提醒教师在现代化的教育背景下也应注重平衡自然和人类社会生产力发展进步的需求与学生作为独立个体的自身综合协调发展的需求，针对不同学生在成长和受教育过程中的不同特点选用不同的教育方法，以道德修养为先，注重培养学生的宏大志向，使之具备优秀的创造力、全面的知识结构、强壮的身体、文明的举止、健康的心理，使新时代的教育能与自然、社会、他人和自我和谐统一。

主要参考文献

[１] 朱熹. 四书章句集注 [M]. 北京：中华书局，2013.

[２] 杨伯峻. 孟子译注 [M]. 北京：中华书局，2012.

[３] 杨泽波. 孟子性善论研究 [M]. 北京：中国社会科学出版社，1995.

[４] 复旦大学哲学系中国哲学教研室. 中国古代哲学史 [M]. 上海：上海古籍出版社，2006.

[５] 武勇. 宋型文化背景下的宋代孟子升格运动 [J]. 现代哲学，2016 (2)：108 - 112.

[６] 梁宗华. 孟子教育思想及其当代价值 [J]. 理论学习，2016 (10)：30 - 32.

第四章　贵师而重傅：荀子的
教育思想与实践

一、荀子生平

荀子是战国末叶著名的思想家、哲学家、教育家，也是先秦儒家思想的集大成者，他与孔子、孟子一起，被称为先秦儒学最重要的三个人物。

荀子，名况，字卿（一说时人相尊而号为卿，两汉时因避汉宣帝询名讳称"孙卿"），生卒年代已经无考（约公元前 313 年—前 238 年），战国末期赵国人。荀子祖籍古荀国，荀寅在与赵鞅的斗争失败后，中行氏族人为了避祸，又纷纷改回荀氏，这就是赵国荀氏的由来。司马迁所写的《史记·孟子荀卿列传》记录了他的生平，称荀子是赵国人。荀子于五十岁（也有一种说法是十五岁）始游学于齐国，在都城稷下学宫读书，讲学。精研诸子各家学说，成为著名学者，到襄王时代"最为老师"，三次担任齐国稷下学宫的祭酒。后来逸而适楚，"春申君以为兰陵令"，两度出任楚兰陵令，春申君被李园杀害后，荀子也被免职，此时荀子深感年老体弱，无力再四处奔波，晚年居兰陵县著书立说，收徒授业，终老于斯，被称为"后圣"。

荀子曾入秦游说秦国，但是秦昭王和范雎对荀子的态度十分冷淡。昭王问："儒无益于人之国？"荀子回答说："儒者在本朝则美政，在下位则美俗。儒之为人下如是矣。"（《荀子·儒效篇》）应侯（范雎）问荀子说："入秦何见？"荀子回答："形胜"，"百姓朴"，"百吏肃然"，士大夫"明通而公"，朝廷"听决百事不留"，"治之至"；然而"殆无儒"，是"秦之所短"。（《荀子·强国篇》）由于秦国实行法治，荀子以儒治国的思想就行不通了，秦国最终未采纳他改革时弊的政见。荀子又到过赵国，与临武君议兵于赵孝成王面前。

　　韩非、李斯都是荀子的入室弟子，因为他的这两名弟子为法家代表人物，历代有部分学者怀疑荀子是否属于儒家学者。

　　刘向的《叙录》记载，荀子憎恶乱世的黑暗政治，亡国昏乱的君主接连不断地出现，他们不通晓常理正道却被装神弄鬼的巫祝所迷惑，信奉求神赐福去灾，庸俗鄙陋的儒生拘泥于琐碎礼节，再加上庄周等人狡猾多辩，败坏风俗，于是荀子推究儒家、墨家、道家活动的成功和失败，编著了几万字的文章便辞世了。但其实《荀子》一书并不都是荀子本人所著，其中有一部分是他的弟子所著。

　　荀子批判性地接受并创造性地发展了儒家正统的思想和理论，与孟子主张"人性善"不同，他提出"性恶论"，重视习俗和教育对人的影响，并强调"学以致用"；主张"礼法并施"；提出"制天命而用之"的人定胜天的思想；反对鬼神迷信。其思想集中反映在《荀子》一书中。荀子还整理传承了《诗经》《尚书》《礼》《乐》《易》《春秋》等儒家典籍，为传播保存儒家思想文化作出巨大贡献。

二、经典品读：《天论》

【原文】

　　天行有常①，不为尧②存，不为桀③亡。应之以治则吉④，应之以乱则凶。强本⑤而节用，则天不能贫；养备而动时⑥，则天不能病；循道而不忒⑦，则天不能祸。故水旱不能使之饥渴，寒暑不能使之疾，祆怪⑧不能使之凶。本荒而用侈，则天不能使之富；养略而动罕⑨，则天不能使之全；倍道而妄行，则天不能使之吉。故水旱未至而饥，寒暑未薄⑩而疾，祆怪未至而凶。受时与治世同，而殃祸与治世异，不可以怨天，其道然也。故明于天人之分，则可谓至人矣。不为而成，不求而得，夫是之谓天职⑪。如是者，虽深，其人不加虑焉；虽大，不加能焉；虽精，不加察焉：夫是之谓不与天争职。天有其时，地有其财，人有其治，夫是之谓能参。舍其所以参，而愿其所参，则惑矣！

【注释】

① 天行：天道，自然界的运行规律。常：有一定之常规。

② 尧：传说中上古的圣君。

③ 桀：夏代最后一个君主，荒淫无道之恶君。

④ 应：承接，接应。之：指天道。治：在《荀子》书中，常与"乱"对文，表示合于礼义、合理。下文的"乱"则指不合礼义、不合理。

⑤ 本：指农业。古代以农桑立国，故谓之"本"，工商则谓之"末"。

⑥ 养：养生之具，即衣食之类。备：充足。动时：动之以时。这里指役使百姓，不违背时令。

⑦ 循：遵循，原文作"修"，据文义改。忒：差错。

⑧ 祆怪：妖怪，指自然灾害和自然界的变异现象。祆，同"妖"。

⑨ 略：不足。动罕：怠惰的意思。

⑩ 薄：迫近。

⑪ 不为而成，不求而得，夫是之谓天职：即孔子所言"天何言哉？四时行焉，百物生焉，天何言哉？"之意。为，作为。求，求取。

【译文】

自然界的运行有自己的规律，不会因为尧之仁而存在，也不会因为桀之暴而消亡。用合理的措施来承接它就吉利，用不合理的措施来承接它就不吉利。加强农业，节省用度，那么老天不会让他贫穷；衣食充足而让百姓按季节劳作，那么老天就不会使其困苦；顺应自然规律而无差失，那么老天就不降祸于他。所以水涝干旱不能使之饥渴，四季冷热的变化不能使其生病，灾异的现象也不能带来灾凶。反之，农业荒芜而用度奢侈，那么老天不会使其富裕；衣食不足而又懒于劳作，那么老天就不会保全其生；违背天道而胡乱行事，那么老天不会让其安吉。所以没有水旱之灾却出现饥寒，没有冷热近身却出现疾病，没有灾异却发生了凶灾。遭到的天时与治世相同，遇到的灾祸却与治世大异，这不可以归咎于天，而是人自己的行为招致的。所以明白天人之间的区别，便可以说是圣人了。不用作为而有成，不用求取而有得，这便是老天的职能。如此，天道虽然深远，圣人不会随意测度；天道虽然广大，圣人也不会以为自己有能力而去施加什么；天道虽然精微，圣人也不去考察：这就叫不与老天争职。天有四季寒暑，地有自然资源，人有治理能力，这就叫与天地配合。放弃自己配合参与的能力，而羡慕天时地财的功能，这就糊涂了！

【原文】

列星随旋①，日月递炤②，四时代御③，阴阳大化④，风雨博施，万物各得其和以生，各得其养以成，不见其事而见其功，夫是之谓神。皆知其所以成，莫知其无形⑤，夫是之谓天⑥。唯圣人为不求知天。

【注释】

① 随旋：相随旋转。

② 递：互相更替。炤：同"照"。

③ 代御：交替进行。御，进行。

④ 阴阳大化：寒暑变化万物。

⑤ 无形：没有形迹可见。

⑥ 夫是之谓天：一说"天"字下脱"功"字，应为"夫是之谓天功"。

【译文】

群星相随相转，日月交替照耀，四季循环代行，寒暑变化，万物生长，风雨普施人间，万物都得其调和以生，都得其长养以成，看不见它化生万物的痕迹，只见到它的功效，这就是大自然的神妙啊。人们都看得见大自然所生成的万物，却不知道它生成万物的那种无形过程，这就是称其为天的原因啊。天道难测，所以只有圣人才知道只尽人事，而不费力气去寻求了解天的道理。

【原文】

天职既立，天功既成，形具而神生。好恶、喜怒、哀乐臧①焉，夫是之谓天情②。耳、目、鼻、口、形能③，各有接而不相能也，夫是之谓天官④。心居中虚以治五官⑤，夫是之谓天君。财非其类⑥，以养其类，夫是之谓天养。顺其类者谓之福，逆其类者谓之祸，夫是之谓天政⑦。暗其天君，乱其天官，弃其天养，逆其天政，背其天情，以丧天功，夫是之谓大凶。圣人清其天君，正其天官，备其天养，顺其天政，养其天情，以全其天功。如是，则知其所为，知其所不为矣，则天地官而万物役矣⑧。其行曲治⑨，其养曲适⑩，其生不伤，夫是之谓知天。

【注释】

① 臧：通"藏"。

② 天情：人所自然具有的情感。

③ 形能：当为"形态"。

④ 天官：人所自然具有的感官。

⑤ 中虚：人之中心空虚之地，指胸腔。治：支配，统治。

⑥ 财：通"裁"，裁夺，利用。非其类：人类以外的万物，如饮食衣服等。

⑦ 政：政治，言有赏罚之功。

⑧ 官：职，指天地各得其职。役：驱使。

⑨ 曲治：各方面都治理得很好。曲，曲尽，周遍。

⑩ 曲适：各方面都恰当。

【译文】

天的职能已经确立，天的功效已经形成，人的形体也具备了，于是精神也产生了。好恶、喜怒、哀乐蕴藏在人的形体和精神里，这就是人自然的情感。耳、目、鼻、口、形各有不同的感触外界的能力，却不能互相替代，这就是人天生的感官。心居中心而统率五官，这就是天生的主宰者。饮食、衣服等万物，不是人类，人们却利用它们来供养自己的口腹身体，这就是老天的自然之养。能利用自然之物来供养人类的就是福，不能利用自然之物供养人类的就是祸患，这就叫天之政令。心智昏乱不清，声色犬马过度，不能务本节用，不能裁用万物养育人类，喜怒、哀乐没有节制，从而失去了天的生成之功，这就是大灾难了。圣人则心智清明，端正其官能享受，完备其养生之具，顺应自然的法则，调和喜怒哀乐的情感，以此来保全天的生成之功。这样的话，就知道人所能做和应做的事，也知道人所不能做和不应做的事，那么天、地都能发挥它的作用，万物都能被人类役使了。人的行动在各方面都处理得很好，养民之术完全得当，使万物生长，不被伤害，这就叫作"知天"。

【原文】

故大巧在所不为，大智在所不虑。所志于天者[1]，已其见象之可以期者矣[2]；所志于地者，已其见宜之可以息者矣[3]；所志于四时者，已其见数之可以事者矣[4]；所志于阴阳者，已其见和[5]之可以治者矣。官人[6]守天，而自为守道也。

【注释】

[1] 所志于天者：所知于天者。志，通"识"，知。下同。

[2] 已：通"以"。下同。见：同"现"。象：天之垂象，指日月星辰之类。期：四时之节候。

[3] 宜：适宜。这里指适宜农作物生长。息：蕃息，繁殖生长。

[4] 数：指四时季节变化的次序，即春生夏长秋收冬藏。事：这里指从事农业生产。

[5] 和：调和，和谐。

[6] 官人：指掌管天文历法和掌管农业生产的官，主管观测天象、辨别土宜、测察气候、协调阴阳寒暑等事。

【译文】

所以最能干的人在于他有所不为，不去做那些不能做和不应做的事，最聪明的人在于他有所不想，不去考虑那些不能考虑和不应考虑的事。从天那里可以了解到的，是通过垂象之文可以知道节候的变化；从地那里可以了解到的，是通过土地的适宜生长可以知道农作物的繁殖；从四季那里可以了解到的，是根据节气变化的次序可以安排农业生产；从阴阳变化可以了解到的，是从阴阳调和中可以知道治理的道理。掌管天文历法的人只是观察天象，而圣人则是按照上面所说的道理治理天下。

【原文】

治乱天邪？曰：日月、星辰、瑞历①，是禹、桀之所同也，禹以治，桀以乱，治乱非天也。时邪？曰：繁启蕃长于春夏②，畜积收藏于秋冬，是又禹、桀之所同也，禹以治，桀以乱，治乱非时也。地邪？曰：得地则生，失地则死，是又禹、桀之所同也，禹以治，桀以乱，治乱非地也。《诗》曰："天作高山，大王荒之；彼作矣，文王康之③。"此之谓也。

【注释】

① 瑞历：历象。古代作璇、玑、玉衡以象日月星辰之运转，故曰"瑞历"。

② 繁启：指农作物纷纷发芽出土。蕃：茂盛。

③ 天作高山，大王荒之；彼作矣，文王康之：此处引诗见《诗经·周颂·天作》。高山，岐山，在今陕西岐山。大王，太王，即周人的祖先古公亶父。荒，大。康，安定。

【译文】

治、乱是由天决定的吗？日月、星辰、历象，这在大禹、夏桀时代都是相同的，禹用此而治，桀用此而乱，可见治、乱之由不在于天。是由时令决定的吗？春生夏长，秋收冬藏，这也是大禹、夏桀所共同的，禹用此而治，桀用此而乱，可见治、乱之由不在于时。是由地决定的吗？植物得到土地就生，失去土地就死，这又是大禹、夏桀所共同的，禹用此而治，桀用此而乱，可见治、乱之由不在于地。《诗经》上说："天生成了高大的岐山，太王使它名声增大；太王已经使它名声增大啊，文王又使它安定。"说的就是这个意思。

【原文】

天不为人之恶寒也辍①冬，地不为人之恶辽远也辍广，君子不为小人匈匈②也辍行。天有常道③矣，地有常数④矣，君子有常体⑤矣。君子道其常而小人计其功。《诗》曰："礼义之不愆兮，何恤人之言兮⑥。"此之谓也。

【注释】

① 辍：停止。

② 匈匈：同"讻讻"，喧哗之声。

③ 常道：一定之道。常，恒常。

④ 常数：一定的法则。

⑤ 常体：一定的行为标准。

⑥ 礼义之不愆兮，何恤人之言兮：此处引诗不见于《诗经》，当为逸诗。愆，差失。恤，在意，顾虑。

【译文】

天不会因为人讨厌冷而废止冬天，地不会因为人讨厌辽远而废止广大，君子也不会因为小人的吵闹喧嚷而停止善行。天有一定之道，地有一定的法则，君子有一定的做人标准。君子执守善道，小人却计算其功利得失。《诗经》说："在礼义上没有差失，又何必顾虑别人的议论呢?"说的就是这个意思。

【原文】

楚王后车千乘①，非知②也；君子啜菽饮水③，非愚也，是节④然也。若夫志意修，德行厚，知虑明，生于今而志乎古，则是其在我者也。故君子敬其在己者，而不慕其在天者；小人错⑤其在己者，而慕其在天者。君子敬其在己者而不慕其在天者，是以日进也；小人错其在己者而慕其在天者，是以日退也。故君子之所以日进与小人之所以日退，一⑥也。君子小人之所以相县者，在此耳。

【注释】

① 乘（shèng）：一车四马为乘。

② 知：同"智"。

③ 啜：吃。菽：豆类的总称。这里泛指粗粮。

④ 节：适。适与之遇，所谓命也。

⑤ 错：通"措"，舍弃。

⑥ 一：理由是一样的。这里是指君子小人同是出于"慕"字，所慕不同，结果也就不同。

【译文】

楚王后面跟随的车有一千辆，并不是因为他聪明；君子吃粗粮淡饭，并不是因为他愚笨，只是命运的安排，恰好碰上了。如果一个人志意端正，德行美好，思虑精明，生活在今天却向往古代圣贤之道，那么这就是在意自己的努力了。所以君子尊重自己的努力，而不美慕那些由上天决定的事；小人放弃了自己的努力，而美慕由上天决定的事。君子重视自己的努力而不美慕由上天决定的事，所以日益精进；小人放弃自己的努力而美慕由上天决定的事，所以每日退步。君子日进而小人日退，道理是一样的。君子和小人之所以相差如此悬殊，原因就在这里。

【原文】

星队、木鸣①，国人皆恐。曰：是何也？曰：无何也，是天地之变，阴阳之化，物之罕至者也。怪之可也，而畏之非也。夫日月之有蚀，风雨之不时，怪星之党②见，是无世而不常有之。上明而政平，则是虽并世起，无伤也；上暗而政险，则是虽无一至者，无益也。夫星之队、木之鸣，是天地之变，阴阳之化，物之罕至者也。怪之可也，而畏之非也。

【注释】

① 星队：流星坠落。队，同"坠"。木鸣：古代祭神用的树，因风吹而发出声音，古人以为怪异。木，指社树。

② 党：同"傥"，偶然。

【译文】

流星坠落，树木发声，人们都感到恐慌。说：这是怎么回事？答道：没有什么，这只是天地阴阳的变化，事物中较少出现的现象。感到奇怪是可以的，但惧怕它却是不可以的。日月有亏蚀，风雨可能不按时节，怪星偶然出现，这是任何时代都曾经出现过的。君主贤明而政治稳定，那么即使这些现象在一个时代出现，也不会有什么妨害；君主昏聩而政治险恶，那么即使这些现象都不出现，也没有什么帮助。因此，流星坠落，树木发声，这只是天地阴阳的变化，事物中较少出现的现象。感到奇怪是可以的，但是畏惧它就不对了。

【原文】

物之已至者，人祆①则可畏也。楛②耕伤稼，耘耨失薉③，政险失民，田薉稼恶，籴贵④民饥，道路有死人，夫是之谓人祆。政令不明，举错不时，本事⑤不理，夫是之谓人祆。礼义不修，内外无别，男女淫乱，则父子相疑，上下乖离⑥，寇难并至，夫是之谓人祆。祆是生于乱。三者错⑦，无安国。其说甚尔⑧，其灾甚惨。勉力不时，则牛马相生，六畜作祆⑨，可怪也，而不可畏也。传曰："万物之怪，书不说。无用之辩，不急之察，弃而不治。"若夫君臣之义，父子之亲，夫妇之别，则日切瑳⑩而不舍也。

【注释】

① 人祆：人为的灾祸。

② 楛（kǔ）：粗劣。

③ 薉：通"秽"，荒芜。

④ 籴贵：粮价贵。籴，买粮食。

⑤ 本事：指农业生产。

⑥ 乖离：背离。

⑦ 三者：指上述三种人祆。错：交错。

⑧ 尔：通"迩"，浅近。

⑨ 勉力不时，则牛马相生，六畜作祆：与前后文义不接，疑为传抄之误，当删去。

⑩ 切瑳：即"切磋"。瑳，通"磋"。

【译文】

在已经发生的事情中，人为的灾祸是最可怕的了。耕作粗劣，伤害庄稼，锄草粗糙，影响收成，政治险恶，失去民心，田地荒芜，庄稼粗恶，粮价昂贵，百姓饥饿，路有死人，这就叫人为的灾祸。政治法令不明，举措失当，不理农事，这也是人为的灾祸。礼义不整顿，男女无别，关系淫乱，就会导致父子之间互相不信任，上下背离，内忧外患一起到来，这也是人为的灾祸。人祸源于混乱。三种灾祸交错而至，国泰民安就实现不了。这个道理说起来很简单，但带来的灾难却非常惨重。可以感到奇怪，但不可畏惧。古书上说："天下的怪现象，书上是不讲的。无用的辩说，不切急用的考察，应当抛弃不要。"至于君臣之义，父子之亲，夫妇之别，则应该天天琢磨研究而不能有片刻停止。

【原文】

雩①而雨，何也？曰：无何也，犹不雩而雨也。日月食而救之，天旱而雩，卜筮然后决大事②，非以为得求也，以文③之也。故君子以为文，而百姓以为神，以为文则吉，以为神则凶也。

【注释】

① 雩（yú）：古代求雨的祭祀。

② 卜：古代用龟甲兽骨占吉凶叫"卜"。筮：古代用蓍草占吉凶叫"筮"。

③ 文：文饰。

【译文】

祭神求雨而下了雨，这是为什么？答：没什么，如同不祭神求雨而下雨一样。日食月食发生了人们会去求救，天旱了会去祭神求雨，通过占卜来决定国家大事，这些都不是因为能祈求到什么，而是一种文饰，只是为了向百姓表示关切之心。所以君子认为这些只是文饰，而百姓会以为是神灵之事。顺人之情，只当作文饰，就是无害的，以为真有神灵，淫祀祈福，则是凶险的。

【原文】

在天者莫明于日月，在地者莫明于水火，在物者莫明于珠玉，在人者莫明于礼义。故日月不高，则光晖不赫；水火不积，则晖润不博①；珠玉不睹乎外，则王公不以为宝；礼义不加于国家，则功名不白②。故人之命在天，国之命在礼。君人者隆礼尊贤而王③，重法爱民而霸，好利多诈而危，权谋、倾覆、幽险而尽亡矣。

【注释】

① 晖：同"辉"。润：指水的光泽。

② 白：显露。

③ 王：称王于天下。

【译文】

在天上的没有比日月更明亮的了，在地上的没有比水火更清明的了，在万物中没有比珠玉更光亮的了，在人群中没有比礼义更明亮的了。所以日月不高悬于天，它的光辉就不显赫；水火不厚积，它的光辉和光泽就不广博；珠玉不显露于外，王公贵卿就不会以之为宝；礼义不施于国家，那么它的功绩和名声就不会显著。所以人的命运在于如何对待天，国家的命运在于如何对待礼义。君主尊尚礼义，敬重贤人，才能称王于天下；重视法制，爱护人民，才能称霸于诸侯；贪婪自私而狡诈，国家就会危险；玩弄权术、搞颠覆、阴险狡诈，国家就会灭亡。

【原文】

大天而思之，孰与物畜而制之①？从天而颂之，孰与制天命而用之？望时而待之，孰与应时而使之？因②物而多之，孰与骋能而化之？思物而物之③，孰与理物而勿失之也？愿于物之所以生，孰与有物之所以成④？故错人而思天，则失万物之情⑤。

【注释】

① 孰与：哪里比得上。物畜：把天当作物来看待。

② 因：顺，引申为听任。

③ 物之：使物为己所用。

④ 愿于物之所以生，孰与有物之所以成：荀子的思想，以为物之生虽在天，物之成却在人，主张不必去探究万物为什么产生，而要尽人事促其成。愿，仰慕，思慕。有，据有，把握。

⑤ 故错人而思天，则失万物之情：荀子认为，物生在天，成之在人，这才是万物之情。如果放弃人事努力而一味仰慕天，就失去了万物最真实的情。错，通"措"，置，放弃。万物之情，万物的实情。

【译文】

推崇天而思慕它，哪里比得上当作物来控制它？顺从天而赞美它，哪里比得上制服天而利用它？盼望天时而指望它，哪里比得上顺应季节的变化而役使它？听任万物而羡慕其多，哪里比得上施展自己的才能而化用它？希望得到万物以为己用，哪里比得上治理万物而让它得到充分合理的利用？思考万物之所以产生，哪里比得上把握万物之所以成？所以放弃人事努力而思慕天的恩赐，就会失掉万物之实情。

（一）写作背景

《天论》是《荀子》中的核心篇章，也是荀子哲学思想的集中体现。在中国传统的哲学思想中，"天"具有最高的权威，冥冥中主宰着人世间的一切。但荀子却在《天论》中彻底否定了这样的思想，在当时而言，可谓独树一帜。

关于荀子这个人，历史上是有很多争议的。有说他好的，如归有光就称赞荀子"独能明仲尼之道，与孟子并驰。……至其精造，则孟子不能过也"。有批评他的，如苏东坡就说他"喜为异说而不让，敢为高论而不顾者也。其言愚人之所惊，小人之所喜也"。《史记》里，对荀子的生平记载很简单，说他五十岁的时候到齐国游学，遭人排挤后到了楚国，春申君让他做了兰陵令。不过《史记》特别提到《荀子》这部著作，说"荀卿嫉浊世之政，亡国乱君相属，不遂大道而营于巫祝，信機祥，鄙儒小拘，如庄周等又猾稽乱俗，于是推儒、墨、道德之行事兴坏，序列著数万言而卒"。诚然，《荀子》这部书既是孔子思想的继承，又在此基础上融入了其他学派的思想，可以说是先秦诸子的集大成者。

《天论》篇是荀子阐发自己自然哲学观的代表作。荀子的天道观所阐释的人与自然的关系，是先秦诸子各学派中最有积极意义，也是唯物主义思想最显著的一篇重要著作。（范文澜《中国通史简编》）荀子认为"天行有常"，天是没有意识的自然界，它不以人的意志为转移，有自己的运行规律。因此，社会的治乱与天没有关系，自然界的怪异现象并不可怕，可怕的是人事中怪异的现象。人要"明于天人之分"。荀子强调人类不仅能认识自然界，而且能改造自然界，使自然为人类服务，第一次大胆地提出了"制天命而用之"的口号，这种人定胜天的思想是前无古人的。文章批判了当时流行的一些迷信思想，而认为很多自然现象，如"日月有食""风雨不时""怪星党见"等都是自然现象，与人治无关。这些都是荀子思想中非常独特而有价值的地方。

（二）篇章结构

文章的结构很简单，就分为两个部分，前一部分是知天，后一部分是制天。

文章开篇作者便明确地指出："天行有常，不为尧存，不为桀亡。应之以治则吉，应之以乱则凶。"这是荀子"天道"观的核心所在，是本文阐述的主要观点，就是明确"识天"。天，即大自然，荀子认为大自然是有自己的运行规律的。这个规律客观存在，它不会为哪个圣明君主而存在，同时也不会为哪个昏庸的君主而消亡，人们如果能够顺应自然的规律，采取正确合理的措施，国家就能治理得好，反之就会有祸乱发生。

接着荀子又以设问的方式进一步阐明"天"与"人"、"天"与"社会"的关系。通过"治乱是否天定"这样一个问题，指出"天""人"各自的职能，得出吉凶祸福的主宰者是人而不是天的结论。进而告诫人们要"明乎天人之分"，不要将二者混淆在一起。这样就可以"天地官而万物役"，就是天地发挥它的作用，万物都可以被人类役使。这是真正的"知天"。这一观点闪烁着朴素唯物主义的光芒。

"不仅如此，荀子正确解决天与人之间的关系，教育人们不要'错人而思天'，而要取法天象之可以期，地宜之可以息，四时之数之可以事，阴阳之和之可以治，以理人事，从而求得国家的安定和人民的安乐。尤为卓尔不群的是荀子还大胆提出'制天命而用之''骋能而化之''有（佑）物之所以成'的主张，认为人类应该在了解、掌握天的运行变化的规律的基础上，进一步发挥人的主观能动性，发挥人的智慧才能，去驾驭自然，征服自然，使天地万物都能为人类服务，并使万物更多、更好、更快地成长。这种'官天地而役万物''人定胜安天'的'戡天'的思想，在先秦诸子的哲学理论中，是独一无二的，就是在科学高度发展的今天，也还是有一定的指导意义的。"（陈振鹏，章培恒主编《古文鉴赏辞典》）

（三）思想价值

天、天命、天道的问题一直是先秦时期各家关切的问题。殷商西周时期，天、天命是被作为人格神看待的。到了孔子，它的人格神色彩被淡化，荀子有取于天、天命、天道中自然观的成分，然而其理论宗旨却不在于走向自然主义，而在于凸显"天人相分"，然后以"天人相分"为基础，建构自己的"人道"学说。

在荀子看来，天为自然的一种物相，没有理性、意志、善恶好恶之心。天是自然天，而不是人格神。他把阴阳风雨等潜移默化的机能叫作神，把由此机能所组成的自然界叫作天。宇宙的生成不是神造，而是万物自身运动的结果。荀子的第一个主张就是要人们认清：天不是一个有自主意识的存在，而是一种自然变化。天不是神秘莫测、变幻不定，而是有自己不变的规律。这一规律不是神秘的天道，而是自然的必然性，它不依赖于人间的好恶而发生变化。

"天职"，是什么？"列星随旋，日月递炤，四时代御，阴阳大化，风雨博施"而已。也就是说，荀子认为自然界和人类各有自己的规律和职分。天道不能干预人道，天归天，人归人，故言天人相分不言合。治乱吉凶，在人而不在天。并且天人各有不同的职能，"天能生物，不能辨物也；地能载人，不能治人也"（《荀子·礼论篇》），"天有其时，地有其财，人有其治"。自然界有其自己的运行规律，与人类社会的灾祸没有必然的联系，贫富祸福是人自己造成的。否定了天有意志，可以主宰人的命运的观点。人不可违背这一规律，而只能严格地遵守它。

荀子在一个人们普遍迷信的时代，提出并坚守了自己的唯物主义信条。在《天论》中荀子对传统的宗教迷信持批判的态度，认为自然的变化与社会的治乱吉凶没有必然的联系。荀子认为祭祀哀悼死者的各种宗教仪式，仅仅是表示"志意思慕之情"，是尽"人道"而非"鬼事"。（《荀子·礼论篇》）

在《天论》中，荀子对"祈雨"事表达了自己的看法："雩而雨，何也？曰：无何也，犹不雩而雨也。日月食而救之，天旱而雩，卜筮然后决大事，非以为得求也，以文之也。"认为日食和月食是自然现象，没有必要为之恐慌；旱涝也是自然现象，"祈祷"对于是否下雨不会产生影响，就好像时候到了，不祈祷也会下雨一样；借"卜筮"来预测大事、占卜吉凶更是无稽之谈。这些形式上的东西起不到任何实质上的作用，它们存在的意义只是统治者借以文饰政事罢了。

荀子一反传统的"天命论"提出了"大天而思之，孰与物畜而制之？从天而颂之，孰与制天命而用之？"的伟大思想。这是说，与其将天当作伟大的神灵去想，与其迷信天的权威，去思慕它，歌颂它，等待"天"的恩赐，不如利用自然规律以为人服务。歌颂上天，不如支配上天为我所用。强调"敬其在己者"，而不要"慕其在天者"。如此，我们就可以摆脱人受制于天的悲惨命运，而使天地万物"尽其美，致其用"地成为我们不可胜用的东西。故他在批判墨子"为天下忧不足"的思想时满怀信心地这样写道："今是土之生五谷也，人善治之，则亩数盆，一岁而再获之，然后瓜桃枣李一本数以盆鼓，然后荤菜百疏以泽量，然后六畜禽兽一而剸车，鼋鼍鱼鳖鳅鳣以时别，一而成群，然后飞鸟凫雁若烟海，然后昆虫万物生其间，可以相食养者不可胜数也。"（《荀子·富国篇》）强调人在自然面前的主观能动性，主张"治天命""裁万物""骋能而化之"的思想。荀子明确地宣称，认识天道就是为了能够支配天道而主宰控制自然世界。这种思想在当时可谓惊世骇俗。

荀子充分地肯定了人的主观能动性。他坚定地相信，人的命运是掌握在自己手中的，人应该通过自己的努力来书写自己的命运。而"思天""颂天"这种对"天"的承认，恰恰是为了高扬对"天"的"制之""用之""使之""化之"的人的主观能动性，凸显人的主体精神。于是，荀子进一步明确指出："所志于天者，已其见象之可以期者矣；所志于地者，已其见宜之可以息者矣；所志于四时者，已其见数之可以事者矣；所志于阴阳者，已其见和之可以治者矣。官人守天，而自为守道也。"这是中国古代"以人制天"思想的战斗宣言，亦是先秦之际中国社会人对自然节节胜利的哲学见证。

（四）辞章魅力

荀子与屈原并称"辞赋之祖"，善用问答体来表达自己的思想，揭示事物的本质，这一点在《天论》中体现得淋漓尽致。论天，却处处讨论天与人的关系，讨论在治天和治国中发挥"人"的主观作用。在一问一答的讨论过程中逐渐亮明观点："日月之有蚀，风雨之不时，怪星之党见"，乃是"天地之变，阴阳之化，物之罕至者也"，"是无世而不常有之"的自然现象。还进一步指出："上明而政平，则是虽并世起，无伤也；上暗而政险，则是虽无一至者，无益也。"充分说明天道与人治是相分的，上天既不会"垂警"，亦不能"显威"。这一科学的自然观的提出在当时的历史条件下实在是难能可贵的。

《天论》在论述观点的过程中结构严谨，层次明晰，且多选用反问句、排比句、判断句，增强了文章论理的气势，使得观点的阐述既斩钉截铁又酣畅淋漓。同时多运用对比、对偶、反复、比喻等修辞手段，使得语言精警透辟，文采飞扬，彰显了荀子文章"学者之文"的特色。

三、教育思想与实践

荀子教育思想的核心是"化性起伪"，用今天的话说，教育就是"塑造"，就是改变人与生俱来的自然属性，而代之以社会公认的道德法则及价值观——虽然与当时孔孟的教育思想大同小异，但荀子更强调教育中的"人为"因素，这一点，更接近于现代的教育。

将荀子与孔孟相比，他的教育思想逻辑链更加清晰，所提出的教育方法也更具针对性。荀子教育思想的逻辑起点是"性恶论"，这里的"恶"的外延是具体的，即"生而有好利""疾恶""有耳目之欲，有好声色"等等。继而指出当时社会的战乱纷争礼崩乐坏，都是"顺性"的结果。有了这个逻辑基础，荀子顺理成章地提出他的教育主张："故必将有师法之化，礼义之道，然后出于辞让，合于文理，而归于治。"（《荀子·性恶篇》）

下面将就荀子教育思想中的核心概念作简要的梳理和阐释。

（一）化性起伪

因为"人之性恶"，所以要"化性起伪"。荀子以为："凡性者，天之就也，不可学、不可事。礼义者，圣人之所生也，人之所学而能，所事而成者也。不可学、不可事而在人者谓之性，可学而能、可事而成之在人者谓之伪，是性、伪之分也。"（《荀子·性恶篇》）这里的"性"是指人的先天素质、人的自然状态，它排除所有后天人为的因素，"性者，本始材朴也"，"是人之所常生而有也，是无待而然者也"（《荀子·荣辱篇》），不需要任何前提条件。具体说来，第一种"饥而欲食，寒而欲暖，劳而欲息，好利而恶害，是人之所生而有也，是无待而然者也"，就是生理本能；第二种"目辨白黑美恶，耳辨声音清浊，口辨酸咸甘苦，鼻辨芬芳腥臊，骨体肤理辨寒暑疾养，是又人之所常生而有也，是无待而然者也"，这种"目可以见，耳可以听"是先天的感知、认识能力。所有这些，不论贤愚，人人皆同，是一种自然的人性。那为什么说"人之性恶"呢？因为人的本能中不存在道德和理智，如听任本能发展而不加节制，必将产生暴力。所以说人性"恶"。这是荀子教育思想的理论基础。他认为必须先分析质朴状态下的人性，才能认识人为状态（即教育、政治状态）下的人性，即"所谓性善者，不离其朴而美之，不离其资而利之也"。

"伪"是与"性"相对的一个范畴。"伪"指人为，指一切通过人为的努力而使人发生的变化。荀子以为，孟子所说的人性"善"，实际上是"伪"，而不是"性"。所以荀子指出，在谈论人性时，首先应把人的先天素质与后天获得的品质区分开来。他说："凡所贵尧、禹君子者，能化性，能起伪，伪起而生礼义，然则圣人之于礼义积伪也。"（《荀子·性恶篇》）任何人的道德观念，都不是本性固有，礼义等善良的品性和德行是靠后天的人为的努力得来的，是"积伪"的结果，也就是由"性"向"伪"转化的结果。"化性起伪"是荀子教育学说的精髓，也是他教育理论的基础。

（二）积"伪"成善

既然教育的本源是"化性起伪"，那么教育的过程就是"积伪成善"。荀子对教育的作用很乐观，他以为"化性起伪"，"然则圣人之于礼义积伪也"。礼义就是人在后天修炼的"伪"。想成为圣人就只能是这样将"伪"积累起来最终成"善"。因此，只要有学习和教育就能使"涂之人能为禹"，当然，要想使人能为"禹"这样的圣人，也必须注意以下几个方面。

第一是教育。荀子认为通过教育可以改变人性中的"恶"，从而使普通人成为君子乃至圣人。但事实上并非所有的人都能成为君子，因为人性是随着环境和教育而向多种途径发展变化的，其关键在于对人的教育，这就是所说的"积"。"积礼义而为君子"，"故圣人者，人之所积也"。在荀子看来，无论是知识还是道德，都是由于积累而成的。他说："积土成山，风雨兴焉；积水成渊，蛟龙生焉；积善成德，而神明自得，圣心备焉。"（《荀子·劝学篇》）这说明知识和道德的习得是一个不断积累和提高的过程。

第二是环境。荀子非常看重环境对人发展的影响。荀子在重视主观上"积"的同时，也重视环境对人发展的影响，这就是他所说的"渐"。他认为，通过教育的"积"和环境的"渐"，能够使人的本性发生根本的变化。他说："可以为尧、禹，可以为桀、跖，可以为工匠，可以为农贾，在势注错习俗之所积耳。""注错习俗"即指客观环境对人的影响与教育。"越人安越，楚人安楚，君子安雅，是非知能材性然也，是注错习俗之节异也"（《荀子·荣辱篇》），认为人的性格才能的差异不是由于天性，而是后天积习造成的，或者说是由于"渐"。他认为"蓬生麻中，不扶自直"；"君子居必择乡，游必就士，所以防邪僻而近中正也"。（《荀子·劝学篇》）有什么样的风俗环境，就会有什么样的习性。"干、越、夷、貉之子，生而同声，长而异俗，教使之然也。"（《荀子·劝学篇》）东西南北的各族孩童，生而啼声无异，及其长，习性各异，原因就在于此。所以，环境在教育中的作用不可小觑。

第三是传承。荀子在教育内容上继承了孔子的"六经"，他认为"《礼》之敬文也，《乐》之中和也，《诗》《书》之博也，《春秋》之微也，在天地之间者毕矣。"（《荀子·劝学篇》）。他的名言"善假于物"就是指人善于借助知识来丰富自身。荀子重视古代典籍的学习，尤其是儒家经典的传承。他说："学恶乎始？恶乎终？曰：其数则始乎诵经，终乎读礼。"（《荀子·劝学篇》）他很注重读经，以儒家经典为重要的课程内容。

（三）劝学励志

1. 笃志劝学

在孔子看来，"生而知之者上也，学而知之者次也"；而荀子则认为礼义道德和知识只有靠后天学习才能获得。荀子在《荀子·劝学篇》开篇就提出中心论点"学不可以已"。荀子非常强调个体学习的作用，他认为能够让"性本恶"之人最终可以为"善"的，必须是自身的努力学习。《荀子·劝学篇》有一段大家都耳熟能详的话："君子曰：学不可以已。青，取之于蓝，而青于蓝；冰，水为之，而寒于水。木直中绳，輮以为轮，其曲中规，虽有槁暴，不复挺者，輮使之然也。故木受绳则直，金就砺则利，君子博学而日参省乎己，则知明而行无过矣。"这段话充分强调了学习的作用，通过学习，人是可以被影响、可以被改变的，尤其是可以变好的，这是学习的重大意义。而让人变好的途径，就是"学习"。荀子还认为学习可以让人突破既有的现实限制，使人"贱而贵，愚而智，贫而富"："乡也，混然涂之人也，俄而并乎尧、禹，岂不贱而贵矣哉！乡也，效门室之辨，混然曾不能决也，俄而原仁义，分是非，图回天下于掌上而辩白黑，岂不愚而知矣哉！乡也，胥靡之人，俄而治天下之大器举在此，岂不贫而富矣哉！"（《荀子·儒效篇》）通过鲜明的对照，"学前""学后"的反差一目了然——过去原本是个浑浑噩噩的普通人，通过学习，竟然就能具有和圣人一样的才智能力，能与尧、禹平起平坐，这就是学习的作用！而且学习这件事的优势是人人能做，人人能做到。"我欲贱而贵，愚而智，贫而富，可乎？曰：其唯学乎！"（《荀子·儒效篇》）用今天的话说，学习可以改变人生命运，通过学习，寒门也可以出贵子。当然，除了出人头地，学习最终的目的还是"积善成德"。荀子说："彼学者，行之，曰士也；敦慕焉，君子也；知之，圣人也。上为圣人，下为士君子，孰禁我哉？"（《荀子·儒效篇》）靠着学习，最高可以成为圣人，最低也能成为士，而且全都靠自己的决心与努力学习。如果说孔子强调的是"有教无类"，荀子则更看重学习者自身的努力专一，概言之："有学无类"！

2．"虚壹而静"

荀子认为人在学习认识上最大的隐患在于"蔽于一曲而暗于大理"，要形成正确的认识就需要"解蔽"。"人何以知道？曰：心。心何以知？曰：虚壹而静。"可见"解蔽"的方法就是靠"心"的"虚壹而静"。"有所谓一，不以夫一害此一谓之壹。"（《荀子·解蔽篇》）即有所谓专一，不让那一种事物，来妨害对这一种事物的认识，就叫作专心。"壹"，即一心一意、专心致志无杂念。

"解蔽"还要"有所谓虚，不以所已藏害所将受谓之虚"（《荀子·解蔽篇》）。所谓虚，指虚心以待物，不让主观因素和已有知识妨碍自己对于新事物的看法。要辩证地看事物，使心能同时兼知新旧两物，能做到使两物不互相妨碍，避免主观性、片面性。荀子很早就意识到学习要认真比较新旧知识的联系与区别才能达到学习的目的。

"解蔽"更要"有所谓静，不以梦剧乱知谓之静"（《荀子·解蔽篇》）。即不让繁杂的胡思乱想扰乱了智慧，就叫作静心。"静"，即学习要耐得住寂寞，时刻保持头脑清醒，不以胡思乱想扰乱正常的认识。荀子提"虚壹而静，谓之大清明"（《荀子·解蔽篇》）。即要在学习认识中排除干扰、精力专一、发挥思维的能动性，这样的心理状态就叫"大清明"，乃是认识的最高状态。

（四）尊师重傅

既然教育这么重要，那么教育者当然更是重中之重了。荀子把教师提到与天地、祖宗并列的地位。他说："天地者，生之本也；先祖者，类之本也；君师者，治之本也。无天地恶生？无先祖恶出？无君师恶治？"（《荀子·礼论篇》）他将教师视为治国之本。荀子以为，教师"施教"其实是国家治理中不可或缺的组成部分。他说："故人无师无法而知，则必为盗；勇，则必为贼；云能，则必为乱；察，则必为怪；辩，则必为诞。人有师有法而知，则速通；勇，则速威；云能，则速成；察，则速尽；辩，则速论。故有师法者，人之大宝也；无师法者，人之大殃也。人无师法，则隆性矣；有师法，则隆积矣。"（《荀子·儒效篇》）教师对人的影响会有如此截然不同的结果，这是因为教师是礼义的化身，他们提纲挈领地掌握着道德的准则，先王的规矩。所以，师法是使礼义转化为每个人品质的必由之路。没有师长的教导，人就会加重本性的放纵；有师长的教导，就能积善成德，改变自己。因此，没有比跟从师长学习更有效、更方便的方法了。就此意义而言，教师与师法有着治理国家的作用。由此推论："国将兴，必贵师而重傅，贵师而重傅，则法度存。国将衰，必贱师而轻傅；贱师而轻傅，则人有快，人有快则法度坏。"（《荀子·大略篇》）在此，荀子把国家兴亡与教师的关系作为一条规律概括出来了。同时，荀子是"师道尊严"的倡导者，他在《荀子·致士篇》中阐述了"为师"的四项资格，第一条就是"尊严而惮，可以为师"，强调教师的威权。因为教师的地位与天地祖宗君王并列，教师传的是圣人之道，承担着改变人性、再造灵魂的职责，其地位当然应该是至高无上的。

（五）知行合一

荀子把教育或学习的过程具体化为闻、见、知、行四个环节，并把"行"看成学习的最终目标。荀子认为，"不闻不若闻之，闻之不若见之，见之不若知之，知之不若行之。学至于行而止矣。行之，明也……故闻之而不见，虽博必谬；见之而不知，虽识必妄；知之而不行，虽敦必困"（《荀子·儒效篇》）。也就是说，如果对于听也没听过的事物道理，就从别人那里间接地听一下也好。但间接听不如亲自直接看到。看到了还应该能理解，能懂得。能懂得了，还要经过实践才行。学习到了经过实践才算真正完成了学习的一个过程，因为实践是检验真理的唯一标准。如果只是间接听到没有亲自直接看到，虽然听得多也必然有错误；如果看到而不懂得，虽然有了印象而记住也必然还靠不住；如果懂了而没有经过实践，虽然似乎懂得扎实，也必然还有行不通的困难。荀子早就意识到了"知行合一"的重要性，所提出的教育过程与当代认知理论不谋而合。

四、社会影响

荀子提出尊师重道、师道尊严以及"相观而善"的思想，受到历代学者的推崇。

荀子认为教师工作是崇高而伟大的政治职业，强调教师在政治生活中有举足轻重的作用，是否重视教师是关系到国家政治命运的大事，教师应当受到统治者的崇敬与信任。

荀子十分强调教师的尊严，认为教师有绝对的权威，"言而不称师，谓之畔，教而不称师，谓之倍。倍畔之人，明君不内，朝士大夫遇诸涂不与言"（《荀子·大略篇》）。又说"非礼是无法也，非师是无师也"（《荀子·修身篇》）。教师是礼义的化身，必须绝对服从，统治者绝不容许有人背叛、怀疑、非议教师，否则就要以刑法问罪。荀子修正了孔子"当仁，不让于师"的民主精神，把"尊师而惮"作为教师必备的条件之一。使得教师成为统治阶级意志品质的体现者，也直接影响了后世对于师生关系的理解。

荀子首先提出了教师的基本素养，他认为"师术有四，而博习不与焉。尊严而惮，可以为师；耆艾而信，可以为师；诵说而不陵不犯，可以为师；知微而论，可以为师。故师术有四，而博习不与焉"（《荀子·致士篇》）。概言之，要当老师，要严，要信，要尊重经典，要精研学问，他这种对于教师的严格要求，我们今天做老师的又能践行几条呢？

荀子对学习十分重视，《劝学》一篇，文中阐述了学习的重要性，对学习方法作出指导，其学习之道启发影响了后世。他的思想具有学术批判精神，是春秋战国时代各种学术、学说争鸣、交融的一个缩影，具有积极的学术发展意义。荀子不折不扣地传授和弘扬儒家经典绝学，使中华礼仪文明得以延续和发扬，功不可没。

荀子的教育思想的逻辑起点是"性恶论"。因为"性恶"，所以需要"化性起伪"，而"化性起伪"的唯一途径是教育，教育的内容要传承圣人的思想，教育者要有威严德行和精深的专业造诣；当然，人自身的学习也是必不可少的，而学习的法则是坚持不懈，是用心专一，是虚壹而静。在中国教育史上，荀子开创了与教育"内发说"截然相对的教育"外铄说"，促进了教育理论的发展。荀子对于教育目的、教育内容、学习过程、教师地位和作用的阐发都颇具新意，其中不少主张及其实践对后世历代封建教育与政治发生过实际影响。

在儒学一脉中，孔子被尊为"至圣"，孟子被奉为"亚圣"，而荀子则被列为"后圣"，他们三位都有教育家的"头衔"。在某些方面来说，荀子对社会的影响、对历史的贡献，并不亚于孔子和孟子，其思想与实践是中国历史文化宝库中的珍贵财富。

主要参考文献

[1] 方勇，李波. 荀子 [M]. 北京：中华书局，2015.

[2] 安小兰. 荀子 [M]. 北京：中华书局，2016.

[3] 李石岑. 中国哲学十讲 [M]. 桂林：广西师范大学出版社，2010.

[4] 孙培青. 中国教育史（第四版）[M]. 上海：华东师范大学出版社，2019.

[5] 王连弟. 中国古代散文赏析 [M]. 福州：海风出版社，2009.

[6] 林晖，周小蓬. 中国语文教育思想发展史 [M]. 北京：北京大学出版社，2016.

[7] 刘枫. 荀子的教育智慧 [M]. 北京：中国商业出版社，2018.

第五章　兼爱：墨子的教育思想与实践

一、墨子生平

墨子，名翟，其创立的墨家是春秋战国时期唯一能与儒家相提并论的学派，门徒众多，社会影响颇大。可惜的是，有关墨子的记载极为简略，其遗迹也消散于历史的尘烟中。据后人考证，目前一般认为墨子大致生活在孔子逝世之后、孟子出生之前的这段时间，生、长于邹鲁，祖先是宋襄公的长子目夷子。墨子出身平民，自称"北方之鄙人"（《吕氏春秋·爱类》），由于家境贫寒，少年时代不得不学习一些手工技艺以维生。聪慧的天资和后天的勤奋使他很快成为手工技艺的一流人物，战国时代著名的辩论家惠施曾称赞"墨子大巧"。据载，墨子曾制造过一只木鸢，能在空中飞翔一日，他制造的车子，用咫尺之木，却能承载三十石的货物，而且还能长期使用。（《韩非子·外储说》）此外，墨子精通机械制造的原理和方法，能够设计并制造多种守城的防御器械。

但墨子考虑到如果只是从事耕织劳动，即使把耕织所得全部分给天下的人，也不能解决天下人的衣食问题，"翟以为不若诵先王之道，而求其说，通圣人之言，而察其辞，上说王公大人，次匹夫徒步之士"（《墨子·鲁问》）。于是，他"学儒者之业，受孔子之术"（《淮南子·要略》）。然而，墨子所处的时代和他的"贱民"身份使他不可能再走儒者的老路。从小便目睹底层劳动人民的生活疾苦，使他很早就怀揣着改变不合理现实、挽救天下苍生于水火的人生理想。因此，面对孔子死后很多孔门弟子都陷入"洒扫、应对、进退"的烦琐礼仪中，却较少关心人民生活的状况，墨子逐渐对儒家学说不满，叹其"礼烦扰而不悦，厚葬靡财而贫民，服伤生而害事"（《淮南子·要略》）。于是，他毅然背离儒家，创立了自己的学说体系，创建了组织严密的学派——墨家。

创建墨家学派之后，墨子以"兴天下之利，除天下之害"（《墨子·兼爱》）为己任，一方面广招弟子传授自己的学说，包括社会政治思想、哲学思想、道德观念以及科学理论和技术方法等。另一方面不辞疲倦地奔走于各诸侯国之间，四处游说，揭露战争给人民带来的苦难，呼吁各诸侯国非攻止战、和平相处。《墨子·公输》记载，有一次，听说公输般为楚国制造了云梯准备攻打宋国，墨子便立即动身前往楚国，一路上风餐露宿，披星戴月，走了十天十夜，终于到达楚都郢，面见楚王并说服了他，以其义理之辩、守御器械之精，避免了一场以强欺弱的不义之战。《墨子·鲁问》还记载，为了阻止齐鲁之间的战争，墨子曾辗转两国，前后三次游说两国的君臣休战止兵。墨子一生奔波，通常不在一个地方住很久，往往烧饭的烟囱还没有被熏成黑色，他就到另一个地方去游说了，所以才有"墨突不黔"的说法。

墨子的主张和孜孜行义的壮举获得了以劳动者为主体的社会大多数人的拥护，学派规模迅速壮大，其学说很快成为与儒家并驾齐驱的"显学"。各国君主也纷纷向他表示敬意，但由于国君们并不能听其言、行其道，墨子最终拒绝了所有邀请，终身未仕。

二、经典品读：《墨子·兼爱》（节选）

圣人以治天下为事者也，必知乱之所自起，焉①能治之；不知乱之所自起，则不能治。譬之如医之攻②人之疾者然，必知疾之所自起，焉能攻之；不知疾之所自起，则弗能攻。治乱者何独③不然？必知乱之所自起，焉能治之；不知乱之所自起，则弗能治。圣人以治天下为事者也，不可不察乱之所自起。

当④察乱何自起？起不相爱。臣子之不孝君父，所谓乱也。子自爱不爱父，故亏⑤父而自利；弟自爱不爱兄，故亏兄而自利；臣自爱不爱君，故亏君而自利，此所谓乱也。虽父之不慈⑥子，兄之不慈弟，君之不慈臣，此亦天下之所谓乱也。父自爱也不爱子，故亏子而自利；兄自爱也不爱弟，故亏弟而自利；君自爱也不爱臣，故亏臣而自利。是何也？皆起不相爱。

虽至天下之为盗贼者，亦然。盗爱其室⑦，不爱其异室⑧，故窃异室以利其室；贼爱其身，不爱人⑨，故贼⑩人以利其身。此何也？皆起不相爱。虽至大夫之相乱家⑪，诸侯之相攻国者，亦然。大夫各爱其家，不爱异家，故乱异家以利其家；诸侯各爱其国，不爱异国，故攻异国以利其国，天下之乱物⑫，具⑬此而已矣。察此何自起？皆起不相爱。

若使天下兼相爱⑭，爱人若爱其身，犹有不孝者乎？视父兄与君若其身，恶施不孝⑮？犹有不慈者乎？视弟子与臣若其身，恶施不慈？故不孝不慈亡⑯有。犹有盗贼乎？故⑰视人之室若其室，谁窃？视人身若其身，谁贼？故盗贼亡有。犹有大夫之相乱家、诸侯之相攻国者乎？视人家若其家，谁乱？视人国若其国，谁攻？故大夫之相乱家、诸侯之相攻国者亡有。若使天下兼相爱，国与国不相攻，家与家不相乱，盗贼无有，君臣父子皆能孝慈，若此则天下治。故圣人以治天下为事者，恶得不禁恶而劝爱⑱？故天下兼相爱则治，交相恶⑲则乱。故子墨子⑳曰：不可以不劝爱人者，此也。

【注释】

① 焉：乃，才。

② 攻：治。

③ 何独：何故，为什么。

④ 当：通"尝"，试。

⑤ 亏：损害。

⑥ 慈：爱。

⑦ 盗：窃贼。其室：自己家。

⑧ 异室：别人家。"其"字疑衍。

⑨ 不爱人：不爱别人之身。

⑩ 贼：伤害。

⑪ 乱家：侵夺封邑。

⑫ 乱物：乱事。

⑬　具：通"俱"。

⑭　兼相爱：所有人普遍交互地亲爱。兼，全体，交互。

⑮　恶：何。施：行。

⑯　亡：通"无"。

⑰　故：疑衍。

⑱　禁恶：禁止互相憎恶。劝：劝导，规劝。

⑲　交相恶：所有人普遍交互地憎恶、憎恨。交，交互。

⑳　子墨子：弟子、门生对老师墨子的尊称。

【译文】

圣人是以治理天下为职业的人，必须知道混乱从哪里产生，才能对它进行治理；如果不知道混乱从哪里产生，就不能进行治理。这就好像医生给人治病一样，必须知道疾病产生的根源，才能进行医治；如果不知道疾病产生的根源，就不能医治。治理混乱又何尝不是这样？必须知道混乱产生的根源，才能进行治理；如果不知道混乱产生的根源，就不能治理。圣人是以治理天下为职业的人，不能不考察混乱产生的根源。

试考察混乱从哪里产生呢？起源于人与人不相爱。臣与子不孝敬君和父，就是所谓乱。儿子爱自己而不爱父亲，因而损害父亲以自利；弟弟爱自己而不爱兄长，因而损害兄长以自利；臣下爱自己而不爱君上，因而损害君上以自利，这就是所谓混乱。反过来，即使父亲不慈爱儿子，兄长不慈爱弟弟，君上不慈爱臣下，这也是天下的所谓混乱。父亲爱自己而不爱儿子，所以损害儿子以自利；兄长爱自己而不爱弟弟，所以损害弟弟以自利；君上爱自己而不爱臣下，所以损害臣下以自利。这是为什么呢？都是起于不相爱。

即使在天底下做盗贼的人，也是这样。窃贼只爱自己的家，不爱别人的家，所以盗窃别人的家以利自己的家；强盗只爱自身，不爱别人之身，所以残害别人以利自己。这是什么原因呢？都起于不相爱。即使大夫相互侵夺封邑，诸侯相互攻伐封国，也是这样。大夫各爱自己的家族，不爱别人的家族，所以侵害别人的家族以利他自己的家族；诸侯各爱自己的国家，不爱别人的国家，所以攻伐别人的国家以利他自己的国家。天下的乱事，全部都摆在这里了。细察它们从哪里产生呢？都起于不相爱。

假若天下都能相亲相爱，爱别人就像爱自己，还能有不孝的吗？看待父亲、兄长和君上像自己一样，怎么会做出不孝的事呢？还会有不慈爱的吗？看待弟弟、儿子与臣下像自己一样，怎么会做出不慈爱的事呢？所以不孝不慈都没有了。还有盗贼吗？看待别人的家像自己的家一样，谁会盗窃？看待别人就像自己一样，谁会害人？所以盗贼没有了。还有大夫相互侵夺封邑、诸侯相互攻伐封国吗？看待别人的家族就像自己的家族，谁会侵害？看待别人的封国就像自己的封国，谁会攻伐？所以大夫相互侵夺封邑、诸侯相互攻伐封国，都没有了。假若天下的人都相亲相爱，国家与国家不相互攻伐，家族与家族不相互侵害，盗贼没有了，君臣父子间都能孝敬慈爱，像这样，天下也就治理好了。所以圣人既然是以治理天下为职业的人，怎么能不禁止相互仇恨而鼓励相爱呢？因此，天下的人相亲相爱就会治理好，相互憎恶则会混乱。所以墨子说："不能不鼓励爱别人，道理就在此。"

（一）写作背景

墨子所处的春秋战国时代，正是由奴隶社会向封建社会过渡的天下大乱的时期，是孔子所说"礼崩乐坏"（《论语·阳货》）的时代，是孟子斥责当政者"率兽而食人"（《孟子·梁惠王上》）的时代，政治斗争和军事斗争都非常激烈。频繁的战争耗费了大量的人力、物力和财力，"杀人多必数于万，寡必数于千，然后三里之城、七里之郭，且可得也"（《墨子·非攻》），给人民带来了深重的灾难，"实天下之巨害也"（《墨子·非攻》）。

看到当时"大国之攻小国也，大家之乱小家也，强之劫弱，众之暴寡，诈之谋愚，贵之敖贱"（《墨子·兼爱》）的现象，墨子自觉地认识到"仁人之事者，必务求兴天下之利，除天下之害"（《墨子·兼爱》）的责任，他分析造成天下混乱现象的原因是"起不相爱……大夫各爱其家，不爱异家，故乱异家以利其家；诸侯各爱其国，不爱异国，故攻异国以利其国"（《墨子·兼爱》）。因此，墨子希望用"兼爱"来取代这种"不相爱"，认为"诸侯相爱则不野战，家主相爱则不相篡，人与人相爱则不相贼，君臣相爱则惠忠，父子相爱则慈孝，兄弟相爱则和调。天下之人皆相爱，强不执弱，众不劫寡，富不侮贫，贵不敖贱，诈不欺愚"（《墨子·兼爱》），希望以此达到反战的目的，使国与国之间、家与家之间、人与人之间都能友好相处，实现天下太平。

何谓"兼爱"？"兼"，《说文解字》里的解释是："并也。从又持秝。兼持二禾，秉持一禾。"一只手拿两把谷子，引申为总、全、兼顾之意。"兼爱"即不分亲疏贵贱、普遍与平等地爱，"无差等"地爱。墨子主张"兼以易别"，用"兼爱"来取代"别爱"。"别爱"即根据亲疏贵贱而不同程度地施与爱。作为"别爱"对立面的"兼爱"突出强调了爱的范围之广，"兼爱天下之人"（《墨子·天志》）。从时间上看，"爱尚世与爱后世，一若今之世人也"（《墨子·大取》），兼爱不分古今；从空间上看，"爱众世与爱寡世相若"（《墨子·大取》），兼爱不分国家人口多寡。

（二）篇章结构

《兼爱》分为上、中、下三篇，本章所选为上篇。

《兼爱》上篇先从社会祸乱根源于人们的不相爱切入，然后分三个层次，列举了十种类型的人，叙述他们不相爱而致乱的状况论证观点：第一层次为君臣、父子、兄弟之间不孝不慈起于不相爱；第二层次为盗贼盗窃起于不相爱；第三层次为大夫侵夺封邑、诸侯彼此攻伐起于不相爱。接着，文章以"若使"从反面翻到正面，在正反对照中论述了上文提及的十类人若能"兼相爱"则"天下治"的美好前景。最后，水到渠成地正面提出"劝爱"的主张。

《兼爱》中篇亦从天下祸害根源于人们的不相爱切入，并从诸侯不爱人之国、家主不爱人之家、人不爱人之身三个角度论述了"天下之人皆不相爱"的现状和后果："君臣不惠忠，父子不慈孝，兄弟不和调"，从而引出"仁者非之"的评价和"以兼相爱，交相利之法易之"的观点，并从正面论述"天下之人皆相爱"所能达到的平息祸乱的结果，与前文所述的"不相爱"进行对比。然后，文章分别针对士君子认为兼爱"天下之难物于故也""不可行之物也"的言论进行反驳，先列举了晋文公好士之恶衣、楚灵王好士细腰和勾践好士之勇的事例论述了"若苟君说（悦）之，则众能为之"的观点，后又列举了禹治天下、文王治西土、武王事泰山的事例，以三位古代圣王施行兼爱之例来论述"兼相爱，交相利"是"圣王之法，天下之治道也，不可不务为也"的主张。

《兼爱》下篇则先将天下之"害"与"利"及其产生根源"别"爱与"兼"爱进行对比论述，提出"以兼为正"的主张。接下来，文章分别对"非兼之言"进行了五次反驳，从用"兼"择士、择君，到"兼"取法于"先圣六王之亲行"，忠亲为孝依据于《大雅》"投我以桃，报之以李"之言，再列举楚灵王、勾践、晋文公三例论述"上说（悦）之"即可"兼相爱，交相利"，层层推进，论述了自己的观点。

综观三篇，虽有差异，导致学界一直存在地域性差别和历时性演变两种不同的观点；但其内部有过渡、衔接，观点始终是一致的。

（三）思想价值

《兼爱》一篇在墨家的思想体系中地位显著，梁启超认为："墨学所标纲领，虽有十条，其实只从一个根本观念出来，就是兼爱。"（梁启超《墨子学案》）。"兼相爱，交相利"是墨家理想社会的道德理想和目标；就教育而言，也是墨家教育活动的基本价值准则——基于此，墨家的教育目的、教育方法等内容才得以构建。

1. 揭示天下之乱的根本原因——"乱起不相爱"

《兼爱》（上）指出，"圣人以治天下为事者也，必知乱之所自起，焉能治之；不知乱之所自起，则不能治"，并以医生治病为喻，强调了明察天下混乱原因的重要性。接着，《兼爱》（上）探究了世界混乱的根本原因——"起不相爱"，并把各种混乱现象分成六类，分别是：父子反目、兄弟不和、君臣对立、盗贼猖獗、贵族纷争和国家侵略，曰："子自爱不爱父，故亏父而自利；弟自爱不爱兄，故亏兄而自利；臣自爱不爱君，故亏君而自利""父自爱也不爱子，故亏子而自利；兄自爱也不爱弟，故亏弟而自利；君自爱也不爱臣，故亏臣而自利"等。这些句子虽然涉及的混乱现象不同，但从"亏×而自利"的相同句式的反复中可以看出，墨家认为种种不同混乱现象的根本原因是一致的，都是人们之间不能互相关爱，所以总是通过牺牲他人来为自己谋利，从而导致世界秩序遭到破坏，社会陷入混乱。

在探究社会混乱原因的过程中，墨家看到现实中产生的各种破坏秩序的现象，但却并未将之笼统浮泛地看成乱世之乱象，而是先根据对象群体的特点划分类型，然后再依据三组群体的对立关系加以分析，最后提炼出六种类型的混乱现象中共同的行为和其背后的思想根源，把种种"乱"象统一于"自爱""自利"这一点，鞭辟入里，一针见血。

2. 探索天下安宁的策略——"兼以易别"

针对天下混乱的原因——亏人自利的自爱思想，墨家提出了"兼相爱，交相利"作为让天下恢复安宁的策略。在《兼爱》中，墨家设定了七种对立关系，即父-子、兄-弟、君-臣、盗/贼/大夫/诸侯-他人，对立关系的一方是内部利害完全一致的群体，另一方则是同类对立或完全对立的群体，墨家由此将天下看作各种对立群体复合而产生的集合，由他们影响社会秩序。因此，若各群体不在自己所属的群体和对立的群体之间设置差别，不为了追求利而牺牲他人，做到"视人之国若视其国，视人之家若视其家，视人之身若视其身"，则天下定能大治。可见，"兼相爱"是作为自爱的相反概念提出的，意为不区分彼此地兼相爱，像爱自己一样去爱别人。

虽然在墨家之前，孔子早就提出了"仁者爱人"之论，但墨家"兼爱"论之所以与儒家迥异，正在于"兼"的内涵。墨家之"兼"是对应该如何来实现"爱"的规定，是对"爱"的方式的要求，相比"爱"的内容，"兼"更能体现墨家"兼爱"说的深刻内涵和精神特质。

（1）平等性

如前所述，"兼"字象持二禾而不专一禾，隐含平等之意。《兼爱》中"视人之身若视其身""为彼犹为己也"等表述，均体现了"兼爱"的根本意义就是平等之爱，是不分你我、不分贵贱、不论贫富、不讲种族、不管血缘、不论国度地彼此相爱。文中，墨子还把"必为其友之身若为其身，为其友之亲若为其亲"的士誉为"高士"，把"必先万民之身，后为其身"的"君"誉为"明君"，并举"先圣六王者亲行之"突出了"兼爱"的平等性。

（2）普遍性

同时，因为"兼爱"的平等性，它也具有了普遍性的特质。《兼爱》（下）中引《泰誓》"文王若日若月乍照，光于四方，于西土"，来说明"文王之兼爱天下之博大也，譬之日月兼照天下之无有私也"。这正是墨家"兼爱"之普遍性的具体体现，即应该爱所有的人，而不应有什么范围、界限。

（3）相互性

"投我以桃，报之以李"，"此言爱人者必见爱也"［《兼爱》（下）］，墨子引《大雅》说明"爱"的相互性乃出自人的本性，并将"攻城野战，杀身为名""破碎乱行，蹈火而死"的单方面为国君献身的行为与"兼爱"对比，阐述了"夫爱人者，人亦从而爱之；利人者，人必从而利之；恶人者，人必从而恶之；害人者，人必从而害之"的道理，从而阐明了"兼爱"的相互性特质："兼爱"不是单方面付出的爱，而是人与我双向付出的爱。

那么，如何在实践中贯彻这种相互性原则呢？墨子以孝亲为例，对比了"我先从事乎恶人之亲"与"我先从事乎爱利人之亲"得到的不同回报，从而得出"必吾先从事乎爱利人之亲，然后人报我以爱利吾亲也"的结论。这种"己先爱人，然后得报"的想法彰显了墨子的主张，即在"兼爱"的具体实践中，不能被动等待他人的爱，而应该自己主动地去"爱人利人"。由此，他进一步提出作为一个明君的首要条件："必先万民之身，后为其身"［《兼爱》（下）］。

3. 倡导实践道德的实际行为——"兼相爱，交相利"

"兼相爱，交相利"是墨家思想的总纲，还有诸如"爱利万民""爱人利人""相爱相利"等语句，都可以看出墨家讲"爱"总是与"利"结合在一起。

但是，与"兼相爱"连在一起的"交相利"并非指直接交换利益，反而是指秉持兼爱的精神，不再牺牲他人来获得自利，而是通过"兼爱"这种"爱"的方式"兴天下之利"，最终让天下恢复安宁，让百姓安居乐业。所以，在墨家看来，"交相利"是"兼相爱"的实际行为与最终结果。

基于倡导实践道德的实际行为与事功结果，墨家其他的主张"非攻""尚贤""尚同""节用""节葬""非乐"等也都与"利"结合在一起，通过"利"来确定其价值。那么，墨子所谓的"利"究竟指的是什么呢？"义，利也。"[《墨子·经说》（下）]从前文所述"兼爱"的几种特质可见，墨家提倡的"利"乃是天下之公义。

（四）辞章魅力

《文心雕龙》曾评价《墨子》"意显而语质"，言其语言质朴而意义明显。以质朴无华的语言，阐明正大无失的道理，这正是墨子散文的风格，其中又以形象生动、重视修辞、富有雄辩气势三个特点最为突出。

墨子散文形象生动，善于通过形象的描写把抽象道理形象化。《兼爱》（下）中，墨子形象地描绘了"兼士"和"别士"两种人物的言行，并假设"往战"之士和"君大夫之远使"临行前的选择，不仅把"兼爱"和"别爱"的抽象概念演绎得具体生动、淋漓尽致，而且在对比中更好地反驳"非兼者之言"，突出了"兼爱"的主张。

《墨子》中运用了多种修辞，常见的有比喻、排比、对偶、反复、引用等，增强了语言的感染力。其中，排比修辞的运用，形式多样，技巧娴熟，有所创新。以《兼爱》为例，除了常见的词组的排比、句子的排比，还有段落的排比，即用结构相同或相似的句子作每段的开头或结尾来领起或收束几个段落。《兼爱》（上）分析"不可不察乱之所自起"，篇章段落三次使用"皆起不相爱"作结，层层论证，增强了论证的气势，突出了"乱"的原因在于"不相爱"。同时，除了词、句、段的排比，在句式上，《墨子》还善用对偶，善于根据表达的需要变换长短句和整散句，既营造了语言气势，也体现出语言运用的灵活多变。此外，《墨子》还非常重视文章的谋篇布局，常常表现出有组织、有结构的论说形式，从而凸显出文章的雄辩气势。在《兼爱》（上）中，墨子在开头部分点明乱"起不相爱"之后，分别列了三个层次十种类型之人的事例层层铺叙，犹如层波叠浪，蓄足了文章的气势。而《兼爱》全篇，墨子充分再现反对者的观点，并有针对性地反复将"不相爱"与"兼相爱"、"兼爱"与"别爱"进行对比论证，一波三折，层层递进，在论证的气势中凸显了"兼爱"的主张。

三、教育思想与实践

如前所述，"兼爱"作为墨家思想的核心，承载了墨家"兼相爱，交相利"的社会理想。为此，墨子广收门徒，旨在通过教育的方法培养"厚乎德行，辩乎言谈，博乎道术"（《墨子·尚贤》）的"兼士"，进一步传播和实践墨家"兼爱"的思想，从而实现天下大治的政治理想。墨家通过教育来救世的理念，决定了墨家的教学思想（包括教育目的、教育内容等）和教育实践皆是围绕"兼爱"这一思想核心展开的。

（一）教育的作用——"染丝论""非命说"

为什么需要教育？《墨子·所染》载"子墨子言见染丝者而叹曰：染于苍则苍，染于黄则黄，所入者变，其色亦变，五入必，而已则为五色矣！故染不可不慎也！非独染丝然也，国亦有染……非独国有染也，士亦有染。"墨子认为，丝的颜色取决于染丝的颜料，而国家、社会与个人也和丝一样，受到外界环境的影响。文章先列举了历史上的明君暴君，认为舜禹汤武等圣王均受贤臣的熏陶所染而王天下，而桀纣幽厉等暴君大多被奸臣影响以致丧失天下；又对比了与"皆好仁义，淳谨畏令"和"皆好矜奋，创作比周"的两种朋友结交的不同结果，说明环境所染、所教会对社会、国家的发展和个人的品性起决定性作用；后进一步借《诗经》所载"必择所堪，必谨所堪"强调了谨慎地选择环境的重要性，从而阐明了教育的必要性。在墨子看来，教育就是给人们提供所处的外在环境，从而承担着影响和熏陶人们品性的作用，必须积极地教化才能有效地改良社会。

为此，墨子反对儒家的"命定说"，墨子说："教人学而执有命，是犹命人葆而去亓冠也。"（《墨子·公孟》）与"命定说"让人们甘于承受外界施加的命运遭际不同，墨子认为："天下匹夫徒步之士少知义，而教天下以义者功亦多，何故弗言也？若得鼓而进于义，则吾义岂不益进哉？"（《墨子·鲁问》）他提倡发挥教育的作用，启发民智，让更多的人知道道义，践行道义，使道义行于天下。

（二）教育的目的——"兼士"

"兴天下之利，除天下之害"是墨子的社会理想，也是墨子教育救世的终极目的。而这个终极目的的达成必须依托于"兼士"的培养。《墨子·尚贤》中说："国有贤良之士众，则国家之治厚；贤良之士寡，则国家之治薄。"可见兼士亦即贤良之士对于国家安定、天下大治的重要性。

正因兼士肩负着实现墨家社会理想的使命，墨子对兼士的要求很高，兼士需要"厚乎德行，辩乎言谈，博乎道术"（《墨子·尚贤》），即需要同时达到道德品行、思维论辩和知识技能三方面的标准：拥有兼爱天下、"有力者疾以助人，有财者勉以分人，有道者劝以教人"（《墨子·尚贤》）的高尚德行，推行兼爱主张以达到"兼以易别"的劝说能力，以及为国家和社会兴利除害的实际技能，如此才能救治社会弊病，使"饥者得食，寒者得衣，乱者得治"（《墨子·尚贤》）。

（三）教育的内容——"德行""言谈""道术"

从墨子对"兼士"的要求中，已经能见出墨家教育的主要内容。

1. "德行"——政治与道德修养

子墨子曰："凡入国，必择务而从事焉。国家昏乱，则语之尚贤、尚同；国家贫，则语之节用、节葬；国家憙音湛湎，则语之非乐、非命；国家淫僻无礼，则语之尊天、事鬼；国家务夺侵凌，即语之兼爱、非攻。故曰：择务而从事焉。"（《墨子·鲁问》）墨子提出的这"五项、十论"反映了墨子社会政治教育的内容与要求，即通过贤人政治，统一视听言行；通过节约用度，制止耗费民财；通过非乐非命，鼓励自强不息；通过神秘力量，约束国君治国；通过兼爱，制止侵略战争。墨子认为，政治道德的教育才能培养"兼士"坚定的政治理想，使"有力者疾以助人，有财者勉以分人，有道者劝以教人"（《墨子·尚贤》），"摩顶放踵利天下"（《孟子·尽心上》），实现墨家的社会理想。

"士虽有学，而行为本焉"（《墨子·修身》），墨子重视道德修养的培养，并提出了培养道德的方法。《墨子·贵义》载："必去六辟。嘿则思，言则诲，动则事，使三者代御，必为圣人。必去喜，去怒，去乐，去悲，去爱，而用仁义。手足口鼻耳，从事于义，必为圣人。"墨子认为应该去除自身的喜怒乐悲爱等情绪，而以仁义作为一切言行的准则，以身体力行的方式去从事义，就可以提升道德修养，从而成为圣人。同时，墨子还提倡反躬自省，注重名誉，从而加强道德修养。《墨子·修身》载："见不修行，见毁，而反之身者也……谮慝之言，无入于耳；批扞之声，无出之口；杀伤人之孩，无存之心……名不可简而成也，誉不可巧而立也，君子以身戴行者也。"

2. "言谈"——思维与论辩能力

墨子重视培养弟子的思维与论辩能力，使之能够"上说下教"，即使面对驳斥与非难也有宣传墨家救世理想的能力。"夫辩者，将以明是非之分，审治乱之纪，明同异之处，察名实之理，处利害，决嫌疑焉。摹略万物之然，论求群言之比。以名举实，以辞抒意，以说出故，以类取，以类予。有诸己不非诸人，无诸己不求诸人。"（《墨子·小取》）墨子认为，"辩"是一种认识真理的工具，"辩"最基本、最直接的目的是明确是与非的界限，审查治与乱的规律，分清同与异之所在，考察名与实的原理，辨别利害，解决疑惑。而明是非、明同异、察名实这三种最直接的目的，离不开名（概念）、辞（判断）、说（推理）这些思维形式与逻辑方法。弟子则通过学习和运用这些论辩理论来为实现处利害、决嫌疑、审治乱的政治理想服务。

后人研究墨家的著作，认为《小取》定义了推理的不同形式和方法，《大取》概括了推理的条件和过程，《墨经》总结了假言、选言、演绎和归纳等多种推理方法，还揭示了同一律、矛盾律、排中律等逻辑规律。墨子在论辩实践中最终建立了系统分明、有条不紊的逻辑学体系，写出了中国古代第一部逻辑专著——《墨辩》，堪称中国古代逻辑教育的先行者。

3. "道术"——劳动技能与科技

墨子是我国最早重视生产劳动的教育家。墨子"上说王公大人，次匹夫徒步之士"（《墨子·鲁问》），招收了许多出身平民、从事手工业劳动的弟子，生产劳动技能的教育自然而然成为墨家的主要教育内容之一。墨子主张"赖其力者生，不赖其力者不生"（《墨子·非乐》）的劳动观和教育观，故而他教导弟子掌握农业生产的技能，"故圣人作，诲男耕稼树艺，以为民食"（《墨子·辞过》），要求弟子掌握手工技艺，"凡天下群百工，轮车鞼匏，陶冶梓匠，使各从事其所能"（《墨子·节用》）。

而且，墨子在自然科学方面的教育内容非常广博，在中国古代教育史上都是无人能与之比肩的。墨子非常善于总结劳动生产的经验，并将其提炼为富有科学价值的理论和知识，用以教育弟子们。从《墨经》来看，墨子这方面的教学内容主要涵盖了代数学、几何学，物理的力学、光学、声学等几个方面，涉及代数学的十进制，几何学的圆、方、平、直、点的概念和几何图形在空间接触的相合、相连、相切三种关系，他还开始用力解释物体的运动，探讨作用力与反作用力、光与影的关系，并用实验探索小孔成像、球面反射镜成像问题等，研究声音共振现象。

同时，墨子也很重视军事守备知识的教育。除向弟子传授墨子发明制作"云梯""转射机""连弩车"等守城器械的技艺之外，墨家还专门研究了城池攻防战术，对战国时期的城池攻守战作了实践总结和理论阐发，撰成《墨子·备城门》一篇，作为军事教育的重要内容传授给弟子。

（四）教育的方法

1. 主动施教，学思并重

墨子积极主张"强力劝教"。《墨子·公孟》载："子不学则人将笑子，故劝子以学。""今求善者寡，不强说人，人莫之知也。"这两句话直接点明了墨子"强力劝教"的出处。墨子反对"待问而后对""不问不言"（《墨子·非儒》）的被动施教，提出了"虽不扣，必鸣者也"（《墨子·公孟》）的"不扣必鸣"主动施教的教育思想，认为即使人们不来请教，教师也应积极主动地推行主张，传布道义，"有道肆相教诲"（《墨子·兼爱》），"有道者劝以教人"（《墨子·尚贤》）。

墨子主动施教的教育思想不仅突出了教师的主导作用，同时也反映出墨家教育对象的广泛性。《庄子·天下》称赞墨家"周行天下，上说下教"，墨子自称"上说王公大人，次匹夫徒步之士"（《墨子·鲁问》），都体现了这一点。

在提倡主动施教的同时，墨子还倡导师生之间的互动，充分重视学生的主体性。《墨子·经说》载："唱而不和，是不学也。智少而不学，必寡。和而不唱，是不教也。智而不教，功适息。"意即只有在师生之间形成良性的互动，才能获得良好的教学效果。为此，墨子在教学中很注重学与思的结合。《墨子·公孟》载："子墨子问于儒者曰：'何故为乐？'曰：'乐以为乐也。'子墨子曰：'子未我应也。今我问曰："何故为室？"曰："冬避寒焉，夏避暑焉，室以为男女之别也。"则子告我为室之故矣。今我问曰："何故为乐？"曰："乐以为乐也。"是犹曰："何故为室？"曰："室以为室也。"'"墨子认为，音乐、房子等一切的事物、制度、观念，不仅要"知其然"还要"知其所以然"。在《墨子》一书中反复出现的"是何故也""何以为""何以知之""何自"等，正是墨子引导弟子勤于思考的佐证，也是墨子学思并重的教育方法的体现。

2. 各尽其才，量力而行

墨子教育弟子善于关注个体的差异，注重发挥各自的特长。"譬若筑墙然，能筑者筑，能实壤者实壤，能欣者欣，然后墙成也。为义犹是也。能谈辩者谈辩，能说书者说书，能从事者从事，然后义事成也。"（《墨子·耕柱》）墨子以筑墙为喻，说明了人才培养应该因才而用，各尽其才。或是游说诸侯的谈辩人才，或是弘扬道义的"说书"人才，或是从事生产劳动与科学技艺的人才……墨子都能根据教育对象的不同特点，分别加以教育和培养；同时在教育之时依据弟子的不同程度和水平"深其深，浅其浅，益其益，尊其尊"（《墨子·大取》），因人施教，从而更好地发挥各自的才能与特长。

在学生方面，墨子则强调弟子在学习过程中要量力而行。《墨子·公孟》载："二三子有复于子墨子学射者。子墨子曰：'不可。夫知者必量亓力所能至而从事焉。国士战且扶人，犹不可及也。今子非国士也，岂能成学又成射哉？'"墨子明确意识到人的精力是有限的，因而学习的内容并非越多越好，而应根据自己的能力在力所能及的范围内做到专精。

3. 以身戴行，言行一致

《墨子·修身》云："士虽有学，而行为本焉""君子以身戴行"。墨子本身就是一位身体力行的实践家，他"量腹而食，度身而衣"，他日夜奔走，四处行义，一生都在践行"节用""兼爱"的主张。同时，他也鼓励学生"志不强者智不达"（《墨子·修身》），引导他们为实现"兼利天下"的理想而献身，所以墨家才出现了众多"摩顶放踵利天下，为之"（《孟子·尽心上》）的子弟。

墨子注重言行一致，"言必信，行必果，使言行之合犹合符节也；无言而不行也"（《墨子·兼爱》）。他反对不能落实于行动的空言，"言足以复行者，常之；不足以举行者，勿常。不足以举行而常之，是荡口也"（《墨子·耕柱》）。而且，墨子还进一步提出了"合其志功而观"（《墨子·鲁问》）的评判方式，即从行为的动机和效果两方面来综合考察学生的道德表现。

四、社会影响

春秋战国时期，周王室日渐衰微，"学在官府"的教育垄断形式失去了政治和经济的支柱，为私学的兴起提供了环境条件。一些人以教授弟子、传播文化谋生，出现了"士竞于教"的局面，其中以孔子和墨子创办的私学最为知名，"从属弥众，弟子弥丰，充满天下"（《吕氏春秋》）。

作为思想家和教育家的墨子，同时也是一位具备伟大实践精神的改革家。一方面，他自己四处奔波，摩顶放踵，大力宣传墨家主张，为政治理想而献身；另一方面，他积极地投身于"厚乎德行，辩乎言谈，博乎道术"（《墨子·尚贤》）的"兼士"的培养，并提倡学以致用，期望通过墨者的"上说下教"来宣传墨家"兼相爱，交相利"（《墨子·兼爱》）的学说，建立一个"饥者得食，寒者得衣，劳者得息，乱者得治"（《墨子·非命》）的"兼相爱，交相利"的天下治世。墨子提倡教育的出发点始终构建于现实的政治之上，把"有道者劝以教人"视作为贤之道和治国之术之一，把教育的功能和作用提升到国家治乱的高度上来充分肯定教育的政治与道德功能，其教育的本质是它的社会性，其价值在于鼓民力、开民智、新民德。

墨子扩大了受教育对象的范围，其"有道施教"的教育主体思想真正地推动了教育由上层社会向底层社会、由精英向大众的变化，体现了墨子教育大众化、平等化的思想。墨子突破了传统的"六艺"范畴，丰富了教育的内容：将"德行""言谈""道术"三者并重，培养了大批有德行、有才华、有实践能力的人才；将"言谈"纳入教育的范畴，建立了第一个中国古代较为完整的逻辑学体系，成为我国逻辑学教育的先驱；尤其是其对于生产技能和自然科学知识等的传授，突破了儒家不重"形下之器"的做法，开古代科技教育的先河，并点亮了科技的星星之火，使之能在此后的私学中延续和传播。

墨子还革新了教育方法，关注学生的个性与差异，注重学思并重，在充分发挥教师的主导性基础上也注重发挥学生的主体性；他注重知行合一，学以致用。

总之，墨子对教育的作用、教育的内容和方法等的改革创新，不仅给中国古代教育注入了生机和活力，对当下的教育和教师仍然具有重要的启示和借鉴意义。墨子立足于现实政治的需要来理解教育的必要性，决定了墨子的教育思想的实践性、灵活性和主动性等特征；对教育的意义和价值、教育主体的价值、教育方式等，他都提出了具有创新精神和现代意识的教育理念，可谓中国最早开展素质教育的先驱，是中国教育创新的先行者。苏霍姆林斯基说：我们称之为"教育"的一切，正是在人身上再现自己的一种伟大创造。墨子以其身教和实践，启示我们：只有热爱教育事业，勇于开拓，躬行自明，才能为人师表，立教于天下。

主要参考文献

［1］张晓芒. 孔墨素质教育标准的逻辑因素比较［J］. 天津师范大学学报（社会科学版），2005（2）：70 - 75.

［2］孙中原. 墨子鉴赏辞典［M］. 上海：上海辞书出版社，2012.

［3］任继愈. 墨子与墨家［M］. 北京：北京出版社，2012.

［4］胡子宗，李权兴，等. 墨子思想研究［M］. 北京：人民出版社，2007.

［5］戚文，李广星. 墨子十讲［M］. 上海：上海人民出版社，2007.

［6］郑杰文，张倩. 墨子［M］. 南京：南京大学出版社，2008.

［7］陈林. 侠之大者——墨子［M］. 南昌：江西教育出版社，2008.

［8］浅野裕一，丁丁. 墨子读本［M］. 北京：北京联合出版公司，2019.

第六章 故须早教，勿失机也：颜之推的教育思想与实践

一、颜之推生平

颜之推，字介，祖籍琅琊临沂（今山东省临沂市），中大通三年（531年）生于江陵（今湖北省荆州市江陵县）。颜氏家族世代研习《周官》《左传》，颜之推聪慧，早传家业，七岁就能背诵《鲁灵光殿赋》。

颜之推十二岁时，湘东王萧绎在江州（今江西省九江市）讲授《庄子》《老子》，对其颇为赏识，收为门徒，后颜之推因不喜虚谈而自行研习《周礼》《左传》。颜之推博览群书，辞采华茂，十九岁被任命为湘东王国右常侍，但他喜好饮酒，不拘礼法，不修边幅，当时评论对其颇有非议。

太清二年（548年），侯景之乱爆发。萧绎起兵讨伐侯景，颜之推被任为中抚军外兵参军，掌管记。未曾想侯景攻陷郢州，颜之推被虏。侯景曾多次想杀死他，幸得行台郎中王则相救而免于一死，后被送往建康（今江苏省南京市）。随着侯景叛军被击败，萧绎被拥立为帝，颜之推回到江陵，被封为散骑侍郎，奏舍人事，奉命校书。

承圣三年（554年），西魏攻破江陵，梁元帝萧绎被俘遇害，颜之推再次被俘。西魏大将军李显庆看中了他的才能，推荐他到弘农，掌管阳平公的书翰。

天保七年（556年），颜之推有意从北齐借道南归，于是携带家眷归顺北齐，途中经历了黄河险阻，时人称赞他勇敢果断。齐文宣帝高洋见到他后很是欣赏，任命他做奉朝请，引入内馆之中，侍从左右，对他恩遇有加。次年，颜之推得知陈霸先废除梁敬帝而自立，于是决定留居北齐并且再次出仕，历时二十年，累官至黄门侍郎，故又世称"颜黄门"。

承光元年（577 年），北周兵陷晋阳，情况紧急，颜之推通过宦官侍中邓长颙向北齐后主高纬献奔陈之策，后主虽然没有按颜之推计策行事，但还是委任他做了平原太守，并让他镇守黄河的渡口。同年，北齐为北周所灭，颜之推第三次被俘，被遣送到长安。齐亡入周，他被任命为御史上士。

开皇元年（581 年），北周灭亡，隋朝建立。入隋第二年，颜之推上言请求依照梁国以往做法，考证修订雅乐，隋文帝杨坚没有采纳他的意见。但是太子杨勇征召他为学士，对他恩礼有加，十分器重。

约于开皇十七年（597 年），颜之推因病去世。

颜之推才华横溢，一生为多个国家君主所用，但是三次被俘，身仕四朝，屡遭世事变故，自己也不由得在《观我生赋》中发出了"予一生而三化，备荼苦而蓼辛"的感慨。颜之推的人生经历，惊心动魄，这也对他的教育思想的形成有着重要的影响。

二、经典品读：《颜氏家训》（节选）

《序致》

1. 夫同言而信，信其所亲；同命而行，行其所服。

【译文】

同样的言语，因为是亲近的人说出来的就相信；同样的命令，因为是佩服的人发出来的就执行。

《教子》

2. 古者，圣王有胎教之法：怀子三月，出居别宫，目不邪视，耳不妄听，音声滋味，以礼节之。

【译文】

古时候，圣贤的君王有胎教的做法：妇人怀孕三个月的时候，出去住到别的好房子里，眼睛不能斜视，耳朵不能乱听，听音乐品美食，都要按照礼义加以节制。

3. 生子咳提①，师保固明孝仁礼义，导习之矣。凡庶纵不能尔，当及婴稚，识人颜色，知人喜怒，便加教诲，使为则为，使止则止，比及数岁，可省笞罚。父母威严而有慈，则子女畏慎而生孝矣。

【注释】

① 咳提：指小儿啼哭、笑闹。

【译文】

胎儿出生还在幼儿时，担任"师"和"保"的人，就要讲解孝、仁、礼、义，来引导学习。普通老百姓家纵使不能如此，也应在婴儿识人脸色、懂得喜怒时，就加以教导训诲，让他做什么他就做什么，喊他停他就停，等到长大几岁，就可省免鞭打惩罚。只要父母既威严又慈爱，子女自然就敬畏谨慎而有孝行了。

4. 吾见世间无教而有爱，每不能然；饮食运为①，恣其所欲，宜诫翻奖，应诃反笑，至有识知②，谓法当尔。骄慢已习，方复制之，捶挞至死而无威，忿怒日隆而增怨，逮于成长，终为败德。

【注释】

① 运为：行为。

② 有识知：指懂了事。识知，即知识。

【译文】

我见到世上那种对孩子不讲教育而只有慈爱的，常常认为那样是不对的；孩子要吃什么，要干什么，任意放纵，不加管制，该告诫时反而夸奖，该训斥责骂时反而欢笑，到孩子懂事时，他们就认为家规本来就应当是这样。骄傲怠慢已经成为习惯，才开始去管束制约，纵使鞭打到死也树立不起威严，愤怒一天比一天厉害反而会增加他们的怨恨，直到长大成人，最终成为品德败坏的人。

5. 父子之严，不可以狎①；骨肉之爱，不可以简。简则慈孝不接，狎则怠慢生焉。

【注释】

① 狎：亲近而不庄重。

【译文】

父子之间要讲严肃，而不可以嬉笑亲密；骨肉之间要有亲爱，但不可以怠慢倨傲。怠慢倨傲了慈孝就不能持续，嬉笑亲密了懈怠散漫就产生了。

《兄弟》

6. 兄弟者，分形连气①之人也。方其幼也，父母左提右挈②，前襟后裾，食则同案，衣则传服③，学则连业，游则共方，虽有悖乱之人，不能不相爱也。

【注释】

① 分形连气：形体各别，气息相通。

② 挈（qiè）：领，扶持。

③ 传服：指大孩子用过的衣服留给小孩子穿。

【译文】

兄弟，是形体虽分而气息相通的人。当他们幼小的时候，父母左手牵右手携，拉前襟扯后裾，吃饭同桌，衣服递穿，学习上共用一课本，游玩同去一处地方，即使兄弟中有荒谬胡乱来的，也不可能不相友爱。

《治家》

7. 夫风化①者，自上而行于下者也，自先而施于后者也。是以父不慈则子不孝，兄不友则弟不恭，夫不义则妇不顺矣。

【注释】

① 风化：风俗教化。

【译文】

风俗教化这件事，是尊者、长者对卑者、幼者实施影响的。因此，父不慈子就不孝，兄不友爱弟就不恭敬，夫不仁义妇就不顺从了。

8. 然则可俭而不可吝已。俭者，省约为礼之谓也；吝者，穷急不恤之谓也。今有施则奢，俭则吝；如能施而不奢，俭而不吝，可矣。

【译文】

这样说来是可以节俭而不可以吝啬了。节俭，是合乎礼节的节省；吝啬，是对穷困急难也不体恤。当今常有讲施舍就成为奢侈，讲节俭就变成吝啬的情况；如果能够做到施舍而不奢侈，节俭而不吝啬，那就好了。

9. 婚姻素对①，靖侯②成规。近世嫁娶，遂有卖女纳财，买妇输绢，比量父祖，计较锱铢③，责多还少，市井无异。或猥婿在门，或傲妇擅室，贪荣求利，反招羞耻，可不慎欤！

【注释】

① 素对：清白的配偶。

② 靖侯：颜之推九世祖颜含，字宏都，谥曰靖侯。

③ 锱铢：古代的重量单位，六铢等于一锱，四锱等于一两。现在常常用来比喻琐碎的事或极少的钱。

【译文】

婚姻要找清白人家，这是祖宗靖侯立下的规矩。近代嫁娶，就有接受财礼出卖女儿的，运送绢帛买进儿媳妇的，这些人攀比门庭家世，斤斤计较，索取多而回报少，这和街市上做买卖没有区别。有的人因此招了下流女婿进门，有的人因此娶了倨傲的媳妇操纵家室，贪荣求利，反而招来耻辱，这样的事不能不审慎啊！

《风操》

10. 四海之人，结为兄弟，亦何容易。必有志均义敌①，令终如始者，方可议之。一尔②之后，命子拜伏，呼为丈人，申父友之敬；身事彼亲，亦宜加礼。

【注释】

① 敌：相当。

② 一尔：一旦如此。

【译文】

四海之内，结拜为兄弟，并不是一件容易的事。一定要志同道合，始终如一的，才谈得上。一旦如此，就要叫自己的儿子出来拜见，称呼对方为丈人，表达对父亲朋友的敬意；自己对对方的双亲，也应该施礼。

《慕贤》

11. 是以与善人居，如入芝兰之室，久而自芳也；与恶人居，如入鲍鱼之肆，久而自臭也。墨子悲于染丝，是之谓矣。君子必慎交游焉。

【译文】

因此，和善人在一起，如同进入养育芝兰的花房，时间一久自然就芬芳；若是和恶人在一起，如同进入卖鲍鱼的店铺，时间一久自然就腥臭。墨子看到染丝的情况，感叹丝染在什么颜色里就会变成什么颜色，说的就是这个道理。所以君子在交友方面必须谨慎。

12. 用其言，弃其身，古人所耻。凡有一言一行，取于人者，皆显称之，不可窃人之美，以为己力；虽轻虽贱者，必归功焉。窃人之财，刑辟①之所处；窃人之美，鬼神之所责。

【注释】

① 刑辟：刑法，刑律。

【译文】

采用了他人的话却把他本人放在一边，古人以之为耻。凡是采用了别人的一言一行，都应该公开赞扬人家，而不应该盗窃了别人的好东西，反而认为是自己的功劳；即使是低微卑贱的人，也一定把功劳归于他的身上。偷了别人的财物就会受到刑罚的惩处；盗窃了别人的好东西就会受到鬼神的谴责。

《勉学》

13. 人生小幼，精神专利①，长成已后，思虑散逸，固须早教，勿失机也。

【注释】

① 专利：专注集中。

【译文】

人在幼小的时期，精神专注集中，长成以后，思虑分散闲逸，这必须早早教育，不要失掉机会。

14. 人有坎壈①，失于盛年，犹当晚学，不可自弃。

【注释】

① 坎壈（lǎn）：不平，比喻困顿不得志。

【译文】

人有坎坷困顿，在壮年失意，还该晚年勤学，不可以自己放弃。

15. 幼而学者，如日出之光，老而学者，如秉烛夜行，犹贤乎瞑目而无见者也。

【译文】

幼年学习的人，像太阳刚升起的光芒；老年学习的人，像擎着灯烛在夜里走路，但总比闭上眼睛什么也看不见要贤能。

《文章》

16. 文章当以理致为心肾，气调为筋骨，事义为皮肤，华丽为冠冕。今世相承，趋末弃本，率多浮艳。辞与理竞，辞胜而理伏；事与才争，事繁而才损。放逸者流宕①而忘归，穿凿者补缀而不足。

【注释】

① 流宕：流浪漂泊。

【译文】

文章应当以义理思致为根本，气韵格调为筋骨，用典和义理为皮肤，华丽辞藻为冠冕。如今相因袭的文章，都是弃本趋末，大多浮艳。辞藻和义理相竞，辞藻优胜而义理被掩伏；用典和才思相争，用典烦琐而才思受损。放纵的奔流驰荡而忘却归旨，穿凿的牵强补缀而情韵不足。

《名实》

17. 名之与实，犹形之与影也。德艺周厚，则名必善焉；容色姝丽，则影必美焉。今不修身而求令名于世者，犹貌甚恶而责妍影于镜也。上士忘名，中士立名，下士窃名。忘名者，体道合德，享鬼神之福佑，非所以求名也；立名者，修身慎行，惧荣观①之不显，非所以让名也；窃名者，厚貌深奸，干浮华之虚称，非所以得名也。

【注释】

① 荣观：即荣名、荣誉。

【译文】

名与实的关系，好比形与影的关系。德艺双馨，那名就一定好；容貌美丽，那影就一定美。如今有人不修身而想在世上传美名，就好比容貌很丑而要求镜子里照出美的影。上士忘名，中士立名，下士窃名。忘名，就是体道合德，享受鬼神的福佑，而不是用来求名的；立名，就是修身慎行，生怕荣誉不能彰显，而不是为了让名的；窃名，就是外表忠厚而内心藏奸，谋求浮华的虚名，不是真能得到名的。

《涉务》

18. 士君子之处世，贵能有益于物耳，不徒高谈虚论，左琴右书，以费人君禄位也。国之用材，大较不过六事：一则朝廷之臣，取其鉴达治体①，经纶博雅；二则文史之臣，取其著述宪章，不忘前古；三则军旅之臣，取其断决有谋，强干习事；四则藩屏之臣，取其明练风俗，清白爱民；五则使命之臣，取其识变从宜，不辱君命；六则兴造之臣，取其程功节费，开略^②有术：此则皆勤学守行者所能辨也。人性有长短，岂责具美于六涂哉？但当皆晓指趣^③，能守一职，便无愧耳。

【注释】

① 鉴达治体：治理国家的体制纲要。

② 开略：打开思路，想出办法。

③ 指趣：也作"旨趣"，大意，要旨。

【译文】

士君子的处世，贵在能够有益于事物，不能光是高谈阔论，左琴右书，浪费君主赐予的俸禄官位。国家使用人才，大体不外六个方面：一是朝廷的臣子，用他能通晓治理国家的体制纲要，筹划广博雅正；二是文史的臣子，用他能撰写典章，不忘前贤古训；三是军旅的臣子，用他能决策谋划，刚强干练熟习军事；四是地方大员之臣，用他能熟悉风俗，廉洁爱民；五是出使的臣子，用他能随机应变经权适宜，不辱君命；六是兴建制造的臣子，用他能考核工程节省费用，打开思路想出办法：这都是勤奋学习、认真践行的人所能分辨的。人的秉性各有短长，怎可以强求这六个方面都兼具完美呢？只要对这些都通晓大意，而做好其中的一个方面，也就无所惭愧了。

19. 居承平之世，不知有丧乱之祸；处庙堂之下，不知有战陈之急；保俸禄之资，不知有耕稼之苦；肆吏民之上，不知有劳役之勤：故难可以应世经务也。

【译文】

处在累代太平之世，不知道有丧乱之祸；身在朝廷之上，不知道有战争激斗之急；保有俸禄供给，不知道有耕田稼穑之苦；任意居于官吏百姓之上，不知道有劳役之勤：这样就很难应付时世和处理政务了。

《省事》

20. 铭金人云："无多言，多言多败；无多事，多事多患。"至哉斯戒也！能走者夺其翼，善飞者减其指，有角者无上齿，丰后者无前足，盖天道不使物有兼焉也。古人云："多为少善，不如执一；鼫①鼠五能，不成伎术。"

【注释】

① 鼫（shí）：鼠名。

【译文】

铭刻在金人身上的文字说："不要多话，言多必失；不要多事，多事会多招祸患。"这个训诫对极了啊！能跑的剥夺它的翅膀，善飞的减除其指头，长了双角的缺掉上齿，后肢丰硕的没有前足，大概是天道不叫生物兼具这些东西吧！古人说："做得多而做好的少，还不如专心做好一件；鼫鼠有五种本事，可都成不了技术。"

《止足》

21. 人生衣趣①以覆寒露，食趣以塞饥乏耳。形骸之内，尚不得奢靡，己身之外，而欲穷骄泰②邪？

【注释】

① 趣：通"取"，仅仅。

② 骄泰：骄恣放纵。

【译文】

人活着，穿衣的目的不过是覆盖身体以免寒冷，吃东西的目的也仅仅是填饱肚子以免饥饿乏力而已。形体之内，尚且不奢侈浪费，自身之外，还要极尽骄奢放纵吗？

《养生》

22. 夫养生者先须虑祸，全身保性，有此生然后养之，勿徒养其无生也。

【译文】

养生的人首先应该考虑避免祸患，先要保全身家性命。有了生命，然后才得以保养它；不要白费心思地去保养不存在的所谓长生不老的生命。

23. 夫生不可不惜，不可苟惜①。涉险畏之途，干祸难之事，贪欲以伤生，谗慝②而致死，此君子之所惜哉；行诚孝而见贼，履仁义而得罪，丧身以全家，泯躯而济国，君子不咎也。

【注释】

① 苟惜：以不正当手段爱惜。

② 慝（tè）：灾害，祸患。

【译文】

生命不能不珍惜，也不能苟且偷生地珍惜。走上危险可怕的道路，卷入祸害灾难的事情，贪求欲望的满足而伤害生命，进谗言藏恶念而致死，这些都是君子所应该珍惜的教训啊！履行忠诚守孝的事而被戕害，行仁义的事而获罪，丧一身而保全家族，泯灭身体而拯救国家，这些都不是君子的过错。

《杂艺》

24. 江南谚云："尺牍书疏，千里面目也。"

【译文】

江南俗谚说："一尺书信，千里相见；一手好字，人的脸面。"

（一）写作背景

"吾生于乱世，长于戎马，流离播越，闻见已多。"（《颜氏家训·慕贤》）这是颜之推对自身命运的慨叹，也是他对所处时代和社会特点的高度概括。南北朝至隋唐时期，战乱四起，国破家亡之事屡见不鲜。加之南北朝后期，门阀制度已经开始衰败，众多世家大族没落，以往的家庭伦理观念遭到巨大的冲击，让颜之推意识到这个时候家庭教育越发重要。而当时的文坛，文风浮华绮靡，"今世相承，趋末弃本，率多浮艳"（《颜氏家训·文章》），也迫切需要务实、恳切的清新气息来一改其风貌。

颜氏家族为祖籍山东琅琊临沂的名门望族。晋室南渡，其后代也始终在东晋南朝为官，并且家学源远流长，在《南史》中有记录。保持家族的荣耀是颜之推的责任。颜之推身逢乱世，经历过各种沉浮，他自叹是"亡国之人"，其能屡次在朝代更替中幸存，本质原因在于尽可能避开权力斗争中心，因此他的著述到处透出谨慎之意。但家训面对的是家人，所以不会因谨慎而有所保留，反而详备完整，尽可能给子孙后代留下关于人生和社会的崇论宏议。其语言直白浅近，本着"务先王之道，绍家世之业"（《颜氏家训·勉学》）的宗旨，把为人处世的心得和经验传给子孙，希望可以整顿门风，使颜氏一族保持家业不坠。

中国古代的家训历史悠久。一般认为，《尚书》中部分篇章，如《康诰》《酒诰》《梓材》等，已经具备家训性质。但是，先秦到秦汉的家训是零星且不系统的。南北朝至隋唐时期出现的《颜氏家训》，被学界认为是中国第一部系统完整的家训著述。

中国一直家国并称，古往今来，人们十分重视家庭的社会作用。《论语·为政篇》记载：或谓孔子曰："子奚不为政？"子曰："《书》云：'孝乎惟孝，友于兄弟，施于有政。'是亦为政，奚其为为政？"说明在孔子看来，治家和治国的内在原理与价值标准是相通的。孟子也在《孟子·离娄上》中阐述过国与家的关系："天下之本在国，国之本在家，家之本在身。"儒家学说从本质上就把个人修养、家族传承、治理国家平定天下的理想组合在一起。由此，《大学》提出了"格物、致知、诚意、正心、修身、齐家、治国、平天下"的"八条目"。

颜氏所处年代，时局波谲云诡，为了避免祸端，颜之推有意识地把家训内容限定在家族之内，与政治保持了距离。到了社会安定阶段，颜氏之后的各种家训，往往将治家与治世融合，但都祖法颜氏。宋人陈振孙《直斋书录解题》称："古今家训，以此为祖。"因此，《颜氏家训》可作家训范本。

（二）篇章结构

《颜氏家训》通行本大多会署名"北齐黄门侍郎颜之推撰"，但《颜氏家训·书证》写到隋朝开皇二年的事情，而且根据王利器先生考证，书中不避隋炀帝杨广的名讳，多次提到《广雅》，从中可以大致推断出《颜氏家训》成书于隋文帝平陈之后，隋炀帝即位之前，是颜之推晚年之作，内容主要涉及修身、治家、处世、为学等几方面。

《颜氏家训》通行本分七卷二十篇。章节如下：

卷一：《序致》《教子》《兄弟》《后娶》《治家》。本卷阐述了写作家训的目的，强调了早期家庭教育的重要性；倡导重视儿童早教，父母应当处理好严和慈的关系；论述了兄弟之间相亲相爱的意义及影响兄弟关系的因素；讨论了丈夫续弦引发的问题，记录了南北地区后娶的不同风俗；阐述了治理家庭的相关理论，呈现和比较了南北地区妇女家庭地位的差异。

卷二：《风操》《慕贤》。本卷论述了士大夫为人处世、待人接物时需要注意的问题；强调了在日常生活中要向身边的正人君子学习，更要向古代贤者学习。

卷三：《勉学》。本卷评论了不学无术的贵族子弟，讽刺了迂腐俗儒，鼓励子弟珍惜光阴，勤勉学习，自立于世。

卷四：《文章》《名实》《涉务》。本卷论述各种文体的起源，提出了作者自己的文学创作主张；探讨了名与实的关系，强调为人处世要知行合一；批评不着边际、高谈阔论的现象，提出要专心致力于世务。

卷五：《省事》《止足》《诫兵》《养生》《归心》。本卷提出保全身家的方法就是不多说不多事，以道自守；阐述了凡事要知足，不放纵欲望的观点；由家族中曾有的因武而祸的先例，论述了只有恪守士大夫之风才能保全家族的观点；针对社会上流行的以药养生的现象，论述了养生必须将保养身体和修身立德相结合；针对时人对佛教的诘难，从五个方面展开维护佛教思想，列举了众多例子，告诫子孙要持戒修行。

卷六：《书证》。本卷既是记录作者对经史典籍的 47 条考证，也是作者对自己读书心得的梳理总结，以此告诫子孙要广泛阅读，而不可随意议论。

卷七：《音辞》《杂艺》《终制》。本卷比较南北地区的方言发音；讨论了书法、绘画、博弈、投壶、算数等技艺的作用，提出需要对这些有一定了解，但不能专门从事的观点；在最后一篇中作者安排身后之事，叮嘱子女一切从简，且劝诫后人要以立身扬名为重，切勿为守墓尽孝而断送前程。

（三）思想价值

1. 详细陈述了儒家的伦理道德规范

颜之推撰写家训，意在使子孙能够继承先辈的事业，保住既有的社会地位。为此他在书中详细陈述了作为封建社会正统思想——儒家思想所包含的各种伦理道德规范，要求子孙恪守，加强自身道德修养，以此立足于险恶复杂的社会而不致倾覆。这些伦理思想如今依然有价值。其中包括：

营造良好的家庭关系、社会关系。如《兄弟》《治家》等宣传父慈子孝、兄友弟恭、夫义妇顺，主张亲人友朋要互相帮助、宽容和谐。这些伦理道德观念皆主张要协调理顺家庭、社会人际关系以达到互敬互爱的结果。

培养子女后代的道德修养。如《教子》告诫子孙不可为了仕途而谄媚侍奉权贵；《治家》主张儿女的婚配关键在于考量配偶的家世清白，而不要去贪图对方的权势地位；《名实》中强调为人要言行合一、表里一致。

鼓励勤学。如《教子》强调对子女的教育要尽早开始，并且严格要求，一视同仁，这些非常符合教育学的基本原则。《勉学》中鼓励子孙通过务实勤学来自立于世，不要想着祖上的庇荫轻视学习，逃避学习，养尊处优中成为一个纨绔。还比如其中论及谦逊虚心、学无止境、学以致用等治学之道，都有很强的现实意义。

此外，《颜氏家训》还主张要躬俭节用、交友谨慎、待客有礼、爱护书简，以及倡导薄葬、反对怪力乱神等，这些儒家的伦理思想价值在《颜氏家训》中都被充分彰显出来，也都是值得今人借鉴和参考的。

2. 传达了积极进取的人生态度

作者在特殊政治氛围中所表现出的明辨哲思，对后人有着宝贵的认识价值。颜之推生于乱世之中，颠沛辗转于多地，见闻丰富，因而他洞悉南北社会风俗、政治得失、学风特点。入隋以后，颜之推本着致力于儒家倡导的修身、齐家、治国、平天下之道，承袭颜氏家族赖以安身立命的读书传统的宗旨，结合自己的人生经历、处世哲学，写成《颜氏家训》一书训诫子孙。

他与一般士族子弟思想差异极大，表现为对于士族阶层的强烈的危机感，他的思想深处潜藏着深刻的忧患意识。《颜氏家训》全书二十篇，内容涉及范围相当广泛，讲如何修身、治家、处世、为学等，其中不少见解至今仍有借鉴意义。如：他重视教育，提倡学习，反对不学无术；认为学习应以读正统经典为主，又要涉猎工农商贾等庶务知识；主张学习贵在能够去实践，反对空谈虚论、不切实际等。语言朴实而生动，士大夫的心态跃然纸上，反映了颜之推在乱世之中积极进取的人生态度。

3. 展现南北朝生活，提供知人论世的依据

颜之推在《颜氏家训》中记录了自己的学术观点和研究成果，评论了历史事件和历史人物。书中对当时社会生活的各个方面多有生动详尽的记述。

《治家》中展现了南北地区社会风气的差异。《音辞》中对南北地区发音作了比较，而且提出各地方言的差异自古以来就存在的观点，还由音韵延伸到南北地区士大夫的精神面貌的比较。这些为后来的研究工作提供了相当丰富的资料，对研究古文献学，研究南北朝历史、文化有着很高的学术价值。

《养生》讲了有人为了保养，效仿他人服用松脂却不加节制，最终因肠堵塞而亡的故事。《教子》刻画了一个北齐士大夫教儿子学鲜卑语、弹琵琶用以谄媚阿谀权贵的丑恶嘴脸。《省事》描写了北齐末年官场上弥漫着以钱财美女走后门谋取高官厚禄的末世颓风。这些饶有趣味的描写和推论，使读者能清晰地看到当时世风日下，堕落颓靡的社会风气，为读者提供了知人论世的可靠依据。

（四）辞章魅力

《颜氏家训》的语言有典正质朴之风。颜之推深受儒家思想影响，推崇儒家正统，所著《颜氏家训》又以训俗型家为宗旨，因而语言追求典雅庄正兼有平易质朴，反对绮靡华丽的文风。颜之推在《文章》中就表达了自己的写作追求："吾家世文章，甚为典正，不从流俗……文章当从三易：易见事，一也；易识字，二也；易读诵，三也。"《颜氏家训》中讲述的故事、描摹的画面鲜活如在眼前。比如《勉学》中有一幅贵族子弟春游图："梁朝全盛之时，贵游子弟……无不熏衣剃面，傅粉施朱，驾长檐车，跟高齿屐，坐棋子方褥，凭斑丝隐囊，列器玩于左右，从容出入，望若神仙。明经求第，则顾人答策；三九公宴，则假手赋诗。当尔之时，亦快士也。"这一小段话将色彩斑斓的南北朝的社会风俗写得栩栩如生。《颜氏家训》的语言真正地达到了"虽野人女子，走卒儿童，皆能诵其词而知其义也"（清·颜邦城《三刻〈黄门家训〉小引》）的水准。

《颜氏家训》还呈现出语言简洁，但表达的思想深刻隽永的特点。文中常用四言短句，以整句的形式呈现，传达丰富的内容。如《养生》中"学如牛毛，成如麟角。华山之下，白骨如莽，何有可遂之理？"短短一句话就把时人热衷求仙的悲剧结果触目惊心地呈现出来，让人自然而然地对当时上流社会追求服药养生的风气有所反思，也让后人从颜之推的感慨中一窥南北朝朝代急剧更替的深层内因。颜之推的语言简洁，却一字千金，细细品读能读出无尽韵味。

《颜氏家训》对子孙循循善诱，但其背后具有逻辑性和辩证性。《归心》中将世人对佛教的指责分为五类，并且对其一一反驳；《涉务》中的"六事"是按照从朝廷由内而外的顺序列出的；《兄弟》分别从正反两方面讨论兄弟关系的变化；《风操》将南北地区不同的风俗进行了比较。这种富有逻辑性和辩证性的细节举不胜举。

三、教育思想与实践

（一）主张及早施行家庭教育

　　家庭教育是一个人最早受到的教育。颜之推认为家庭教育首先应该是胎教，"古者，圣王有胎教之法：怀子三月，出居别宫，目不邪视，耳不妄听，音声滋味，以礼节之"（《颜氏家训·教子》）。而婴儿出生后的教育也要及早施行，"当及婴稚，识人颜色，知人喜怒，便加教诲"（《颜氏家训·教子》），就是说当婴儿会看大人脸色的时候教育就应该开始。因为人的婴幼儿时期是接受教育最好的时候，"人生小幼，精神专利，长成已后，思虑散逸，固须早教，勿失机也"（《颜氏家训·勉学》）。人在幼年时单纯专一，思维敏捷，精力集中，具有学习的优越条件，容易接受教育，而长大以后思维复杂，易受到外物影响，就不容易调教了，所以一定要抓住早期教育的最佳时机。当然，颜之推并不是强调一个人如果没有受到早期的家庭教育，成年后就可自暴自弃。他以自己背诵《灵光殿赋》为例，提出一个人"固须早教"；如若"失于盛年"，则"犹当晚学，不可自弃"，虽然晚学不如早学效果好，但总比不学强。

（二）遵循爱与教、慈与严相结合的原则

　　家庭教育是由父母施于子女，因此最关键之处在于父母要处理好爱与教、慈与严的关系。颜之推在《颜氏家训·教子》中批评当时一些家庭的父母对子女错误的教育方法：有爱无教，宠溺放纵，"饮食运为，恣其所欲，宜诫反奖，应诃反笑"，当他人提醒时这些父母依然不以为意。这样做的结果就是孩子以为一切都是理所当然。等到孩子慢慢长大，劣行逐渐明显，骄傲懒惰已经成为习惯，这时父母才觉察到，想要严加管教。然而无论是言语教诲还是棍棒教育，都已回天乏力，反而导致子女的抵触情绪和对抗心理："捶挞至死而无威，忿怒日隆而增怨"（《颜氏家训·教子》）。无论是"有爱无教"还是

"有教无爱"，这样的后果都是可怕的。

所以颜之推主张在家庭教育中，父母对孩子爱的同时也要尽到教育的责任，勤于教诲，不能溺爱和放任；在教养孩子的过程中要做到严厉与慈爱相结合，不能有所偏废。他认为"父母威严而有慈，则子女畏惧而生孝矣"（《颜氏家训·教子》），只要父母既威严又慈爱，那么子女自然会对父母产生畏惧之情，从而小心谨慎，孝顺父母。颜之推还强调："父子之严，不可以狎；骨肉之爱，不可以简；简则慈孝不接，狎则怠慢生焉。"（《颜氏家训·教子》）指出父亲对孩子要有威严，不能过分亲密；骨肉之间要相亲相爱，不能简慢。如果流于简慢，就无法做到父慈子孝；如果过分亲密，就会使孩子对父母产生怠慢之意，产生放肆不敬的行为。总而言之，在颜之推看来，只有父母对子女爱得其法，爱得有度，遵循爱与教、慈与严相结合的原则，才能使孩子成大器，保持家族的昌盛繁荣。

（三）充分认识到外在因素对孩子的影响

颜之推非常重视孩子成长过程中的外在力量。他说"人在年少，神情未定，所与款狎，熏渍陶染，言笑举动，无心于学，潜移暗化，自然似之……是以与善人居，如入芝兰之室，久而自芳也。与恶人居，如入鲍鱼之肆，久而自臭也"（《颜氏家训·慕贤》）。在少年时期，精神性情还没有定型，和情投意合的朋友朝夕相处，受到他们一言一行的熏陶感染，虽然没有存心去学，但是潜移默化中，会自然而然地内化为自己的习惯，于是与好人相处，时间一长自己也变得芬芳；与恶人待久了，自己也就变得可憎起来。因此，颜之推提出要关注孩子成长的环境，交友一定要慎重。

与朋友相比，父母对子女的影响力其实更大，所以颜之推格外强调父母对子女的"风化"作用，"夫风化者，自上而行于下者也，自先而施于后者也。是以父不慈则子不孝，兄不友则弟不恭"（《颜氏家训·治家》）。这是说风化教育这件事情，是由上而下推行，由前人影响后人的，所以如果父母不慈爱，儿女就不会孝顺；兄长不友爱，弟弟就不会恭敬。父母长者要做到谨慎有礼，做好子女小辈的表率，让自己的言行举止成为孩子的楷模。

（四）高度重视道德教育

颜之推一生处于动荡社会，自己曾多次成为亡国之人，也曾耳闻目睹了许多世家大族的式微和毁灭的现实。因此，他整个教育体系的核心之一就是如何改良日渐衰微的士大夫教育，他尤其重视士大夫的道德教育。颜之推推崇儒家文化，自觉承袭了儒家以孝悌仁义为道德规范主要内容的传统。他认为子女对父母应该"先意承颜，怡声下气，不惮劬劳，以致甘腴，惕然惭惧，起而行之"（《颜氏家训·勉学》），是指对那些不懂得奉养父母的子女，要让他们看到古人如何体察父母心意、按父母的意愿办事，如何轻声细语、和颜悦色地与父母交谈，如何不怕劳苦让父母吃到美味可口的食物，使他们感到惭愧，从而学习效法古人，践行孝道；而兄弟之间应该做到"二亲既殁，兄弟相顾，当如形之与影，声之与响"（《颜氏家训·兄弟》），即父母去世后，兄弟之间理应互相照顾，如同身体和影子、响声与回声一般亲密。孝悌之下才能使一个家族内部团结和睦。同时他认为家庭中的妇女在兄弟关系中也起了重要作用，因此也应该用儒家礼教对妇女进行教育和约束。除孝悌之外，他认为仁义的信念培养是士大夫道德教育的首要任务，而能够亲身去践行仁义则是道德教育的终极目标。士大夫为实践仁义道德的准则可以不惜一切代价，甚至能够主动牺牲性命。

颜之推后人颜杲卿和颜真卿在安史之乱中表现出了忠孝节义。《资治通鉴·唐纪》中有这样一段记录——在面对藩镇势力的胁迫时，颜真卿怒斥："汝知有骂安禄山而死者颜杲卿乎？乃吾兄也。吾年八十，知守节而死耳，岂受汝曹诱胁乎！"二颜最终都慨然赴死，这正是颜氏家风得以传承的体现。

（五）倡导农、工、商、艺教育

颜之推本质上是一位儒家学者，深谙儒家经典作品"五经"，南北朝时期士大夫阶层中弥漫着学习空疏无用知识之风，颜之推有针对性地提出：要将农、工、商、艺也列入教育内容的范畴。

"保俸禄之资，不知有耕稼之苦；肆吏民之上，不知有劳役之勤：故难可以应世经务也"（《颜氏家训·涉务》），说的是有些人享有稳定的俸禄，不了解老百姓春种秋收的劳苦；肆意横行于小吏百姓之上，不知道从事劳役之人的辛劳：因此这类人很难应对时世和处理政务。颜之推谈到的这些经世致用的知识，能使子孙更充分地了解到当时社会中的各行各业，从而促使他们成为对家国有实际效用的人才。

在颜之推看来，艺的教育内容除了儒家经典的经史子集等书本知识，还应包括士大夫阶层显示自身身份所需要的杂艺：书法、绘画、骑射、博弈、投壶、卜筮、算数、医学等其他技艺。这些技艺在生活中既有实用价值，也有自我保健、娱乐的作用。比如书法，他不仅本人收藏书法作品、研习书法技艺，还要求子孙"真草书迹，微须留意"（《颜氏家训·杂艺》），最终这门技艺在颜真卿身上大放异彩。颜真卿的"颜体"楷书结构方正茂密，笔画横轻竖重，笔力雄强圆厚，气势庄严雄浑，《多宝塔碑》和《颜勤礼碑》具有大唐盛世之气象，被视为书法正宗。不过颜之推反对以"杂艺"自鸣得意，借"杂艺"邀取荣宠。"然可以兼明，不可以专业……唯不可令有称誉，见役勋贵，处之下坐，以取残杯冷炙之辱"（《颜氏家训·杂艺》），在颜之推看来，这类技艺只需在学习正统经典的同时兼习，不用达到专精的程度，稍通能用即可，否则不仅劳身伤神，而且易为达官贵人所奴役，身受羞辱。

（六）培养谦逊务实、勤勉努力的学习态度

南北朝时期士大夫阶级虽垄断教育资源，但又轻视教育。子弟庸碌无为，不学无术，只图享乐，靠着门荫谋得一官半职，便自为满足，全忘修学。洞悉这种时况的颜之推在学习态度上提出了自己的主张。

在学习上，颜之推一向反对自矜自大，盛气凌人。他说："见人读数十卷书，便自高大，凌忽长者，轻慢同列……如此以学自损，不如无学也。"（《颜氏家训·勉学》）说的是有的人读了数十卷书，便自高自大起来，欺凌忽视长辈，对同辈轻视傲慢，像这样学习后反而有所退步，还不如不学习。颜之

推主张学习应当谦逊虚心，与师友切磋探讨。

同时颜之推也反对高谈虚论，反对虚度光阴，提倡学习要勤勉努力。在颜之推看来，勤学十分重要。尽管他也认为人有上智、中庸、下愚之分，但是"上智不教而成，下愚虽教无益，中庸之人，不教不知也"（《颜氏家训·教子》），就是说上智之人不用教导也能成材，下愚之人虽受教导也于事无补，但是更多的智力中等的中庸之人不教导就不会懂得道理，所以学习对人的发展是很有必要的。他告诫子孙，"自古明王圣帝犹须勤学，况凡庶乎！……人生在世，会当有业"（《颜氏家训·勉学》），要靠勤奋刻苦的学习来拥有自己的一技之长和可以立足的事业，以防因为不肯下功夫勤学几年，以致终生含愧受辱。

颜之推一生勤奋向学，作品丰富，内容涉猎广泛，包括文字学、音韵学、古籍校注等，但目前仅有《颜氏家训》及个别单篇（《观我生赋》《还冤志》）存世。不过仅就《颜氏家训》这部作品而言，便是了不起的成就。史学家范文澜在《中国通史简编》中这样评价颜之推："他是当时南北两朝最通博最有思想的学者，经历南北两朝，深知南北政治、俗尚的弊病，洞悉南学北学的短长。当时所有大小知识，他几乎都钻研过，并且提出自己的见解。《颜氏家训》二十篇，就是这些见解的记录。"

颜之推的后代继承其学风。他的三个儿子在出任仕途同时都学有所长。长子颜思鲁，整理编定了包含《颜氏家训》在内的颜之推文集；次子颜愍楚，继承其父在音韵学上的研究，编纂《礼俗音略》；三子颜游秦，好史，对《汉书》颇有心得，撰有《汉书决疑》。这方面的学问又被颜思鲁之子颜师古继承，颜师古著《汉书注》。

颜之推本人一生并未坐馆授学，但颜之推本人和其后人的具体实践，颜氏一族由南北朝到中唐的繁衍生息，证明了家训中蕴含的教育思想能够规范一个家族的家风和学风，一定程度上保证家族在历史长河中长存；也证明了《颜氏家训》中的"家训"具有极大的实践性和可操作性。

四、社会影响

(一) 历史影响

1. 对家训传统的影响

《颜氏家训》堪称中国家训之祖。《颜氏家训》共二十篇，不仅有家庭教育，还涉及一个人成长中的道德教育、人格教育、职业教育，乃至于学习目的、方法的培养，家族家风的传承等。《颜氏家训》足以称得上一部集中国古代教育理论之大成的百科全书。

《颜氏家训》对中国的家训传统有重要影响。明代家训《庭帏杂录》有言："六朝颜之推家法最正，相传最远。"唐代以后出现的诸多家训，大都借鉴了其精华：把读书做人作为家训的核心，确立家庭教育的各项准则，再引申阐述自己的家族家训。五代十国的《钱氏家训》，明代的《了凡四训》《王阳明家训》，清代的《朱子治家格言》《曾国藩家书》，现代的《傅雷家书》，等等，无不直接或间接地受其影响，宋人陈振孙《直斋书录解题》称："古今家训，以此为祖。"

除了对家训著作的影响，宋代朱熹与弟子刘清之合编的儿童启蒙教材《小学》，清代陈宏谋编纂的蒙童教育教材《养正遗规》，都汲取了《颜氏家训》中的观点和论述。而且《颜氏家训》流传已近 1 500 年，经过多次重刻，却能做到版本丰富，序跋注解完备不失，更可见《颜氏家训》的魅力和影响力之大。

2. 对后世士族发展的影响

《颜氏家训》虽然是家庭教育类著作，但是颜之推能超越个体生命和个人家族，对士族这一社会群体的整体状态也做了审视和反思。他明确指出"父兄不可常依，乡国不可常保"，"若能常保数百卷书，千载终不为小人也"（《颜氏家训·勉学》）。这种重视教育，以文化传家的思想不仅强化了颜氏家族内部文化学术传承，也深深影响了同时代和后世的士族。明代的张璧在

《〈颜氏家训〉明嘉靖甲申傅太平刻本序》指出："乃若书之传，以提身，以范俗，为今代人文风化之助，则不独颜氏一家之训乎尔。"清人王钺的《读书丛残》中也写道："北齐黄门颜之推《家训》二十篇，篇篇药石，言言龟鉴，凡为人子弟者，可家置一册，奉为明训，不独颜氏。"怀着这种思想的家族和士族，适应了唐代选官制度从以出身门阀为标准的九品中正制，转向重视个人能力素养的科举制的历史进程。部分旧士族凭此思想地位得到巩固，家族得以延续，而这也使得另一些寒门庶族崛起，成为新晋力量。

（二）对现代教育的启示

1. 以人为本，尊重生命

《颜氏家训》内容丰富、理论系统，论述了修身、齐家、治国等儒家传统思想，同时，其谆谆教诲中包含了长者的期待，有着深远的人文关怀。

比如对生命的充分尊重。"性命在天，或难钟值"，因此"夫生不可不惜"（《颜氏家训·养生》）。颜之推充分认识到生命的不可逆转，因而提倡要爱护生命。这种生命观和生命教育在当代社会依然有着借鉴意义。

又比如《颜氏家训》中流露出的人性化和人情味。本书是颜之推个人历经四朝的生存经验的总结，展现了守中合道，顺其自然，缘世见利的社会生存之道。例如，他认为人之所以需要学习是因为"父兄不可常依，乡国不可常保，一旦流离，无人庇荫，当自求诸身耳"（《颜氏家训·勉学》），也就是说学习是出于个体社会生存、改善生活品质的需要，这就相当生活化和经验化了。以人为本，从人出发，这是《颜氏家训》给我们留下的宝贵经验。

2. 重视儿童教育、家庭教育

在儿童教育方面，颜之推倡导儿童教育初衷是为了改良式微的士大夫教育，维护士族阶层的利益，但是摒弃其阶级立场和目的，他关于儿童教育的诸多见解是有价值的。颜之推严肃地指出了幼儿教育的重要性和环境教育的重要性，其思想对后世影响深远。2010 年国务院印发《关于当前发展学前教育的若干意见》，颁布关于积极发展学前教育的决定，2024 年第十四届全国人民代表大会常务委员会第十二次会议通过《中华人民共和国学前教育法》，充分体现了国家和政府对于学前教育的重视和支持。

在家庭教育方面，颜之推倡导严慈相济。这个观点对现代家庭教育颇有启发。如今的家长对孩子并不缺乏鼓励教育，即肯定孩子的优点，表扬他、鼓励他，但鼓励教育必须适度，一旦过分则变成了无效鼓励的溺爱。与此同时，家长也应该以身作则，树立榜样。颜之推认为在家庭教育中，家长应言传身教，带头示范。这一观点对现代家庭教育具有指导意义。因为孩子幼小单纯，难以分辨好坏，只有家长正确引导和教育，并在孩子面前做好表率，才能让孩子懂得如何关爱帮助别人，自我进步完善。家长是孩子的良师益友，只有家长以身作则，从小事给孩子以示范，孩子才能养成良好的行为习惯和学习习惯。

颜之推关于儿童教育和家庭教育的理论提醒我们，要尽最大的可能给孩子一个良好的环境，关注儿童生理和心理的全面发展。《颜氏家训》中的人文思想也可以给我们的社会建设提供很多参考和指导。

主要参考文献

［1］颜之推，檀作文. 颜氏家训［M］. 北京：中华书局，2023.

［2］范文澜. 中国通史简编［M］. 北京：商务印书馆，2010.

［3］颜之推，王利器. 颜氏家训集解［M］. 上海：上海古籍出版社，1980.

［4］刘舫. 颜氏家训选读［M］. 上海：华东师范大学出版社，2015.

［5］武海燕. 《颜氏家训》对于当代家庭教育的意义［J］. 教育探索，2002（12）：49.

［6］王笑飞. 从《颜氏家训》看南北朝地方风俗差异［J］. 戏剧丛刊，2016（4）：41-45.

［7］刘郝霞. 《颜氏家训》对唐代士族发展的影响［J］. 时代文学，2008（3）：117-118.

［8］张亚群. "务先王之道，绍家世之业"——颜之推思想辨析［J］. 齐鲁学刊，1992（4）：62-65.

第七章　传道受业解惑：韩愈的
教育思想与实践

一、韩愈生平

韩愈（768年—824年），字退之，唐代河南河阳（今河南省孟州市）人。自称郡望昌黎，世称韩昌黎、昌黎先生。晚年官至吏部侍郎，后世因而称韩吏部。谥号文，故称韩文公。唐代著名思想家、文学家、教育家、政治家。

韩愈是唐代古文运动的倡导者，被后人尊为"唐宋八大家"之首，与柳宗元并称"韩柳"，有"文章巨公"和"百代文宗"之名。后人将其与柳宗元、欧阳修和苏轼合称"千古文章四大家"。他提出的"文道合一""气盛言宜""务去陈言""文从字顺"等散文的写作理论，对后人很有指导意义。有《韩昌黎集》传世。

（一）童年的困苦

大历三年（768年），韩愈出生。祖辈皆为官，其父韩仲卿时任秘书郎。韩愈三岁时，韩仲卿便逝世。他由兄长韩会抚养成人。韩会早逝后，韩愈随寡嫂郑氏避居江南宣州，在困苦与颠沛中度日。韩愈自念是孤儿，从小便刻苦读书。

（二）科举的艰辛

贞元三年至五年（787年—789年），韩愈三次参加科举考试，均失败。

贞元八年（792年），韩愈第四次参加进士考试，终于登进士第。次年，参加吏部的博学宏词科考试，遭遇失败。贞元十年（794年），再度至长安参加博学宏词科考试，又失败。贞元十一年（795 年），第三次参加博学宏词科考试，仍失败。这期间韩愈曾三次给宰相上书，均未得到回复。同年，离开长安，经潼关回到河阳县，前往东都洛阳。贞元十六年（800 年）春，韩愈回到徐州，于夏季离开徐州，回到洛阳。同年冬，韩愈前往长安，第四次参加吏部考试。

贞元十七年（801 年），通过铨选。次年春，韩愈被任命为国子监四门博士。

（三）贬谪的经历

贞元十九年（803 年），韩愈晋升为监察御史。当时关中地区大旱，韩愈在愤怒之下上《论天旱人饥状》疏，反遭谗害，于同年十二月被贬为连州阳山县令。贞元二十年（804 年）春，韩愈抵达阳山县就职。贞元二十一年（805 年）春，韩愈获赦免，于夏秋之间离开阳山县。八月，获授江陵法曹参军。元和元年（806 年）六月，韩愈奉召回长安，官授权知国子博士。元和三年（808 年），韩愈正式担任国子博士。元和四年（809 年）六月十日，改授都官员外郎、分司东都兼判祠部。元和五年（810 年），降授河南县令。元和六年（811 年），任尚书职方员外郎，回到长安。元和七年（812 年）二月，复任国子博士。元和八年（813 年），韩愈认为自己才学高深，却屡次遭贬斥，便创作《进学解》来自喻。宰相看后，很同情韩愈，认为他有史学方面的才识，于是调韩愈为比部郎中、史馆修撰，奉命修撰《顺宗实录》。元和九年（814 年）十月，韩愈任考功郎中，仍任史馆修撰。同年十二月，任知制诰。

（四）谏迎佛骨

元和十四年（819 年）正月，宪宗派使者前往凤翔迎佛骨，长安一时间掀起信佛狂潮。韩愈不顾个人安危，毅然上《论佛骨表》极力劝谏，认为供奉佛骨实在荒唐，要求将佛骨烧毁，不能让天下人被佛骨误导。宪宗览奏后大怒，要用极刑处死韩愈，裴度、崔群等人极力劝谏，宪宗却仍愤怒。一时人心震惊叹惜，乃至皇亲国戚们也认为对韩愈加罪太重，为其说情，宪宗便将他贬为潮州刺史。后适逢大赦，宪宗便于同年十月量移韩愈为袁州（今江西省宜春市）刺史。

元和十五年（820年）春，韩愈抵达袁州。按照袁州风俗，平民女儿抵押给人家做奴婢，超越契约期限而不赎回，就由出钱人家没为家奴。韩愈到后，设法赎出那些被没为家奴的男女，让他们回到父母身边；禁止此种风俗，不许买人为奴。

此年九月，韩愈入朝任国子祭酒，于冬季回到长安。

（五）出使镇州

长庆元年（821年）至长庆二年（822年），韩愈出使镇州。

长庆二年（822年）九月，韩愈转任吏部侍郎。次年六月，升任京兆尹兼御史大夫。神策军将士闻讯后，都不敢犯法。

（六）晚年病逝

长庆四年（824年）八月，韩愈因病告假。同年十二月二十五日，韩愈在长安家中逝世，终年五十七岁。获赠礼部尚书，谥号文。次年三月，葬于河阳。元丰元年（1078年），宋神宗追封韩愈为昌黎伯，并准其从祀孔庙。

二、经典品读：《师说》

古之学者①必有师。师者，所以传道受业解惑也②。人非生而知之者③，孰能无惑？惑而不从师，其为惑也④，终不解矣。生乎吾前⑤，其闻⑥道也固先乎吾，吾从而师之⑦；生乎吾后，其闻道也亦先乎吾，吾从而师之。吾师道也⑧，夫庸知其年之先后生于吾乎⑨？是故⑩无贵无贱，无⑪长无少，道之所存，师之所存也⑫。

嗟乎！师道⑬之不传也久矣！欲人之无惑也难矣！古之圣人，其出人⑭也远矣，犹且⑮从师而问焉；今之众人⑯，其下⑰圣人也亦远矣，而耻学于师⑱。是故圣益圣，愚益愚⑲。圣人之所以为圣，愚人之所以为愚，其皆出于此乎？

爱其子，择师而教之；于其身也，则耻师焉，惑矣⑳。彼童子之师㉑，授之书而习其句读㉒者，非吾所谓传其道解其惑者也。句读之不知㉓，惑之不解，或师焉，或不焉㉔，小学而大遗㉕，吾未见其明也。巫医㉖乐师百工㉗之人，不耻相师㉘。士大夫之族㉙，曰师曰弟子云者㉚，则群聚而笑之。问之，则曰："彼与彼年相若㉛也，道相似也，位卑则足羞，官盛则近谀㉜。"呜呼！师道之不复㉝，可知矣。巫医乐师百工之人，君子㉞不齿㉟，今其智乃㊱反不能及，其可怪也欤㊲！

圣人无常师㊳。孔子师郯子㊴、苌弘㊵、师襄㊶、老聃㊷。郯子之徒㊸，其贤不及孔子。孔子曰：三人行，则必有我师㊹。是故弟子不必㊺不如师，师不必贤于弟子。闻道有先后，术业有专攻㊻，如是而已。

李氏子蟠㊼，年十七，好古文，六艺经传皆通习之㊽，不拘于时㊾，学于余。余嘉其能行古道㊿，作《师说》以贻之。

【注释】

① 学者：求学的人。

② 师者，所以传道受业解惑也：老师，是用来传授道理、教授学业、解释疑难问题的人。所以，用来……的。道，指儒家之道。受，通"授"，传授。业，泛指古代经、史、诸子之学及古文写作。惑，疑难问题。

③ 人非生而知之者：人不是生下来就懂得道理。知，懂得。之，指知识和道理。《论语·季氏》："生而知之者，上也；学而知之者，次也；困而学之，又其次也；困而不学，民斯为下矣。"

④ 其为惑也：他所存在的疑惑。

⑤ 生乎吾前：即生乎吾前者。乎，相当于"于"，与下文"先乎吾"的"乎"用法相同。

⑥ 闻：听见，引申为知道，懂得。

⑦ 从而师之：跟从（他），拜他为老师。师，意动用法，以……为师。

⑧ 吾师道也：我（是向他）学习道理。

⑨ 夫庸知其年之先后生于吾乎：哪里去考虑他的年龄比我大还是小呢？

庸，发语词，难道。知，了解，知道。

⑩ 是故：因此，所以。

⑪ 无：无论，不分。

⑫ 道之所存，师之所存也：意思是说哪里有道存在，哪里就有我的老师存在。

⑬ 师道：从师的传统。即"古之学者必有师"。

⑭ 出人：超出于众人之上。

⑮ 犹且：尚且。

⑯ 众人：普通人，一般人。

⑰ 下：不如，名词作动词。

⑱ 耻学于师：以向老师学习为耻。耻，以……为耻。

⑲ 是故圣益圣，愚益愚：因此圣人更加圣明，愚人更加愚昧。益，更加，越发。

⑳ 惑矣：糊涂啊！

㉑ 彼童子之师：那些教小孩子的启蒙老师。

㉒ 授之书而习其句读（dòu）：教给他书，帮助他学习其中的文句。之，指童子。习，使……学习。其，指书。句读，也叫句逗，文辞休止和停顿处。古人指文辞意尽处为句，语意未尽而须停顿处为读（逗）。古代书籍没有标点，老师教学童读书时要进行句读（逗）的教学。

㉓ 句读之不知：不知断句分逗。

㉔ 或师焉，或不（fǒu）焉：有的从师，有的不从师。不，通"否"。

㉕ 小学而大遗：学了小的（指"句读之不知"）却丢了大的（指"惑之不解"）。遗，丢弃，放弃。

㉖ 巫医：古时巫、医不分，指以看病和降神祈祷为职业的人。

㉗ 百工：各种手艺。

㉘ 相师：拜别人为师。

㉙ 族：类。

㉚ 曰师曰弟子云者：说起老师、弟子的时候。

㉛ 年相若：年岁相近。

㉜ 位卑则足羞，官盛则近谀：以地位低的人为师就感到羞耻，以高官为师就近乎谄媚。足，可，够得上。盛，高大。谀，谄媚。

㉝ 复：恢复。

㉞ 君子：即上文的"士大夫之族"。

㉟ 不齿：不屑与之同列，即看不起。或作"鄙之"。

㊱ 乃：竟，竟然。

㊲ 其可怪也欤：难道值得奇怪吗！其，难道，表反问。欤，语气词，表感叹。

㊳ 圣人无常师：圣人没有固定的老师。常，固定的。

㊴ 郯（tán）子：春秋时郯国（今山东省郯城县一带）的国君，相传孔子曾向他请教官职的名称。

㊵ 苌（cháng）弘：东周敬王时候的大夫，相传孔子曾向他请教古乐。

㊶ 师襄：春秋时鲁国的乐官，名襄，相传孔子曾向他学琴。

㊷ 老聃（dān）：即老子，姓李名耳，春秋时楚国人，思想家，道家学派创始人。相传孔子曾向他学习周礼。聃是老子的字。

㊸ 之徒：这类。

㊹ 三人行，则必有我师：三人同行，其中必定有我的老师。《论语·述而》原话："子曰：'三人行，必有我师焉。择其善者而从之，其不善者而改之。'"

㊺ 不必：不一定。

㊻ 术业有专攻：在业务上各有自己的专门研究。攻，学习，研究。

㊼ 李氏子蟠（pán）：李家的孩子名蟠。李蟠，韩愈的弟子，唐德宗贞元十九年（803 年）进士。

㊽ 六艺经传（zhuàn）皆通习之：六艺的经文和传文都普遍地学习了。六艺，指六经，即《诗》《书》《礼》《乐》《易》《春秋》六部儒家经典。《乐》已失传，此为古说。经，两汉及其以前的散文。传，古称解释经文的著作为传。通，普遍。

㊽ 不拘于时：指不受当时以求师为耻的不良风气的束缚。时，时俗，指当时士大夫中耻于从师的不良风气。于，被。

㊿ 余嘉其能行古道：我赞许他能遵行古人从师学习的风尚。嘉，赞许，嘉奖。

【译文】

古代求学的人一定有老师。老师，是可以依靠来传授道理、教授学业、解答疑难问题的。人不是生下来就懂得道理的，谁能没有疑惑？有了疑惑，如果不跟从老师学习，那些成为疑难问题的，就最终不能理解了。生在我前面，他懂得道理本来就早于我，我应该跟从他把他当作老师；生在我后面，如果他懂得道理也早于我，我也应该跟从他把他当作老师。我是向他学习道理啊，哪管他的生年比我早还是比我晚呢？因此，无论地位高贵低贱，无论年纪大小，道理存在的地方，就是老师存在的地方。

唉！古代从师学习的风尚不流传已经很久了！想要人没有疑惑难啊！古代的圣人，他们超出一般人很远，尚且跟从老师而请教；现在的一般人，他们的才智低于圣人很远，却以向老师学习为耻。因此，圣人就更加圣明，愚人就更加愚昧。圣人之所以能成为圣人，愚人之所以会成为愚人，大概都出于这吧？人们爱他们的孩子，就选择老师来教他；但是对于自己呢，却以跟从老师学习为可耻，真是糊涂啊！那些孩子们的老师，是教他们读书、帮助他们学习断句的，不是我所说的能传授那些道理、解答那些疑难问题的。一方面不通晓句读，另一方面不能解决疑惑，不通晓文句的去向老师请教，有疑惑不能理解的却不向老师请教，小的方面倒要学习，大的方面反而放弃不学，我没看出那种人是明智的。巫医乐师和各种工匠这些人，不以互相学习为耻。士大夫这类人，听到称"老师"称"弟子"的，就成群聚在一起讥笑人家。问他们为什么讥笑，就说："他和他年龄差不多，道德学问也差不多，以地位低的人为师，就觉得羞耻，以官职高的人为师，就近乎谄媚了。"唉！古代那种跟从老师学习的风尚不能恢复，从这些话里就可以明白了。巫医乐师和各种工匠这些人，君子们不屑一提，现在他们的见识竟反而赶不上这些人，真是令人感到奇怪啊！

圣人没有固定的老师。孔子曾以郯子、苌弘、师襄、老聃为师。郯子这些人，他们的贤能都比不上孔子。孔子说：几个人一起走，其中一定有可以当我的老师的人。因此，学生不一定不如老师，老师不一定比学生贤能。听到道理有早有晚，学问技艺各有专长，如此罢了。

李家的孩子蟠，年龄十七，喜欢古文，六经的经文和传文都普遍地学习了，不受时俗的拘束，向我学习。我赞许他能够遵行古人从师的途径，写这篇《师说》来赠予他。

（一）写作背景

盛行于魏晋的门阀制度，直到韩愈所处的中唐时期依然有所沿袭。上层士族的子弟，凭借高贵的门第，就可以进入弘文馆、崇文馆和国子学等学府学习，且无论学业如何，都有官可做。柳宗元的《答韦中立论师道书》更鲜明地指出了韩愈创作《师说》时的社会背景："由魏、晋氏以下，人益不事师。今之世，不闻有师，有辄哗笑之，以为狂人。独韩愈奋不顾流俗，犯笑侮，收召后学，作《师说》，因抗颜而为师。世果群怪聚骂，指目牵引，而增与为言辞。愈以是得狂名。居长安，炊不暇熟，又挈挈而东，如是者数矣。"韩愈写《师说》时三十五岁，正任教于国子监，因此切身感受到这一社会风气的恶劣影响并对此深恶痛绝。他逆俗流而上，通过作《师说》和自为人师的行为来大肆宣扬自己的主张，《新唐书·韩愈传》记载他"成就后进士，往往知名。经愈指授，皆称'韩门弟子'"，可谓给予了当时"耻学于师"的不良社会风气沉重有力的一击，彰显出非凡的勇气和知识分子的独立操守。

《师说》可以被视为韩愈提倡"古文"的庄严宣言。自六朝以来，骈文大行其道。在这种过于追求声韵对偶和华丽词句而牺牲思想内容的文学创作中，虽然不乏一些具有较高艺术成就和文学价值的作品，但也导致了华而不实的浮靡之风的泛滥，一直延续至中唐仍未止。尽管韩愈并非首位提倡"古文"之人，却是个集大成者，他主张"文以载道"，从文学理论到创作实践，都对"古文运动"的兴起和发展起到了有效的推动作用。

值得注意的是，韩愈在这篇文章中所强调的"师"并不局限于"授之书而习其句读"的启蒙教师和各级官署学府的老师,而是泛化为社会上所有学有所成、有一技之长的"传道受业解惑"之人。由此,任何人都能成为自己的老师,地位贵贱和年龄的差别不应成为不虚心求教的理由和借口,而任何老师也不必是固定的,关键在于学人所长。文末所论孔子的言行,既论证了上述观点,又申明了求师重道乃古已有之的做法,今之时人委实不应背弃古道。

(二)篇章结构

《师说》不仅正面论述老师的作用、从师的必要性、从师标准等问题,而且重点批判了当时流行于士大夫阶层中耻于从师的不良风气。就文章的写作意图和主要精神看,这是一篇针对性很强的批驳性论文。

文章开头一段,内容有三个方面:一是指出教师的职能是"传道""受业""解惑";二是指明选择老师的准则是"道";三是提出从师的原则是"无贵无贱,无长无少,道之所存,师之所存"。更具体来分析,作者首先提出"古之学者必有师"这一论点,而后概括性地揭示出教师的作用:"传道受业解惑",以此作为立论的出发点与依据。从"解惑"(道与业两方面的疑难)出发,推论人非生而知之者,不能无惑,惑则必从师的道理;从"传道"出发,推论从师即学道,因此无论贵贱长幼都可为师,"道之所存,师之所存也"。这一段,层层顶接,逻辑严密,概括精练,一气呵成,是全文的一个纲领。而这一段的"立",又是为了下文的"破"。开篇独立成段,庄重且简要地提出"古之学者必有师",实际上就已暗含对于"今之学者"不从师的批判与讽刺。势如风雨骤至,先声夺人。

第二段分析"师道之不传也久矣"的具体成因,先以"古之圣人"与"今之众人"作对比,指出圣与愚的分界就在于是否从师而学;再以士大夫对待其子跟对待自身在"是否从师"这一问题上截然相反的态度作对比,揭示此乃"小学而大遗"的错误做法;最后以"巫医、乐师、百工之人,不耻相师"与士大夫"耻学于师"作对比,点明士大夫之智不及他们所不齿的巫医、乐师、百工。三组纵向、横向的对比,揭示出不从师学习给社会造成的巨大危害。作者分别用"其皆出于此乎""吾未见其明也""其可怪也欤"三句，以猜测、否定、反问的语气来揭示士大夫耻于从师的风气的不正常。由于对比的鲜明、态度的恳切、语气的递进，作者的这种贬抑之辞便显得恰如其分，更具有说服力。

在批判的基础上，文章又转而从正面论述"圣人无常师"，以孔子的言论和实践，说明师与弟子的关系是相对的，凡是在道与业方面胜过自己或有一技之长的人都可以为师。这是对"道之所存，师之所存"这一观点的进一步论证。

文章最后一段，交代写作这篇文章的缘由。李蟠"能行古道"，就是指他能继承久已不传的"师道"，乐于从师而学。因此这个结尾不妨说是借表彰"行古道"来进一步批判抛弃师道的今之众人。"古道"与首段"古之学者必有师"正遥相呼应。

（三）思想价值

1. 《师说》是古文运动中具有进步意义和解放精神的名篇

韩愈作《师说》的时候，大致是在唐德宗贞元十八年（802年）。当时的韩愈三十五岁左右，刚从洛阳闲居跻身国子监，作为四门学博士，这是一个"从七品"的学官。他所倡导实践的古文运动，在那一两年内，正突破少数同道者的小圈子，形成一个广泛性的文学运动，他已然成为其中的领袖。他用古文来宣扬他的主张：维护儒家的正统思想，反对当时盛行的佛老思想；提倡先秦两汉时期的古文，反对魏晋以来"饰其辞而遗其意"的骈文——这就是古文运动的基本内容。当然，古文运动会形成于唐德宗的统治后期，是有其现实社会条件的。它是以反对藩镇割据、维护王朝统一的政治目的为前提的。这也是出于当时广大社会阶层现实利益的诉求。韩愈的积极投入，对古文运动的发展，起了不断促进的作用。就古文而言，他不仅自身刻苦钻研，从理论到实践，都有出色的表现；更重要的是他不顾流俗的非议，给求学青年以热情的鼓励与指导。《师说》可谓这种努力所造就的一篇具有解放精神与进步意义的文章。

2.《师说》是对青年后学的指引，对诽谤者的还击

韩愈不断地同青年后学交往，给他们奖励和指示，这是魏晋以后少有的现象，难免会引来同侪的耻笑，乃至议论和责难。那些向韩愈投书请教的青年便被视为韩门弟子，因而时人眼中他"好为人师"的面貌也就非常鲜明了。然而韩愈是从容自信的，不论时人怎样诽谤，依然笃定地回答青年们的来信。他在《答胡生书》中说："夫别是非，分贤与不肖，公卿贵位者之任也；愈不敢有意于是。如生之徒于我厚者，知其贤，时或道之，于生未有益也；不知者，乃用是为谤！不敢自爱，惧生之无益而有伤也，如之何？"他既对那些蓄意的诽谤表示愤慨，也为诚心向他求教的青年担忧。《师说》的最末一段，声明了写作由来，说这是为了一位"好古文"、"能行古道"、跟随他求学的李蟠而作的。实际上，韩愈是借此公开答复与严正驳斥那些无端诽谤者，他是有的放矢的。

3.《师说》中提出的崭新进步的"师道"思想

《师说》不仅是韩愈直面非议的严正驳斥，更可贵的是，文中提出了三点崭新的、进步的"师道"思想：师是"传道受业解惑"的人；人人都可为师，只要具备老师的能力；弟子和师的关系是相对的，如果弟子在某一方面做得比我好，那在这一方面他就是我的师。这些思想揭开了长久笼罩在"师"上的神秘、权威、封建的面纱；把师和弟子的关系合理化、平等化了，也突破了师法或家法的保守壁垒。当然，这些具有解放精神与深刻人民性的思想，也离不开唐德宗时代在相对稳定的局势之下，城市的繁荣与商业经济的发展。

4.《师说》写作的缘起和影响

《师说》的广泛流传，鼓舞和招揽了一代有志青年，也因而受到了更多顽固的"士大夫之族"的反对。韩愈也确乎因此事影响了宦途，不断被当权者排挤。《师说》大约是作者于贞元十七年至十八年（801年—802年），在京任国子监四门博士时所作。贞元十七年（801年），辞去徐州官职，闲居洛阳传道授徒的作者，经过两次赴京调选，方于当年十月授予国子监四门博士之职。此时的作者决心借助国子监这个平台来振兴儒教、改革文坛，以实现其报国之志。但来到国子监上任后，却发现科场黑暗，朝政腐败，吏治弊端重重，

致使不少学子对科举入仕失去信心，因而放松学业；当时的上层社会，看不起教书之人。在士大夫阶层中存在着既不愿求师，又"羞于为师"的观念，直接影响到国子监的教学和管理。作者对此痛心疾首，借用回答李蟠的提问撰写这篇文章，以澄清人们在"求师"和"为师"上的模糊认识。贞元十九年（803年），在作《师说》一年后，韩愈时任监察御书，头一次被当权的官僚集团赶出了长安，被贬至阳山（今广东阳山县）。他的这次受贬，原因或许并不简单，但依据柳宗元所言，这篇《师说》至少是主要的导火索，因为韩愈由此"狂名"更盛，并为更多的顽固势力所疾恶，更易受到莫名的倾轧。

（四）辞章魅力

在韩愈的众多论说文中，《师说》是属于文从字顺、平易畅达一类的，与《原道》一类豪放磅礴、雄奇桀骜的文章显然有别。在平易畅达中仍贯注着一种气势。

作者对自己的理论主张高度自信，对事理又有透彻的分析，因而在论述中不但步骤严密，一气呵成，而且常常在行文关键处用极概括而准确的语言将思想的精粹鲜明地表达出来，形成一段乃至一篇中的警策，给读者留下强烈深刻的印象。如首段在一路顶接，论述从师学道的基础上，结尾处就势作一总束："是故无贵无贱，无长无少，道之所存，师之所存也。"大有如截奔马之势。"圣人无常师"一段，在举孔子言行为例之后，随即指出："是故弟子不必不如师，师不必贤于弟子。闻道有先后，术业有专攻，如是而已。"从"无常师"的现象一下子引出这样透辟深刻的见解，有一种高瞻远瞩的气势。

开篇直书"古之学者必有师"，突兀而起，已见出奇；中间批判不良风气的三层，各以"嗟乎""爱其子""巫医、乐师、百工之人"发端，层与层，没有任何承转过渡，兀然峭立，直起直落，了不相涉。这种转接发端，最为韩愈所长，读来自觉具有一种雄直峭兀之势。"生乎吾前，其闻道也固先乎吾，吾从而师之；生乎吾后，其闻道也亦先乎吾，吾从而师之""师道之不传也久矣！欲人之无惑也难矣！""古之圣人，其出人也远矣，犹且从师而问焉；今之众人，其下圣人也亦远矣，而耻学于师""爱其子，择师而教之；于其身也，则耻师焉，惑矣""位卑则足羞，官盛则近谀"等句式为本文的气势注入了强大的力量。

三、教育思想与实践

韩愈在他的文章中表现出的教育思想和实践主要体现在以下几个方面。可以说，其中对教师和学生提出的要求、教育方法、学习方法、以目标为导向的教育教学观念等等在今天仍然具有宝贵的参考价值。

（一）教师的任务：主导"传道"

在韩愈心中，一位合格的教师应该具备哪些能力和品质呢？在《师说》中，教师的首要任务，是"传道受业"。那么，在韩愈的语境之中，"传道"传的是什么？韩愈主张复兴儒学，在儒学的语境中，"道"便是"大学之道"，即"明明德、亲民和止于至善"，为了做到这三点，教师要教会学生如何"格物、致知、诚意、正心、修身、齐家"，乃至于"治国"和"平天下"，这是为更有能力、更有志向的学生传授的"大道"。当今时代，教师所讲授的"道"不再仅仅是儒家的"大学之道"，但韩愈所言的"传道受业解惑"中潜藏的方法论依旧值得我们注意。

在韩愈看来，"道"的传承是通过"受业"来完成的。"受业"是指教师要引导学生去学习儒家经典文章，读《论语》《礼记》《春秋》《孟子》等等。而教师在这个过程中要起到主导作用，因为学生在面对古籍时会有许多困惑，所以教师必须为学生"解惑"。可以说，"传道""受业""解惑"，三者完美地概括了教师教学活动的依次顺序。而若想践行这一系列教学活动，教师必须自身先具备良好的学养、丰厚的积淀。正如韩愈在《师说》中所写的那样："生乎吾前，其闻道也固先乎吾，吾从而师之；生乎吾后，其闻道也亦先乎吾，吾从而师之。吾师道也，夫庸知其年之先后生于吾乎？是故无贵无贱，无长无少，道之所存，师之所存也。"也就是说，为师的标准，不在于一个人的社会地位，也不在于他的年龄，而在于一个人是否有"道"的积累。教师心中必须已经怀揣着"大道"，这样才能拿出来在学生面前施展"庖丁解牛""条分缕析"的功夫，才能对学生的疑问对答如流。

并且，韩愈进一步对教师提出了更高的要求。"彼童子之师，授之书而习其句读者，非吾所谓传其道解其惑者也。"由此可见，教师并不是只教会学生简单的阅读方法，而是必须"解惑"，无法帮助学生解决面前困惑的教师是不合格的。韩愈对学生困惑的关注，体现出他萌发的以学生学习为本的教育思想：教育教学过程，要以学生的反馈为基础生发。

（二）教法学法：以学生独立思考与实践为基石

在韩愈看来，教师教学离不开师生之间的双向互动，教学是一个师生之间相互促进的过程。"解惑"的过程，既对教师提出了丰富自身素养的要求，也为师生之间的良性互动提供了可能。教师与学生的知识系统，便是在一问一答间相互促进共同完善的。而在这个过程中，最重要的是学生主动思考问题的能力得到发掘。只有敢于挑战已知观点、具有质疑精神的学生，才终将成长为具备独立思考能力的完整的人。对教师所传授的知识全盘接受、"听而不疑，信而不问"的学生，虽然学到了知识本身，却终究缺少了一种更重要的能力。

正如韩愈在《师说》中指出的那样："句读之不知，惑之不解，或师焉，或不焉，小学而大遗。"只解决了断句，或者说，只解决了知识性的最基本的问题，而不去解决内心的疑惑，这种学法是以小失大。断句是最基本的习得性知识，与此类同的是一切需要熟记熟练的基础知识。学习这些是学习其他的基础，但学习的关键，在韩愈看来是在别处。在《送陈密序》中，韩愈写道："子诵其文则思其义，习其仪则行其道，则将谓子君子也。"学习不仅仅是被动接受知识、将典籍熟读成诵，更重要的是"思其义"，思考其中的道理和原理，运用自己的主动思考将其化为己有；学习也不仅仅是记住方法，而是要"行其道"，即在自己的实践中外化知识，所谓"实践出真知"。由此可见，韩愈心中的学法是以学生自己的思考和实践为基石。

（三）求学贵在勤与精

韩愈《进学解》中有这样一句名言："业精于勤，荒于嬉；行成于思，毁于随。"这句话的含义是，学业是由于勤学苦练而精进，由于贪图享乐、游手好闲而荒废的。实践——无论是德行的实践，还是知识的实践——是由于独立思考而做出成就，因为因循守旧而毁坏败坏的。所谓勤，表现在多个方面，既要口手勤劳，又要勤于思考。在《进学解》中，韩愈借"国子先生"与学生之间的问答，写到什么才是勤奋学习的表现：既要"口不绝吟于六艺之文，手不停披于百家之编"——在口头上勤于记诵经典文章，在手头上勤于阅读，又要"焚膏油以继晷，恒兀兀以穷年"——无论外在环境如何，夜以继日，坚持不懈地进行学习。除勤勉之外，韩愈还非常强调学习需要钻研精神，大问题与小问题都不放过，做到"贪多务得，细大不捐"——不舍弃任何内容，无论是意义重大的内容，还是细枝末节，一概学透学精；"俱收并吉，待用无遗"——将一切知识收入囊中，不放弃对知识的渴求，用求知欲驱动自身的学习，只有这样才能博学笃志。而在"博学笃志"的基础上，还要"切问近思"，兼具博学与钻研的精神，并且，面对不同的学习内容，要用不同的方式去应对，做到"记事者必提其要，纂言者必钩其玄"——面对需要总体掌握的东西，就像记事的纲要一类，要大体上掌握全局，而面对论说类典籍时，则要探索它的精髓和奥义，这便是韩愈所倡导的博与精结合的学习，面对不同的学习对象，采取不同的精神——或大局统领、掌握关键纲要，或"沉浸醲郁，含英咀华"，在此基础上形成自己的学习体系。

（四）学习非模仿

韩愈自来强调学习中的独立思考，这在他关于学写文章的论述中体现得最为鲜明。苏轼在《潮州韩文公庙碑》中盛赞韩愈"文起八代之衰"，正是在于韩愈虽然学习古文的风格，却在创作中有自己的思考，独成一派。作为古文运动的倡导者，他在教育他人如何作文时，便格外强调学习作文时不能丢失自己的思考和独创性，不能仅仅模仿古文。在《答刘正夫书》中，韩愈建议对方要"师其意，不师其辞"，虽然要以古人为师，学习他们的文章写法，但切忌因循守旧，而是要在思考领会他们的基础上推陈出新，写出自己的风格。这也是当今时代的教育理念中十分强调的一点：学习并不是单纯的模仿，而是要在化为己有的基础上独辟蹊径。

（五）"性情论"教育思想

《原性》中体现了韩愈关于"性情论"的教育思想。韩愈不赞成孟子的"性善"论和荀子的"性恶"论，也不赞成扬雄的"性善恶混"说。而发挥董仲舒的理论，第一次明确提出人都有"性""情"，"性""情"各有"三品"。"性之品有三"：上品性善，生来具有仁、义、礼、智、信五种道德；中品五德有所欠缺，性可善可恶；下品五德都不具备，性恶。同时还认为人有喜、怒、哀、惧、爱、恶、欲七情，情亦有三品：上品七情控制适中；中品七情或多或少，"有所甚，有所亡"，也还能够力求适中；下品则"亡与甚，直情而行"。韩愈的"性情论"有两点积极意义：首先，"情"是人接触各种事物而产生的，"情之于性视其品"，"情"受到"性"的制约；其次，"性可移"，通过教育、学习，能够使人之"性"得到发扬、改变和制约。韩愈的"性情论"虽然有僵死、先验论的弊病，但对于今天的教育仍然有启迪意义。

（六）关于"人才"的教育思想

在韩愈的杂文中，那些言辞犀利、讽刺现实的精悍短文最值得瞩目。它们不拘一格，形式活泼，有着极高的文学价值，对后世产生了颇大的影响。其中，最为人所称道的便是《杂说四·马说》，全文以马喻人，表达了对于人才受到压抑的深切悲愤。

文章开篇便指出："世有伯乐，然后有千里马。千里马常有，而伯乐不常有。故虽有名马，祗辱于奴隶人之手，骈死于槽枥之间，不以千里称也。"伯乐应当在千里马之前出现，这样才能发现并发挥千里马最大的价值，然而时下的社会却是名马毁于庸人之手，令人不胜唏嘘。他在文中嘲笑那些不识人才之人，这些人"策之不以其道，食之不能尽其材，鸣之而不能通其意"，找不到正确的驯养千里马的方式便喊道"天下无马"。这一比喻充满了对于社会上不善于识别与培养人才之人的辛辣讽刺。言下之意昭然若揭：只要善于识别并合理培养人才，便能使人才脱颖而出，实现自身价值和社会价值。韩愈立足于社会现实，针砭时弊，为怀才不遇之人鸣不平，适时抨击了封建统治者任人唯亲的错误政策。

反观现代社会，韩愈关于"人才"的思想依然有其价值：应当重视人才成长的规律性、强调人才工作的系统性、立足人才发展的时代性和坚持人才管理的开放性，择天下英才而用之。

四、社会影响

（一）提倡全社会的"尊师重教"

韩愈一生担当过四次教职，德宗贞元十八年（802年）出任四门博士，宪宗元和元年（806年）出任国子博士，元和七年（812年）自郎中令下迁再为国子博士，穆宗长庆元年（821年）出任国子祭酒。他对后学士子多有指授，这些后学者成名后，皆称"韩门弟子"。他平生一直致力于奖掖后进，开启来学。在"师道之不传也久矣"的感喟中我们仍然可以体会他超越历史的眼光和洞见，这种真知灼见影响至今。在"利益"至上的社会风气导向下，当代社会仍然存在升学应试至上、师德师风有损、师生关系紧张等一系列教育问题。全社会理应共同营造"尊师重道"的氛围，真正提高教师的社会地位。教师职业也面临着前所未有的冲击和机遇，我们可以从历史的经验和《师说》的解读中寻找出路。明确教师的使命仍然是"传道"比"受业"重要，"育人"比"育分"重要。

（二）弘扬伟大的"传道"精神

韩愈教育思想的伟大还在于对于儒家之道的自觉担当、勇于挑战和使命传承。儒家之道的传承谱系中韩愈是承上启下的关键人物。韩愈创立道统观，认为自己所传之道"乃夫子孟轲扬雄所传之道也"。在当时时代背景下招惹来颇多争议。中唐的士风是"人不事师","有辄哗笑之,以为狂人"。韩愈自许为儒家之道的传承人,誓死以弘"道"为己任,"使其道由愈而粗传,虽灭死万万无恨"。他的"传道"精神是值得我们继承弘扬的。

(三)学习韩愈的气魄和人格

柳宗元曾讲:"独韩愈奋不顾流俗,犯笑侮,收召后学,作《师说》,因抗颜而为师。世果群怪聚骂,指目牵引,而增与为言辞。愈以是得狂名。"韩愈不顾流俗,"敢为人师",此种气魄与人格的高度是常人难以企及的。

而此种气魄胆识几乎贯串了韩愈的一生。兵部侍郎任上,镇州叛乱,韩愈前往宣抚,面折强横,说服叛将王廷凑归顺朝廷;晚年为京兆尹时,"六军将士皆不敢犯,私相告曰:'是尚欲烧佛骨者,安可忤!'";《谏迎佛骨表》更是展现了他的勇气与胆识。宋代苏轼称赞他"文起八代之衰,而道济天下之溺,忠犯人主之怒,而勇夺三军之帅"。毫无疑问,韩愈的这种勇气与胆识是基于以道自任的价值认同与担当意识的,在今日依然有传承、学习的价值。

主要参考文献

[1] 孙培青. 中国教育史(第四版)[M]. 上海:华东师范大学出版社,2019.

[2] 陈桂生,张礼永. 中国古代师资文化要义——"师说"辨析[J]. 教育研究,2015, 36 (9):129 - 137 + 145.

[3] 吕正惠. 韩愈《师说》在文化史上的意义[J]. 文学与文化,2011 (1):15 - 24.

[4] 陆敏珍. 论韩愈《师说》与中唐师道运动[J]. 社会科学战线,2009 (1):137 - 143.

[5] 孟祥庚. 后韩愈时代的"师说"——"师道仍不传"的困境与出路[J]. 教师教育研究,2021,33 (2):115 - 123.

第八章　学事明理：朱熹的
教育思想与实践

一、朱熹生平

朱熹（1130 年 9 月 15 日—1200 年 4 月 23 日），字元晦，又字仲晦，号晦庵，晚称晦翁。后被追赠为太师、徽国公，赐谥号"文"，故世称朱文公。

朱熹的一生，经历极为丰富。历来人们主要关注的是他求学、为学、创立"理学"的经历。而本节旨在介绍朱熹与教育有关的重要经历。

陈来教授在论及朱熹极为广泛的教育活动时说："居家则寒泉谈经、武夷授课、沧州讲学，外任则白鹿书院、漳州道院、岳麓书院，随政兴学，门人弟子遍布天下。"

南宋时代，在官学教育体系之外，民间大量兴办书院，各理学大师都创办或主持书院讲学，促进了宋学的发展和理学各派的形成，打破了沉闷的科举教育，开创了教育的新风。这股南宋书院教育之风，起于刘珙在潭州重修岳麓书院，兴于张栻在岳麓书院担任山长之际，续于朱熹确定的白鹿洞书院办学理念。

朱熹的《白鹿洞书院揭示》深受张栻《潭州重修岳麓书院记》一文的影响。张栻认为，书院办学的宗旨是宣传理学的思想、反对功名利禄之学，并在继承胡宏学统的同时，开展学术交流和探讨，从而形成和确立了具有自己学术特点的学派。张栻任教期间，朱熹曾专程带着弟子从福建到湖南拜访张栻。两位大师在岳麓书院同台论道两个多月，吸引四方士子围观，"一时舆马之众，饮池水立涸"，留下了"朱张会讲"的千古佳话。之后十余年，朱、张二人一直保持密切联系。他们互相启发，在考虑对方观点的基础上，修正完善自己的观点。朱熹推崇张栻为"醇儒",还称赞说,自己的学问是一点一点积累而成的,而张栻是有大学问和大见识的。

朱熹一生尤其热衷于书院教育,积极推动书院事业的发展。与他有关的书院有67所,其中由他创建的有4所:寒泉、武夷、云谷、沧州四大书院;由他修复的有3所:白鹿洞书院、岳麓书院、湘西精舍;读书讲学的有47所;题诗题词的有13所。纵观我国古代教育史,与如此众多的书院有关的人,恐怕只有朱熹一个。他在推动我国古代教育的发展与普及上的历史功绩,于此已可略见一斑。在此基础上,朱熹积累了丰富的教育实践经验,这就为其教育思想体系的生成提供了丰富的资源与养料。

此外,在为官任上,朱熹也尤为热心教育事业。绍兴二十三年(1153年),朱熹任泉州同安县主簿,他注重教育,兴文尊贤,整顿县学,把县学分为"志道""据德""依仁""游艺"四斋,选秀民为弟子生员。第二年春天,为了使学生有书可读,他搜集和整理书籍,建了县学的图书馆——经史阁。县学的面貌焕然一新,促进了当地教育的发展。所以,朱熹在同安"三年之绩,有百年之思"。

淳熙五年(1178年),朱熹出任"知南康军",重振白鹿洞书院。他从政不忘自己的学者身份。在庐山唐代李渤隐居旧址,修复"白鹿洞书院"进行讲学,并制订一整套学规,深刻影响了书院教育和后代教育的发展。

淳熙八年(1181年),浙东饥荒,朱熹由宰相王淮推荐,任提举两浙东路常平茶盐公事。时间虽不长,且又忙于救荒,但仍然不忘教育工作。据光绪《浙江通志》卷二十七、二十八记载,朱熹在宁波回答了士人问道,在稽山书院、月林书院、樊川书院、美化书院、明善书院等都进行了讲学。

绍熙四年(1193年),朱熹出知潭州,主持修复岳麓书院。他亲自规制擘画,扩建校舍,增加学田,还利用晚上从政之暇,亲临书院,教导诸生。他还行《白鹿洞书院学规》于此,以之为岳麓书院诸生讲习之规程;使岳麓书院与白鹿洞书院一样,成为朱熹讲学授徒、传播理学的场所。

由于朱熹热心于办书院,授徒讲学,又由于乾淳年间诸儒中,朱熹年最寿,讲学独久,朱熹门人极多。南宋陆游在为朱熹门人方伯谟撰写的墓志铭中云："朱公之徒数千百人。"(陆游《渭南文集》卷三十六)其门人之众，实为孔子以后所罕见。据方彦寿先生考证，朱子在寒泉精舍的门人有蔡元定、林用中等 22 人，在武夷精舍的门人有程端蒙、陈文蔚等 91 人，在考亭书院的门人有李播、贺孙、蔡沈等 163 人，合计 276 人。

二、经典品读：《朱子语类》（节选）

1. 论知行

致知、力行，用功不可偏。偏过一边，则一边受病。如程子云："涵养须用敬，进学则在致知。"分明自作两脚说，但只要分先后轻重。论先后，当以致知为先；论轻重，当以力行为重。（《朱子语类·卷九》）

【译文】

获取知识，落实行动，花费的功夫不能有所偏重。偏重到一方面，则另一方面就有所缺陷。就像程颐说的："涵养品性需要保持恭敬，使学问增进则需要获取知识。"明明白白是两者并重的，但还是要分一下先后轻重。说到先后，应该以"获取知识"为先；说到轻重，应该以"落实行动"为重。

2. 论格物

格物须是到处求。博学之，审问之，慎思之，明辨之，皆格物之谓也。若只求诸己，亦恐见有错处，不可执一。伊川说得甚详：或读书，或处事，或看古人行事，或求诸己，或即人事。复曰：于人事上推测，自有至当处。（《朱子语类·卷十八》）

【译文】

格物必须到各处去探求。广博地学习，审慎地发问，谨慎地思考，明晰地分辨，这都是在格物啊。如果只是向自己内心探求，也就恐怕见识会有错误疏漏，不可如此执着于一心。伊川先生程颐说得很详细：或者读书，或者处事，或者看古人做事，或者向自己内心探求，或者接触人情世故。他又说：在人情世故上推测探求，自然是很合适的。

3. 论读书

大凡读书，须是熟读。熟读了，自精熟；精熟后，理自见得。如吃果子一般，劈头方咬开，未见滋味，便吃了。须是细嚼教烂，则滋味自出，方始识得这个是甜是苦是甘是辛，始为知味。又云："园夫灌园，善灌之夫，随其蔬果，株株而灌之。少间灌溉既足，则泥水相和，而物得其润，自然生长。不善灌者，忙急而治之，担一担之水，浇满园之蔬。人见其治园矣，而物未尝沾足也。"又云："读书之道，用力愈多，收功愈远。先难而后获，先事而后得，皆是此理。"又云："读书之法，须是用工去看。先一书费许多工夫，后则无许多矣。始初一书费十分工夫，后一书费八九分，后则费六七分，又后则费四五分矣。"（《朱子语类·卷十》）

【译文】

凡是读书，必须是熟读。熟读了，自然就精通熟悉；精通熟悉后，道理自然就明了了。就像吃果子一样，一大口咬下去，没吃出滋味，便吃下去了。必须是细嚼慢咽，那滋味自然出来了，才知道这个是甜是苦是甘是辛，这才叫懂得滋味。又说："农夫灌溉园子，善于灌溉的农夫，沿着他的蔬果，一株一株地灌溉。一会儿灌好了，泥土与水相调和，因而植物得到滋润，自然地生长起来。不善于灌溉的，急急忙忙地做着，挑着一担水，浇灌满园的蔬果。人们看见他管理园子了，然而植物不曾被彻底灌溉。"又说："读书的方法，用力越多，收获越深远。先有困难，后有收获；先花力气，然后得知。都是这个道理"。又说："读书的方法，必须是用功去读。最开始的一本书花费许多工夫，然后就不用花这么多了。刚开始一本书花费十分工夫，下一本书花费八九分，再下一本花费六七分，然后就只要花费四五分了。"

（一）写作背景

两宋时期是我国文化发展的又一个高峰时期。陈寅恪曾称"华夏民族之文化，历数千载之演进，而造极于赵宋之世"。宋代实行以文兴国的文教政策，重视科举选士，促进了教育的极大繁荣。

在理学家的努力下，到南宋时期，书院教育盛行。在书院中，教师与门人的教学对话往往被记录下来，形成语录。朱熹的门人众多，《朱子语类》是朱熹与其弟子问答的语录汇编。

《朱子语类》一百四十卷。朱熹撰，黄士毅初编，黎靖德总成。朱熹一生从事讲学，诸弟子对其讲话和答疑各有所记。朱熹卒后，诸弟子对这些记录加以整理汇辑，并逐渐刊刻于世。致使《朱子语录》一时间多本并出，详略不一。

其本主要有：嘉定八年（1215 年），蜀人李道传取三十三家语录，刻于池州，曰"池录"；嘉熙二年（1238 年），李道传之弟李性传取四十二家语录，刻于饶州，曰"饶录"；淳祐九年（1249 年），建安蔡抗取二十三家语录，刻于饶州，曰"饶后录"；咸淳初年（1265 年），吴坚采三录未收者二十九家，又增入四家，刊于建安，曰"建录"。同时，又有诸弟子将朱子语录按类编排，名曰"语类"而刊行于世者，主要有：嘉定十二年（1219 年），黄士毅取百家语录编成的一百卷"蜀本"；淳祐十二年（1252 年），王氏续编"徽本"等。上述四种"语录"、两种"语类"，诸书并行，互有出入，未尽完善。有感于此，黎靖德乃以黄士毅"语类"为本，参校诸书，取重复者一千一百五十一条，然后以类条列，名曰"类大全"，是为今本。

综合来看，本书有三大特点：一是朱熹晚年精要语多，可纠正其早期著作中的某些不成熟意见；二是本书所涉及的许多问题，在其文集中有言之甚简或完全阙如的；三是《朱子语类》与其他理学家语录多谈性理者不同，上自天地之所以高厚，下至一物之微，无所不谈，范围广泛。《朱子语类》基本代表了朱熹的思想，内容丰富，它记载了朱熹与门人弟子讲学答问的对话，记录了朱熹的教学内容和教学过程，是研究朱熹的教育活动和教育思想的比较可靠的资料。

另外，宋代技术和商业蓬勃发展，印刷术兴起，使得平民子弟能够读书求学。在教育逐渐普及、士子们能接触的书籍日益增多的情况下，如何选书、如何读书成为一个重要的教育话题。在朱熹和门人的对话中，这一话题出现的频率非常高，以至于在《朱子语类》中单独有很大的篇幅介绍如何读书学习。

（二）篇章结构

关于《朱子语类》的内容分类，邓艾民在《朱熹与〈朱子语类〉》中曾说：《朱子语类》所谈到的内容，全部一百四十卷中，"四书"占五十一卷，"五经"占二十九卷，哲学专题如理气、知行等，专人如周、程、老、释等，以及个人治学方法等约占四十卷，历史、政治、文学等约占二十卷。

很显然，这本由门人弟子记录的书，主要是朱熹对他们提出的学术和学习问题的回答，不是朱熹本人的学术著作，它从不同的侧面，更加丰富和细致地启发我们更好地理解朱熹学术和思想的方方面面。详细可分为"理气""鬼神""性理""学""大学""论语""孟子""中庸""易""书""诗""孝经""春秋""礼""乐""孔孟周程张邵朱子""吕伯恭""陈时""陆氏""老氏""释氏""本朝""历代""战国汉唐谱子""杂类""作文"等二十六门。书中除对儒家经典"十三经"均有解说外，还对佛、老之学及汉唐诸子进行了学术阐释；对孔子、孟子、周敦颐、程颢、程颐、张载、邵雍、吕祖谦、亮、时适、陆九渊以及对自己并诸门人弟子亦进行了论述。内容涉及哲学、自然科学、政治、史学、文学等多方面，颇为庞杂。

若读一读黄士毅的《朱子语类后序》，看一看他对此书编写安排的说明，读者会对此书有一个基本的了解，同时对于朱熹哲学思想也会有一个相对整体的把握：

> 既以类分，遂可缮写，而略为义例，以为后先之次第。有太极然后有天地，有天地然后有人物，有人物然后有性命之名，而仁义礼智之理则人物所以为性命者也。所谓学者，求得夫此理而已。故以太极天地为始，乃及人物性命之原，与夫古学之定序。次之以群经，所以明此理者也。次之以孔孟周程朱子，所以传此理者也。乃继之以斥异端，异端所

以蔽此理，而斥之者，任道统之责也。然后自我朝及历代君臣、法度、人物、议论，亦略具焉。此即理之行于天地设位之后，而著于治乱兴衰者也。凡不可以类分者，则杂次之，而以作文终焉。盖文以载道，理明意达，则辞自成文。后世理学不明，第以文辞为学，固有竭终身之力，精思巧制，以务名家者。然其学既非，其理不明，则其文虽工，其意多悖，故特次之于后，深明夫文为末，而理为本也。

可见，弟子在编撰过程中，仍旧抱定了"理为本"的基本思路。我们在从这本"朱子思想大全"中采撷教育片段的同时，切不可忽视了其背后的理学背景与精神。

（三）思想价值

1. "知行合一"重实践

从《朱子语类》来看，"知行合一"是朱熹哲学思想的一个重要部分，他强调"知在行先""行重于知"，这对于今天的教育也很有启示意义。

在朱熹的知行学说中，朱熹首先认为"以致知为先"，也就是说，只有先知道事物的原理或规律，才能做出合乎事物本质的正确行为，否则，行为是不可能合乎事物的当然之则的。当然，我们首先需要明确的是，朱熹在此所说的"知在行先"并不是一般广泛意义上的认识与实践的关系，他不是在论证知识的来源，也不打算揭示行是知之因，而是在强调正确的道德行为必须根据理性知识的引导才能合乎规范。

此外，朱熹还认为，尽管"知在行先"，但是"行"却重于"知"，不管是修身齐家还是治国平天下，都是作为"践行"而成为求学目的所在。在朱熹等人的认识中，不将所学的义理知识付诸实践，是不可能成为圣人贤者的。

因此，朱熹特别重视道德践履。践履既是道德修养的重要方法，又是德育的根本目的。"行"是德育的出发点，也是德育成效检验的标准，因而也是德育的归宿。朱熹在《白鹿洞书院揭示》中首列的"父子有亲，君臣有义，夫妇有别，长幼有序，朋友有信"等"五教"既是纲常原则，又是道德主体践行的准则。所谓"言忠信，行笃敬，惩忿窒欲，迁善改过"等，更是生徒必行的"修身之要"。为此，朱熹提出了知行结合、引导与防禁结合、循序渐进等道德教育原则；提出了一系列的修养方法，如立志、克己、居敬、存养、省察、力行等，这些修养方法在后世产生了重大影响。

在书院的道德教育中，朱熹还十分重视言传身教，《白鹿洞书院揭示》附注中说："近世于学有规，其待学者为已浅矣；而其为法，又未必古人之意也。故今不复以施于此堂，而特取凡圣贤所以教人为学之大端，条列如右，而揭之楣间。诸君其相与讲明遵守，而责之于身焉，则夫思虑云为之际，其所以戒谨而恐惧者，必有严于彼者矣。其有不然，而或出于此言之所弃，则彼所谓规者，必将取之，固不得而略也。诸君其亦念之哉。"表现出一种强烈的道德担当的精神。

朱熹也注重在实践中锻炼学生，给学生提供机会。如当时书院的讲会制度就提供了一个锻炼学生的平台，朱熹有时携带学生一同参加讲会，看到学生渐渐领会自己的思想精髓时，便鼓励学生登台代讲。如朱熹就常命学生黄干为之代讲，在朱熹的言传身教下，黄干成为闽学学派的重要继承人。

这样的教育方式和教育原则，在今天"重知识，轻实践""重应试，轻德育"的教育背景中，是有很强的借鉴价值的。

2. "格物致知"明事理

从上一节我们可以看出，在朱熹的思想体系中，"知"在"行"之先，"知"为"行"之理论基础与指导方针，无"知"则"行"为无头之行，那么如何获得"知"就是紧接着所要探讨的重要问题。

《大学》有言："致知在格物。"朱熹亦秉承此种认识，将格物作为致知之阶。陈来先生认为，朱熹所谓格物有三层含义：即物、穷理、至极。在这三层之中，前提基础为"即物"，"即物"之目的在"穷理"，而"穷理"必当至乎其极。

由于"格物"是最形而下而能够真正操作实践的方面，朱熹对"格物"的论述在《朱子语类》中多被记载。朱熹的这种认识与他的哲学"理气论"有着密不可分的联系。所谓"形而上者谓之道，形而下者谓之器"，"理"在逻辑上固然先于万事万物，但"器物"既已形成，则"理在其中"不可分离，宇宙中并没有脱离"气"而存在的"道"，所以要想真正探求"道"或"理"，就必须接"器"与"物"。这也就自然导向了上一节所提及的"重实践"的思想。

所以说，朱熹的"格物穷理"主要是格外物——天文地理，鸟兽虫鱼，花草树木。因此，虽然朱熹给"格物"披上了一层道德践履的外皮，却丝毫不影响其作为客观知识学习，通过实践研究把握事物规律与本质的重要途径。这一对"事理"的探求精神，与今天科学精神中的"求真"之核心是有共通之处的。

此外，朱熹还特别强调了"格物"的"为学之序"，即"博学之，审问之，慎思之，明辨之，笃行之"。这段话出自《中庸》第十九章，实际上把教学分为了三个基本环节：一要博学，即多学、多见、多闻，学习多方面的知识。二要审问、慎思、明辨，即要在博学的基础上，深入研究和思考，通过比较辨析等方法，深入细致地掌握学习内容。三要笃行，即学到的东西和思考得到的东西要躬身力行，用以解决实际问题。因此，学习也好、教学也好，都要按照这一次序来进行。

这一对教育、求学阶段的高度概括，在今天依然为诸多学校所沿用。

3. "读书六法"下功夫

朱熹无论是教人为学，还是教人格物穷理，教人致知力行，必教人读书。在朱熹所处的时代，理学风气多是高谈心性，空言直观的神秘体验而轻视读书。朱熹察觉其弊，并力图挽救。

《朱子语类》中，卷十、卷十一两卷所收录的言论便都是专门讲述读书之法的。自朱熹而下，后世儒者不止一家曾汇集朱熹论读书之言而另外专门编成"朱子读书法"，其中流传较广者为元代程端礼所辑《朱子读书法》一书，书中所讲的读书六义分别为：循序渐进、熟读精思、虚心涵养、切己体察、着紧用力、居敬持志。

从朱熹论读书之法的言语中，我们可以发现，朱熹不是为了科举应试而教人读书，而真正是为了塑造学生的人格品质、培养学生的综合素养、锻炼学生的研究能力而教人读书。这种不趋附于科考时弊的独立精神是今日的教师必须首先确立的，只有教师首先端正了读书的目的，才能引导学生形成正确的读书观并养成良好的读书习惯。

在这两卷中，朱子关于"熟读"的论述非常丰富，这也是朱子认为读书有所成的最基础、最根本的方法。"熟读"必须"下工夫"。他说："读书之法，须是用工去看。先一书费许多工夫，后则无许多矣。始初一书费十分工夫，后一书费八九分，后则费六七分，又后则费四五分矣。""文字大节目，痛理会三五处，后当迎刃而解。学者所患，在于轻浮，不沉着痛快。""看文字，须大段着精彩看，耸起精神，树起筋骨，不要困，如有刀剑在后一般。"

像这样迫切的教诲还有很多，这背后展现出的是朱熹对读书的态度：他所说的读书是指做学问的途径，这种意义上的读书从来就不是一件轻松的事情，只有真正下苦功夫，才能读好书，才能做好学问，才能从书中汲取到有益于人生的营养。

（四）辞章魅力

"语录"是一种特殊的文体，是对一人或多人口头言论表达的记录或摘录。五代宋的语录在汉语白话发展史上具有十分重要的地位，除禅宗语录外，还有理学家的讲学语录。其中《朱子语类》是宋儒语录的重要代表。

宋代以前，语录这种形式就早已存在。孔子的《论语》，就是由他的弟子记录编纂而成的言说集子。因此，《论语》作为儒家学派的核心著作可谓"语录"这种文体的先驱。《朱子语类》在语言上，可谓传承了《论语》的一些风格：言简意赅，富于哲理性；形象生动，通俗易懂。

因为语录著作的成书，得益于弟子们坐在老师面前参与讨论，聆听教诲，忠实地记录下老师与其交谈的内容；经整理汇总加工，流传后世。所以宋儒语录的语言是一种混杂的半文半白的语言，在这些语录中，包含了宋代的口语成分和文言成分。

《朱子语类》的语言，还受到禅宗"语录"体的影响。禅宗语录用活泼生动的口语去启发学人的独立思维，以独特的方式阐述禅宗的观念、宗旨。这种平易的口语深为士大夫阶层喜欢和借鉴。禅宗教义对当时的人，无论是平民百姓还是达官贵人，都有很强的吸引力和诱惑力。

宋代儒学的统治地位面临空前的挑战，如何重振儒学，发展和创造一种全新的解释经典的方式，成为一个十分迫切的任务。以《朱子语类》为代表的宋儒语录，吸收借鉴了禅宗语录优势，大量采用以俗见长的日常生活语言来讲说抽象的义理之学。传统儒家对经典的评注，一般都是采用注疏的方式进行一种学究式的表达。对儒家经典进行逐行的注疏，这种"我注六经"的表达方式在汉儒当中十分盛行，并且取得了辉煌的成就。但到了宋代，新儒学家对传统儒家经典有了更多的反思和独立的思考，他们需要一种全新的传播方式，能自由地反思和发挥，但又不彻底颠覆经典在传统文人士大夫心目中的权威和神圣性。选择语录而放弃传统的注疏，既是宋代社会思潮的需要，也是新时期儒学发展振兴的一个新途径。

三、教育思想与实践

据前人的研究总结，朱熹的教学思想可以分为以下几个部分：教学目的论、教学过程论、教学阶段论、教学制度论、教学方法论。

（一）教学目的论

这要从朱熹对后世学校教育影响最大的文章《白鹿洞书院揭示》说起。该文的许多词句，至今依然是中国著名高校的校训或办学理念，故将全文摘录于此：

> 父子有亲，君臣有义，夫妇有别，长幼有序，朋友有信。
> 右五教之目。尧、舜使契为司徒，敬敷五教，即此是也。学者学此而已。
> 而其所以学之之序，亦有五焉，其别如左：
> 博学之，审问之，慎思之，明辨之，笃行之。

　　右为学之序。

　　学、问、思、辨，四者所以穷理也。若夫笃行之事，则自修身以至于处事、接物，亦各有要，其别如左：

　　言忠信，行笃敬，惩忿窒欲，迁善改过。

　　右修身之要。

　　正其义不谋其利。明其道不计其功。

　　右处事之要。

　　己所不欲，勿施于人。行有不得，反求诸己。

　　右接物之要。

　　《白鹿洞书院揭示》意义十分重大，它恢复了书院的本来精神。宋代虽然推行重文政策，促进了文化教育事业的大发展。但科举考试也使得书院，尤其是各级官学成为应试教育的机构，导致士子志大才疏，唯重功名利禄。"朝为田舍郎，暮登天子堂"的功名之心成为士子读书的主要动力。

　　朱熹当时曾一针见血地批评了这种不良学风："若读书上有七分志，科举上有三分，犹自可；若科举七分，读书三分，将来必被他胜却。况此志全是科举！所以到老使不着，盖不关为己也。"这就提出一个尖锐的问题——书院是干什么的？本在哪里？末在哪里？

　　实际上，当时的许多书院搞应试教育完全是本末倒置了。对此，朱熹在《福州州学经史阁记》中作了深刻的揭示："比年以来，教养无法。师生相视，漠然如路人。以故风俗日衰，士气不作。长老忧之，而不能有以救也。"而在《学校贡举私议》中朱熹作了更为痛切的抨击："太学者但为声利之场。而掌教事者，不过取其善为科举之文，而尝得隽于场屋者耳……师生相视漠然如行路之人，间相与言，亦未尝闻之德行道艺之实。而月书季考者，又只以促其嗜利苟得，冒昧无耻之心，殊非国家之所以立学教人之本意也。"可见在当时，"书院怎么办？书院往哪里去？"已经成为一个必须回答的重大课题。

　　对此，《白鹿洞书院揭示》鲜明地亮出了自己的观点。它所倡导的办学宗旨与那种"钓声名、取利禄"的世俗的读书欲求泾渭分明，提倡为己之学，注重人格建树，使书院从逐末忘本，回到正本清源上来。朱熹认为，自古以来"圣人教人，只是为己"，如果一个人仅仅"以科举为亲，而不为为己之学，只是无志"。所以他规劝学生"要分别科举与读书两件，孰轻孰重"，提倡不要只是为了应付考试而读书，鼓励诸生要像古人那样，"学以为己"。这样就明确了基本的办学宗旨。

朱熹订立《白鹿洞书院揭示》，明确了基本的办学宗旨，其意义和影响重大。绍熙五年（1194 年），他又将此《揭示》贴于岳麓书院门楣间，成为"岳麓书院揭示"。淳祐元年（1241 年），宋理宗视察太学，亲笔书写了《揭示》以赐国子监诸生；淳祐六年（1246 年），朝廷又将它诏颁于各府州县学，在全国范围内推广。此后，《揭示》被摹写、抄录在各地的学校和书院之中，成为共同遵行的御颁的"指导方针"。

《揭示》不仅成为南宋及以后历代书院的总学规，即使对当今中国社会存在的应试教育之风和大学中存在的"钓声名、取利禄"的不良学风也很有现实的针对性。今天中国的教育要真正出人才、出大师，可能还是要摆脱"钓声名、取利禄"的世俗诱惑，回到朱熹所倡导的"为己之学"的书院办学的基本精神上来。

（二）教学过程论

教学是一个认识过程，是由若干个环节所组成的。因此，朱熹从他的"格物致知"和"知行常相须"的认识论出发，在《白鹿洞书院揭示》中，提出了"博学之，审问之，慎思之，明辨之，笃行之"。这段话出自《中庸》第十九章，但是把它作为学规、作为教学过程提出来，则自朱熹始。

这个为学之序把教学过程分为五个步骤、三个基本环节。第一个环节是"博学之"，即要求多学、多见、多闻，学习多方面的知识，这是教学的起点、基础。第二个环节包括了"审问之，慎思之，明辨之"等三个步骤，是教学的深化的阶段，老师要引导学生，在博学的基础上，"审问之，慎思之，明辨之"，作"深入浅出，由此及彼，由表及里，去粗存精，去伪存真"的改造制作的功夫，深入研究和思考，深入细致地掌握学习内容，使之转化为自己的东西。第三个环节是"笃行之"，这是教学过程的运用和检验的阶段，即要求把学到的东西运用到实际中去，躬身力行，去解决实际问题并在实践中加以检验。这个"五步骤、三环节"的教学过程，实际上体现了"学、思、行"三者的辩证关系，是符合教学规律和认识论的。

从认识论的角度来看，一个认识过程必须有"学、思、行"这样三个环节，才是完整的。同时也必须是由"博学之"入手，才是可行的。正如朱熹所说："'多闻''多见'二字，人多轻说过了，将以为偶然多闻多见耳，殊不知此正是合用功处，圣人所以为'好古以敏求之'，又曰'多闻择其善而从之，多见而识之'，皆欲求其多也，不然则闻见孤寡不足以为学也。"（《朱子语类》卷二十四）但如果仅仅停留在博学的阶段，知识的获取、认识的过程并没有完结。因此，在教学过程中，老师还要引导学生进入"审问之，慎思之，明辨之"等三个步骤，在这三个步骤组成的环节中，教学之间就形成了互动，师生共同参与，使教学更生动，更能调动学生学习的积极性、主动性和自觉性；也调动老师的主动性，使得教学相长，提高教学的效率。在此基础上，进入"笃行之"这一学以致用的环节，使学到的知识落到实处并得到验证。这实际上也是"居敬以主其本，穷理以致其知，克己以灭其私，存诚以致其实"的过程。而这三个环节循环往复，不断提升，也就使得教学进程不断向前发展。

从学习的心理过程来说，这个"五步骤、三环节"的教学过程，也符合教学过程中的循序渐进的原则。"博学之"相对来说比较容易，它获得的是外在的零碎的感性知识；而"审问之，慎思之，明辨之"是致知内求阶段，获得的是个体内化的活的知识，因此要下一番更深的功夫。"笃行之"则对应实践阶段，指的是学以致用，它的要求就更高了。因为它还牵涉到会不会用、敢不敢用的问题，涉及知识最终是否为学习者掌握运用的问题。所以，这个"学—问—思—辨—行"的教学过程，从学生的认识和思维能力形成和发展来说，是一个"外（感知）—内（理解）—外（应用）"循环往复、发展提高的过程，是一个循序渐进的过程。

（三）教学阶段论

朱熹在前人推行的小学教育的基础上，提出了胎教和乳母之教、学龄前教育、小学教育、大学教育、平民教育等五个阶段的教育阶段论思想，体现了教育规律性的要求。这五个阶段的教育阶段论，实际上是从胎儿到成人的终身教育的概念，与现代教育学的理念可说是不谋而合。

朱熹的教育阶段论注重各个阶段的相互衔接，也是体现了教育规律的要求。其中小学和大学两个阶段的划分尤其具有科学性。儿童八岁入小学，受小学教育，这是小学阶段；十五岁在小学的基础上进入大学，受大人之学，这是大学阶段。

小学教育的主要内容是"教人以洒扫、应对、进退之节，爱亲、敬长、隆师、亲友之道，皆所以为修身、齐家、治国、平天下之本"。之所以作这样的安排是因为"小学之事，知之浅而行之小者也""大学之道，知之深而行之大者也"。就是说，一方面，小学、大学两个阶段的教学，要根据不同的年龄阶段所具有的不同的心理特征和接受能力来安排，使之具有针对性；另一方面，小学教育是大学教育的基础，而大学教育是小学教育的扩充与深化。

从教学方法的角度看，这种"小学、大学"的教育次序，由低级向高级迈进，符合了由浅入深、从易到难、循序渐进的规律，不仅能使学生少走弯路，而且步步为营，为学生的逐步成长打下了坚实的基础。特别值得指出的是朱熹统筹安排教养内容，编辑教学用书，符合现代教育的统一性原则的要求。虽然程度有深浅，而教材应是一贯。朱熹的《小学书》《近思录》《四书集注》及《经筵讲义》等一系列教材，虽然由于历史条件的局限，没有包含自然科学的内容，"但是，这种统筹安排教养内容来编辑教学用书的做法，在世界教育史上是比较早的，例如俄国十七世纪才开始大量印行比较普遍采用的识字课本。从教育史的角度考察，不能不说是一个进步"，不能不说是对教育规律的深度把握。

（四）教学制度论

朱熹是世界教育史上最早制订缜密的教育规章制度的教育家之一。他主张采用严密的教育方法，让学生遵照一定的规范行动。为此，他在办学、教学过程中制订了《白鹿洞书院教规》《童蒙须知》《训学斋规》等一系列缜密严格的教育规章制度。他在《〈童蒙须知〉序》中说："夫童蒙之学，始于衣服冠履，次及言语步趋，次及洒扫涓洁，次及读书写文字，及有杂细事宜，皆所当知。"因此，他按照这一要求，逐条列出，编为守则，对蒙童的生活、学习、言行等各方面，都作了详细说明，严格规定。并且，朱熹并不是只消极地对学生进行严格的防范，而是强调积极的教导，希望达到"苟知其理之当然，而责其身以必然，则夫规矩禁防之具，岂待他人设之而后有所持循哉！"这样一种良好的境界。

这种办教育要有一套规章制度而且要配之以积极的教导的思路，应该说也是合乎教育的规律的。"从世界教育史考察，朱熹制订这样缜密的学规，也算是很早的。夸美纽斯 1653 年写的《组织良好的学校的准则》，被有的教育史著作称为'一个完善的学校的规则'。朱熹制订的学规，不仅它的详尽性完全可以与夸氏相媲美，而且在时间上要早四百多年。至于与苏联教育史称为'具有独创性的俄国教育文献'的《儿童的公民守则》相比，则要早五百多年。"

（五）教学方法论

朱熹的教学方法论思想十分丰富，如"解疑、精思""知行并重""循序渐进""专心致志""涵养""究索""博学""专精""虚心""精审""门户开放，自由讲学""注重自学和思考，质疑问难""因材施教""寓教于乐"等等。这些教学方法主要是处理了以下若干教学的辩证关系，体现了教育的客观规律。

1. 教与学的辩证关系

朱熹在教学过程中十分重视启发诱导，常与"诸生质疑问难，诲诱不倦"进行启发式教学，特别是引导学生自己去思考，让学生能够通过艰苦的努力来掌握知识，这就使学生的知识掌握得更扎实、更牢固。也就是说要充分调动学生学习的积极性、主动性和自觉性，确立学生学习的主体地位。他要求学生自己下苦功夫，勤学苦钻，而教师只是"做得个引路人"。"师友之功，但能示之于始而正之于终尔。若中间三十分工夫，自用吃力去做。"（《朱子语类》卷八）在教学过程中，朱熹十分强调学生"事事都用你自去理会，自去体察，自去涵养，书用你自去读，道理用你自去究索"（《朱子语类》卷十三），要求学生对所学的知识必须反复钻研，逐步消化，才能有所收益："譬如饮食，从容咀嚼，其味必长；大嚼大咽，终不知味也。"（《朱子语类》卷十）

从教学方法来看，朱熹一方面注意到教师的引导和指点作用，另一方面又重视培养学生的独立思考能力和独立钻研能力，较好地处理了教与学的辩证关系。

2. 博与约的辩证关系

在指导学生学习方面，朱熹十分注意教育学生把"博学"和"专精"结合起来。他说："博学，谓天地万物之理，修己治人之方，皆所当学。"（《朱子语类》卷六十四）他把广博作为为学的重要基础："识得道理原头，便是地盘。如人要起屋，须是先筑教基址坚牢，上面方可架屋，若自无好基址，空自今日买得多少木去起屋，少间只起在别人地上，自家身己自没顿放处。""须就源头看，教大底道理透，阔开基，广开址。如要造百间屋，须着有百间屋基，要造十间屋，须着有十间屋基。"（《朱子语类》卷八）因此，朱熹把各门各类的知识以及修身养性的方法等都列入了学生必须学习的范围。但朱熹又特别重视"专精"："夫学，非读书之谓，然不读书，则无以知为学之方。故读之者贵专而不贵博。盖惟专为能知其意而得其用，徒博则反苦于杂乱浅略而无所得也。"（朱熹《答朱朋孙》）所以，博与约两者要结合起来，就是说广博是基础，没有这基础，房子盖不大、盖不高，但如果只是泛泛博览而不能专精深入，也会流于杂乱、肤浅而茫然无所收获。

3. 难与易的辩证关系

这也就是循序渐进的原则。朱熹主张："学不可躐等，不可草率，徒费心力。须依次序。"(《朱子语类》卷十一)就是说，教学必须遵循由浅到深、由低到高、由易到难的客观规律。如果违背了这一教学规律，就会徒劳无功。朱熹举例来说明了他的这个教学法思想："譬如登山，人多要至高处。不知自低处不理会，终无至高处之理。"(《朱子语类》卷八)他还说"读书不可贪多，常使自家力量有余"，与其贪多嚼不烂，不如"细嚼教烂，则滋味自出，方始识得这个是甜、是苦、是甘、是辛，始为知味"。(《朱子语类》卷十)所以，在教学上朱熹主张必须有一个具体而细致的安排，并严格遵守一定的教学次序，"立下一个简易可常的课程，日日依此积累功夫"(朱熹《答吕子约》)。这个功夫就是教学必须"有序"，逐渐地让学生把知识积累起来，切切不可追求"欲速之功"，拔苗助长。

朱熹教人读"四书"的做法生动地体现了这一循序渐进的教学方法：读书先读《大学》，以定其规模；次读《论语》，以立其根本；次读《孟子》，以观其发越；次读《中庸》，以求古人之微妙处。"问：'初学当读何书?'曰：'六经、《语》、《孟》皆圣贤遗书，皆当读。但初学且须知缓急。《大学》《语》《孟》，最是圣贤为人切要处，然《语》《孟》却是随事答问，难见要领，惟《大学》是曾子述孔子说为学之大方，门人又传述以明其旨，体统都具，玩味此书，知得古人为学所乡，读《语》《孟》便易入。后面工夫虽多，而大体已立矣。'"(《朱子语类》卷十三)

4. 知与行的辩证关系

这也就是"知行并重"。在教学过程中，朱熹认为只有"读书穷理"是不够的，还要与"躬行践履"相结合，即"穷理以致其知，反躬以践其实"。朱熹说："论先后，知为先；论轻重，行为重。"(《朱子语类》卷九)所以强调："学之之博，不若行之之要；行之之要，不若行之之实。"(《朱子语类》卷十三)"知之愈明，则行之愈笃；行之愈笃，则知之益明。"(《朱子语类》卷十四)正确论述了知与行、认识与实践的辩证关系。总之，读书穷理必须与躬行践履相结合。这是朱熹尊崇的教学原则。

四、社会影响

（一）历史影响

朱熹的教育活动和教育思想是中国教育史的重要内容和重要发展阶段，奠定了中国后期封建社会教育的基础。虽然朱熹生前遭到统治者的迫害，其学被禁，主要是在民间和学术界流传。但朱熹逝世后不久，统治者逐步认识到其学说的价值，开始将其学说确立为官方统治思想，将朱学贯彻到学校教育和科举考试中去，扩大了其思想的影响。从宋末到元明清，朱学占据了中国教育的主导地位，广泛、深刻地影响了中国教育达 700 年之久，这在中国教育史上是前所未有的。

自宋末以来，朱学成为官学，其《四书章句集注》等被列为官学课本，主导着中国教育的发展。宋理宗宝庆三年（1227 年）下诏："联观朱熹集注《大学》《论语》《孟子》《中庸》，发挥圣贤蕴奥，有补治道。朕励志讲学，缅怀典刑，可特赠熹太师，追封信国公。"推崇朱熹理学，并将其《四书章句集注》等列为学校教育的教材，以体现其"励志讲学"。这是朱学正式成为官方统治思想的开始。

元仁宗皇庆二年（1313 年）制定科举条目，规定"明经内'四书''五经'，以程子、朱晦庵注解为主……《大学》《论语》《孟子》《中庸》内出题，并用朱氏章句集注"。延祐二年（1315 年），正式设科取士，通过科举，把朱学贯彻到教育之中，扩大了朱熹的影响。此后，朱熹的"四书"之说成为学生学习、举子考试的主要内容，并被定为"国是"。

明代统治者仍定朱学为官学。明成祖永乐十三年（1415 年）编纂成以朱学为主的《五经大全》《四书大全》和《性理大全》。科举以"四书"和"五经"取士。其中"四书"以朱熹的《集注》为标准。对当时朱学盛行，居学术界统治地位的情况，朱彝尊曾说"非朱子之《传》《义》，弗敢道也""言不合朱子，率鸣鼓而攻之"。表明朱学影响教育、科举很深，但同时也造成思想束缚，不利于新思想的产生。

康熙五十四年（1715年），李光地奉敕编纂《性理精义》，以程朱之学作为学校教育和科举考试内容。与明代一样，科考仍是以朱熹的《四书章句集注》《周易本义》《诗集传》以及其他与程朱学有关的内容为标准。可以看出清代教育对朱学的重视。这种情况延续到清末，未因汉学兴起、反对宋学而改变。

以上可见，自宋末以来，直至元明清三代，由于朝廷的提倡，朱学成为统治思想，通过科举考试，对中国后期封建社会的教育产生了重要影响。

朱熹的教育思想对后世的书院教育也产生了重要影响。元明清三代的书院教育，很多是以朱熹的《白鹿洞书院揭示》为依据的。在书院教育中贯彻其"明人伦"即"明理"的思想，并一定程度地发挥和体现了朱熹等理学家自由讲学、独立议政的书院教育特色。如顾宪成于明末复建东林书院，与高攀龙等讲学其中，订《东林会约》，首列孔颜曾思孟为学要旨，次朱熹《白鹿洞书院揭示》，学宗程朱理学，创东林学派，持洛关闽之清议，讽议朝政，裁量人物，体现了书院教育自成一体、独立议政的特色。这也是朱熹影响的结果。

元明清三代，书院时兴时废，既有演变为官学之时，又因保持自由讲学、独立议政、批评朝政的传统，而遭毁废之时。其中，皆有朱熹书院教育之影响。

总体而言，朱熹对后世教育的影响可谓巨大。而这一影响产生的效果，总体来看，或许弊大于利。在统治集团的利用下，朱熹这名反对官方思想和科举考试的教育家，反倒成为后世禁锢学子思想、被官方捧上神坛的"偶像"。他独立创新的教育精神，仅在民间书院中有所保留和延续。

（二）当代价值

立足当代教育，朱熹的诸多教育思想对教学实践都有很强的指导和借鉴价值。

首先是教育目的。早在近千年之前，朱熹就发现了当时科举应试对学生的压抑，功利目的对教育的损害，并且有针对性地提出了"为己之学"来纠偏和疗救。然而，正如上文所言，古往今来，朱熹所反对的应试教育体制似乎一直没有被彻底动摇过，广大学子仍然在考试的压力下苦苦挣扎，而有些学校的办学理念仍然是"分数至上"。在这样的时代，重读朱熹在白鹿洞书院开学典礼上的讲话，或许仍旧是很有意义的："熹窃观古昔圣贤所以教人为学之意，莫非使之讲明义理，以修其身，然后推以及人，非徒欲其务记览，为词章，以钓声名，取利禄而已也。今人之为学者，则既反是矣。然圣贤所以教人之法，具存于经，有志之士，固当熟读、深思而问、辨之。苟知其理之当然，而责其身以必然，则夫规矩禁防之具，岂待他人设之而后有所持循哉？"

其次是教学创新。朱熹强调，教人主要是教别人善于为学。在教学中，教师要讲究教的方法，学生要讲究学的方法，这对当时的官学而言既是一种反叛，也是一种创新。他的观点对现今的教学仍具有一定指导意义。在今天的学校教育中，仍存在教学生死记硬背，强制灌输，使学生个性被压抑，片面发展，以致出现高分低能、人才缺乏创造性等现象，这些是和朱熹书院教学思想相违背的，应引起我们反思。

再次是言传身教。在当时的官学里"师生相见，漠然如行路之人"，师生关系冷漠疏远，学校变成"声利之场"，教学缺乏"德行道义之实"，是对人的摧残，对学生生命的扼杀。朱熹身体力行，对学生要求虽十分严格，但其方法不是冷酷的压抑和消极的防范，而是耐心的启发和积极的引导，以使学生心悦诚服，自觉遵守。而我们现在的学校教育仍存在教师绝对权威，学生绝对服从，教师学生关系不融洽甚至冷漠等现象，这与朱熹把学生当朋友，用渊博的知识教育学生，用自己的品德气节感染学生的师生观相违背。因此，我们当代教师应当效仿朱熹"重践履、务实行"的精神，在教育教学之路中，从修养自身、身正为范、言传身教做起。

最后是教学方法。朱熹书院教学中，对学生学习方法的主张，也值得我们今天借鉴。朱熹注重培养学生的自学能力，注重发展学生自主探究、敢辩善疑的学习品质，使学生不拘泥于前人的清规戒律，不一知半解，不人云亦云。这实际上就是要启发学生，不仅要有抽象思维能力，而且要培养形象思维能力和洞察能力、综合能力，使学生积极进取，勇于探索，使学生永远具有开拓创新的"源头活水"。这正符合了今天教育教学的规律，值得每一位老师学习和传承。

主要参考文献

[1] 黎靖德，王星贤. 朱子语类 [M]. 北京：中华书局，1986.

[2] 朱熹. 四书章句集注 [M]. 北京：中华书局，2012.

[3] 束景南. 朱子大传 [M]. 上海：复旦大学出版社，2016.

[4] 陈来. 朱子哲学研究 [M]. 上海：华东师范大学出版社，2000.

[5] 余英时. 朱熹的历史世界 [M]. 北京：生活·读书·新知三联书店，2011.

[6] 杨鑫辉. 朱熹在教育史上的地位 [J]. 江西师院学报，1981 (3)：85-89.

第九章 知行合一：王守仁的 教育思想与实践

一、王守仁生平

王守仁（1472 年 10 月 31 日—1529 年 1 月 9 日），字伯安，浙江余姚人，因曾筑室于会稽山阳明洞，自号阳明子，世称阳明先生。

清代俞麟《王阳明先生全集》记载，王家是书圣王羲之的同族后人。王守仁祖父王伦以教书为业，父亲王华曾高中状元。据说因为祖母梦见仙人踩祥云把婴儿送下来，所以祖父给他取名为云，乡邻们则把他出生的地方命名为"瑞云楼"。据其弟子钱德洪等辑录的《阳明先生年谱》记载，王云到五岁还不能说话，后来经一位游方僧人指点，祖父为其改名"守仁"，随后他才开口能言。

王守仁自小才华出众，抱负不凡，十二岁就立下志向要成为圣贤，而且有着当时一般儒生少有的行动力。十四岁开始学习弓马之术，希望以文武全才而立世。年少时的王守仁喜好多变，兴趣广泛，曾先后沉迷于任侠、骑射、辞章、道教和佛教，三十五岁才转奉儒学。

弘治十二年（1499 年），两次科考失利之后的王守仁考中进士，初入仕途，先授职工部，后又在刑部、兵部、礼部等任职。他在工部督造前威宁伯王越的墓时，曾立志效法其武功；在刑部负责审决重囚时，平反了多起冤案；在任山东乡试主考官时，为回归传统儒学作了新的探索。正德元年（1506年），把持朝政的宦官刘瑾矫诏逮捕戴铣等二十多人，王守仁上疏营救，遭廷杖四十，下诏狱，最后被贬为龙场驿丞。龙场地处偏僻，瘴疫盛行，王守仁一边教化当地夷人，一边圣心不移，澄心静虑，苦求精思，悟得"圣人之道，吾性自足，向之求理于事物者，误也"的道理。王守仁为学先"泛滥于词章"，之后学朱熹"格物穷理之学"，后又"出入于佛老"。在经历了"为学三变"之后，最终在贵州龙场悟道，找寻到为学为圣的方向与路径。

逆贼刘瑾被杀之后，朝廷重新起用被刘瑾陷害的人。正德五年（1510年）到正德十年（1515年），是王守仁一生职务变动最为频繁的时期，而且大多是闲职，并无繁忙的公务，这使他能够集中精神专注于讲学。所到之处，门人广进。王守仁将"心即理"和"知行合一"的学说，贯串于儒家经典的系统诠释之中，超越了朱熹之学的固有局面，在朝野学界引发剧烈反响。

正德十一年（1516年）九月，王守仁巡抚南康、赣州，不过一年，就肃清贼寇，境内大定，由此王守仁的生活重心转入军事。之后他先后平定宁王朱宸濠叛乱和广西思恩、田州及八寨、断藤峡的动乱，为明王朝立下不朽基业。同时，与前代治理地方、边疆者不同，他积极编制保甲，省赋宽农，设县兴学，显示了追求长治久安的心学功夫。《明史》本传称："终明之世，文臣用兵制胜，未有如守仁者也。"诚不虚言。

王守仁体弱多病，领兵平乱十余年中，屡次上疏，欲辞官养病，但未获准。广西平乱之后，他自感来日无多，上疏未获准即北上江西返乡，于嘉靖七年（1528年）十一月二十九日，病逝于舟中。去世前留下遗言"此心光明，亦复何言"，享年五十七岁。

王守仁一生曲折坎坷，但始终心怀天下，普济苍生，为匡扶社稷立下不朽的功勋。他不断体悟，上下求索，提出"致良知""知行合一"等理论。集事功、道德、文章于一身，成为中国历史上罕见的"三不朽"的圣人。

二、经典品读：《教条示龙场诸生》

诸生相从于此甚盛，恐无能为助也。以四事相规，聊以答诸生之意：一曰立志，二曰勤学，三曰改过，四曰责善。其慎听毋忽！

立　志
志不立，天下无可成之事。虽百工技艺，未有不本于志者。今学者旷废骥惰，玩岁愒时①，而百无所成，皆由于志之未立耳。故立志而圣，则圣矣；立志而贤，则贤矣。志不立，如无舵之舟、无衔之马，漂荡奔逸，终亦何所底乎？昔人有言：使为善而父母怒之，兄弟怨之，宗族乡党贱恶之，如此而不为善可也。为善则父母爱之，兄弟悦之，宗族乡党敬信之，何苦而不为善、为君子？使为恶而父母爱之，兄弟悦之，宗族乡党敬信之，如此而为恶可也。为恶则父母怒之，兄弟怨之，宗族乡党贱恶之，何苦而必为恶、为小人？诸生念此，亦可以知所立志矣。

勤　学

已立志为君子，自当从事于学。凡学之不勤，必其志之尚未笃②也。从吾游者，不以聪慧警捷为高，而以勤确谦抑为上。诸生试观侪辈之中，苟有虚而为盈，无而为有③，讳己之不能，忌人之有善，自矜自是，大言欺人者，使其人资禀虽甚超迈④，侪辈之中有弗疾恶之者乎？有弗鄙贱之者乎？彼固将以欺人，人果遂为所欺，有弗窃笑之者乎？苟有谦默自持，无能自处，笃志力行，勤学好问，称人之善而咎己之失，从人之长而明己之短，忠信乐易，表里一致者，使其人资禀虽甚鲁钝，侪辈之中有弗称慕之者乎？彼固以无能自处而不求上人，人果遂以彼为无能，有弗敬尚之者乎？诸生观此，亦可以知所从事于学矣。

改　过

夫过者，自大贤所不免，然不害其卒为大贤者，为其能改也。故不贵于无过，而贵于能改过。诸生自思：平日亦有缺于廉耻忠信之行者乎？亦有薄于孝友之道、陷于狡诈偷刻⑤之习者乎？诸生殆不至于此，不幸或有之，皆其不知而误蹈，素无师友之讲习规饬⑥也。诸生试内省：万一有近于是者，固亦不可以不痛自悔咎，然亦不当以此自歉，遂馁⑦于改过从善之心。但能一旦脱然洗涤旧染，虽昔为盗寇，今日不害为君子矣。若曰，吾昔已如此，今虽改过而从善，将人不信我，且无赎于前过，反怀羞涩凝沮，而甘心于污浊终焉，则吾亦绝望尔矣。

责　善

责善，朋友之道。然须忠告而善道之，悉其忠爱，致其婉曲，使彼闻之而可从，绎⑧之而可改，有所感而无所怒，乃为善耳。若先暴白其过恶，痛毁极诋，使无所容。彼将发其愧耻愤恨之心，虽欲降以相从，而势有所不能，是激之而使为恶矣。故凡讦人之短，攻发人之阴私以沽直⑨者，皆不可以言责善。虽然，我以是而施于人不可也，人以是而加诸我，凡攻我之失者，皆我师也，安可以不乐受而心感之乎？某于道未有所得，其学卤莽耳。谬为诸生相从于此，每终夜以思，恶且未免，况于过乎？人谓"事师无犯无隐⑩"，而遂谓师无可谏，非也。谏师之道，直不至于犯而婉不至于隐耳。使吾而是也，因得以明其是；吾而非也，因得以去其非：盖教学相长也。诸生责善，当自吾始。

【注释】

① 玩岁愒（kài）时：贪图安逸，虚度岁月。出《左传·昭公元年》："玩岁而愒日。"

② 笃：专一，一心一意。

③ 虚而为盈，无而为有：语出《论语》。孔子的意思是空虚却装作充实，没有却装作有，这样的人是难以有恒心保持好品德的。

④ 超迈：超越常人。

⑤ 偷刻：尖刻。

⑥ 规饬：规诫。

⑦ 馁（něi）：不足。

⑧ 绎：寻求，推究。

⑨ 沽直：博取正直的名声。

⑩ 事师无犯无隐：语见《礼记·檀弓》。无犯，不冒犯；无隐，无隐讳。

【译文】

各位来此地向我问学的人很多，我担心不能对你们有切实的帮助。现在以四件事情规劝你们，聊以答谢大家的厚意。我要说的是：一要立志，二要勤学，三要改过，四要责善。希望谨慎地听取不要忽略了！

立　志

人不立志，天下就没有可成就的事业。即使是百工从事于各行各艺，也都是本于他们的志。现在的读书人荒废怠惰，虚度岁月，结果百事无成，都是由于未曾立志。所以，人能立志成为圣人，就可以成为圣人；能立志成为贤者，也可成为贤者。人不立志，就像没有舵木的船、没有衔环的马，随水漂流，任意奔跑，最后又到什么地方为止呢？前人曾经说过：如果一个人立志为善，却因此使得父母生气，兄弟怨恨，族人乡亲轻视、厌恶你，那样而不去为善，倒也说得过去。如果因为你的为善，使得父母疼爱你，兄弟喜欢你，族人乡亲尊敬、信服你，那你为何不去为善、不去做君子呢？反之，如果因你作恶，却能使父母疼爱你，兄弟喜欢你，族人乡亲尊敬、信服你，那样而去作恶，倒也说得过去。如果你的作恶，使得父母生气，兄弟怨恨，族人乡亲轻视、厌恶你，那又何苦一定要去作恶、做小人呢？各位考虑到了这个问题，也就可以知道应当立定怎样的志向了。

勤　学

已经立志做一个君子，自然应当从事于学习。凡是学习不够勤奋的人，必定是他的志向还不坚定。跟随我学习的人，不是以聪慧敏捷为高等，而以勤奋谦逊为上等。各位试看同学当中，假若有那种内心空虚却装作充实，学识贫乏却装作丰富，讳言自己的短处，又忌恨他人的长处，自我炫耀自以为是，喜欢用大话骗人的人，即使这个人天资禀赋很优异，同学当中会有人不痛恨厌恶他吗？会有人不鄙弃轻视他吗？这种人固然想要欺骗别人，但人们果真会被他迷惑吗？不会暗中耻笑他吗？假如有那种谦虚沉默、自我克制，总以为自己无能，平时坚定意志努力实行，勤学好问，乐于称赞别人的长处，严于责备自己的短处，忠诚信实、和乐平易，表里一致的人，即使这个人天资禀赋很愚钝，同学中会有人不称赞美慕他吗？这种人固然总以为自己无能，不求超出别人，人们果真会认为他无能，而不去敬重他吗？各位同学对照一下这两种人，也就可以知道应怎样去从事学习了。

改　过

说到过失，即使是贤者也难以免除，但是它并不妨碍其人最后成为贤者，就是因为贤者能改过。所以人不以没有过失为贵，而以善于改过为贵。各位请自己反思一下：平时在廉耻忠信方面行为有缺失吗？是否轻视孝顺友爱的道理？是否沾染了狡诈尖刻的习气？各位同学的行为大概还不至于这样。如果不幸有了这种过失，也都是在不知不觉中产生了错误，加以平日缺少老师朋友讲习规劝的缘故。各位同学试着反省，万一有近似这样的行为，当然不能不痛自悔恨，但也无须为此过于歉疚，以致失却改过从善的信心。只要能有一天完全除掉旧有的恶习，即使过去做过强盗贼寇，仍不妨碍你现在成为君子。如果你们中间有人说：我以往已经这样了，现在虽然想改过而向善，但人们或许不会信任我，我既然不能挽回以往的过失，反而会因此增加羞愧和沮丧，倒不如干脆陷身于污浊以了此终生。对于抱这样想法的人，我也只能绝望了。

责　善

以善道互相督责，本来是朋友交往的基础。但必须是以忠言相告，并且和善地解说，竭尽忠爱，婉转致词，使朋友听了能够依从，想了能够改正，对你的批评只有感动而不生气，这才是真正的责善。如果动不动就揭露别人的错误，并严加诋毁，会使人无法承受。他本来萌发了羞愧悔恨之心，虽然也想贬抑自己来听从你，到这时也难以做到了，这就是因为你的刺激而促使他为恶。所以那种以攻击他人短处、揭发他人阴私来换取正直名声的人，都称不上真正做到了"责善"。不过，我这样去对别人责善不可以，别人如果对我责善，凡是能批评我的过失的人，都是我的老师，我怎么可以不乐于接受并感激他呢？我对于天下的道理还缺少心得，学问还很粗疏。现在各位随从我学习，我每夜扪心自问，觉得身上的恶尚且未能免除，更何况是过失呢？人们读到《礼记》中"对老师是不可以冒犯、不可以隐瞒"的话，就认为对老师是不可以批评的，这是不对的。批评老师的道理，应该是直率而不至于冒犯、委婉而不至于隐瞒。假如我是正确的，经过批评更可证明正确；假如我是错误的，经过批评可以去除错误：这就是教、学互相促进的道理。各位今后以善道互相督责，应当先从我开始。

（一）写作背景

正德元年（1506 年）冬天，把持朝政的宦官刘瑾矫诏逮捕南京给事中御史戴铣等二十多人，王守仁违抗命令，上奏章营救他们，武宗大怒，刘瑾对他更是切齿痛恨，于是先杖打四十，再将他贬为贵州龙场驿丞。

龙场地处贵州西北万山中，荆棘丛生，蛇虺群居，瘴疫盛行。初至龙场，王守仁就以自己的学养和仁心教化当地夷人，与他们相处融洽。他教他们建造房屋，穴居野处的夷人有了房屋居住，对他更是敬重和感激，大家合力经营，帮助王守仁修建了一间屋子，轩、亭、堂皆备，王守仁很感谢这些质朴忠实的夷人，分别将此题名为何陋轩、君子亭、宾阳堂，并且写了几篇文章记述此事。新居建成，王守仁的学生们听说之后，也渐渐从远方来集，这也成了王守仁与弟子们日常切磋交流的主要场所，大家均请名此为龙冈书院。

在环境恶劣的龙场，王守仁始终没有忘记自己一直钻研的圣学，带着"圣人处此，更有何道"的自我追问，重新审视"格物致知之旨"，日夜端坐，静心聚神，他以自己的身体去感受死亡，以最接近死亡的方式去体悟生死，终于，在一个夜阑人静之时，灵光闪现，"大悟格物致知之旨"，通过"澄默静一"的修行，不仅超越生死，而且让未曾参透的"格物致知之旨"也豁然开朗。他觉悟到，圣人之旨藏在每个人的心中，一直以来自己向心外求理，这方法本身就是错误的，"圣人之道，吾性自足"。这是王守仁经历了二十年左右的时间，不断体悟，上下求索，事上磨炼的思想结晶。

"龙场悟道"使王守仁突破了被时人奉为圭臬的程朱理学的窠臼，以"本心即道"为根基建立起自己宏大的思想体系，为当时社会注入一股清新灵动的思想活力，更吸引来自四面八方的门人弟子。越来越多的学子聚集到龙场，王守仁受邀登坛讲学，在这里"传道受业解惑"。随着教学活动的展开，为了解决诸生对于如何做人、做事、做学问等一系列问题的困惑，王守仁写下了此篇《教条示龙场诸生》。

（二）篇章结构

"教条"，也称教约、学规等，作为古代社会实施教化的重要载体，是中国古代学塾和书院颁布的劝谕性规章。教条主要用来明确书院教育的宗旨、教育教学的原则，以此来规范学生的道德品行，指导学生治学的方法，以促进学生最终至善成德。王守仁在《教条示龙场诸生》中，定下四条学规："立志""勤学""改过""责善"，来规范和引导弟子读书治学、修身立德。

尽管这四条学规看上去各成一体，然而四条之间也有内在关联，逻辑严密。"立圣贤之志"是确定人生的目标和方向，这是一个人成长的基石，也是这四条学规最为核心的精神志向，它是"勤学"的前提和目的，"勤学"是"立志"后的行动表现，是达成目标的路径。需要指出的是，"立志"与"勤学"两者是辩证统一、不可割裂的。很多年轻人学习不能持之以恒，正是因为立志不笃，所思甚少。而在修养德行的过程中，人难免会犯错，所以阳明先生提出"改过"，只要能经常反思自己的过失，并勇于改正，自然可以回归正确的道路，而且"立志"坚定的人，内心往往觉知力更强，能察觉并严格改正自己的过错。当然，我们不仅应该注重自我的修行，还应该对朋友的道德予以严格要求，"忠告而善道之"，这才是真正的朋友之道，也是成为圣贤必要的德行修养。因此，"改过"与"责善"可以视作达成目标的策略。综上，《教条示龙场诸生》的四条学规，不是科举考试的功利主张，而是人格教育的道德思想，其人格是儒家传统的圣贤、君子人格。立志是立圣贤之志；勤学是学做谦虚谨慎、表里如一的君子；犯错不可怕，改过之后依然可以成为君子；责善是成就对方的君子之德，也是成就自己的圣贤之志。这四条学规依次展开，条条相扣，中心明确，具有很强的针对性，是王守仁教育思想的集中体现。

（三）思想价值

1. 为学先立志

阳明先生基于自己的人生经验，将"立志"放在学规首位，开宗明义："志不立，天下无可成之事。虽百工技艺，未有不本于志者。"接着以求学为例，阐述为学先立志的重要性。他断言："故立志而圣，则圣矣；立志而贤，则贤矣。"在这里，他提出了立志是立成为圣贤之志，人能立志成为圣人，就可以成为圣人，能立志成为贤者，也就可以成为贤者。又因为当时的弟子大多是夷人，"圣人"之要求可能太高，阳明先生便因材施教，援引宋代学者徐积"为善去恶"的言语来教诲学生："为善则父母爱之，兄弟悦之，宗族乡党敬信之，何苦而不为善、为君子？""为恶则父母怒之，兄弟怨之，宗族乡党贱恶之，何苦而必为恶、为小人？"他借此告诫龙场诸生，要开掘自己的"良知"，立志做好人、做好事、做君子。

其实，"做圣人"是王守仁从小就树立的志向，据《阳明先生年谱》记载，他十二岁时问他的塾师"何为人生第一等事"，在一般儒士眼中，"读书、登第、做官"自是人生第一等事，但阳明却质疑老师："登第恐未为第一等事，或读书学圣贤耳。"强调树立"学为圣人"之志的重要性，这是王守仁对教育价值、教育目的的思考。日本著名的阳明学者冈田武彦认为：王阳明提出"立志"是为了成为圣贤，自宋代以来，学术界开始提倡做学问是为了成为圣贤，但是首先强调做学问要先"立志"的人是王阳明，这也是阳明学的一大特色。

2. 勤确谦抑为上

阳明先生认为有志于圣贤之学，就要笃志力行，勤奋学习。他说："已立志为君子，自当从事于学。凡学之不勤，必其志之尚未笃也。"他对门人弟子的评判标准，不是聪明机警，而是勤勉谦虚，"从吾游者，不以聪慧警捷为高，而以勤确谦抑为上"。他列举了生活中常见的两类人进行论辩，一类是内在空虚却自以为是，讳言自己的短处，妒忌别人的长处，夸夸其谈以欺骗别人的人，即使他们天赋异禀也会被鄙视、被嘲笑；另一类则是谦虚克制，把自己看作无能，平时笃志力行，勤学好问，乐于称道别人的长处，严于责备自己的短处，忠信平易，表里一致的人，即使他们的资质和禀赋很愚钝，同辈还是称赞他、爱慕他、敬重他。王守仁要求弟子向后一类人学习，做谦抑自持、表里如一的君子。

在这里，王守仁强调"为学"之"心"重在"谦抑"，在"勤学"中突出"谦抑"，实则强调的是一种胸怀和德行。《论语·泰伯》中记载，孔子曾说："如有周公之才之美，使骄且吝，其余不足观也已。"意思是：如果有周公那样的优秀才华，假使骄傲而封闭，那也没有什么值得看的了。可见，儒学传统向来就肯定谦虚逊让，把它看作礼的内容。在王守仁的教育思想中，"立志"

与"勤学"是"一而二，二而一"的辩证统一关系，"立志"的最高理想就是通过"勤学"而"超入圣域"，达成圣人的境界，因此，必须以"谦抑"的态度来对待学习，才符合其"学为圣人"的宗旨，这充分体现了王守仁的人生观和学习观。

3. 贵于能改过

为学修德的过程中，过不可免，阳明先生认为"不贵于无过，而贵于能改过"。在他看来，大贤也难免犯错，但这并不妨碍他们成为圣贤，因为他们知错能改。王守仁要求龙场诸生在修养日常道德的过程中，首先要思过，要反思平常所做的事情，是否在廉耻忠信方面行为有偏失，是否对孝友之道看得太薄，是否沾染了狡诈尖刻的习气。如有误犯，往往是平时缺少师友的讲习规劝，不明白道理所致。然后一定要改过。改过一定要坚决，不能怀着羞耻、愧疚、恐惧、沮丧的心理而"甘心于污浊终焉"。

实际上，王守仁对于自己的家人同样有勇于改过的严格要求。他曾写下《寄诸弟书》，强调"改过为贵"的理念："本心之明，皎如白日，无有有过而不自知者，但患不能改耳。"他本人也以"改过"作为塑造君子人格的一种道德实践功夫，并"实见此学有用力处"，具体的要求是时时事事坚持"去欲存理""省察克治"。前人的"改过"思想还只是强调要改过的道理，本篇中，阳明先生则进行了更为细致的分析阐述，谈到过错或为误犯，尤其分析了不能积极改过的心理，作为"教条"更有针对性和实效性。

4. 忠告而善道

在王守仁这里，责善是一种与朋友相处的原则和方法。他提出"责善，朋友之道。然须忠告而善道之"。《论语·颜渊》有云："子贡问友。子曰：'忠告而善道之，不可则止，勿自辱焉。'"阳明先生正是引用了孔子的话来训诫劝勉龙场诸子。他强调，以善道互相督责是朋友的相处之道，但是必须真诚地劝告，善意地引导。言下之意，"责善"必须讲究方式和策略，动不动就揭露别人的错误并严厉诋毁，反而会使对方受到刺激进而为恶，所以"悉其忠爱，致其婉曲"很重要，要以忠爱之心让朋友感受到自己"责善"的真诚，那种以攻击他人短处、揭发他人隐私来换取正直名声的人，都称不上真正做到了"责善"。

不过对于自己，他提出"凡攻我之失者，皆我师也"，这是阳明先生以身作则，垂身示范。他认为《礼记》中所说的"事师无犯无隐"是错误的，作为老师，应该不怕暴露自己的过失，以正己化人之心实现教学相长。他说："盖教学相长也。诸生责善，当自吾始。""教学相长"最早出现在《礼记·学记》中："学然后知不足，教然后知困。知不足，然后能自反也；知困，然后能自强也。故曰：教学相长也。"这是强调在教学过程中，师生应通过交流互动来相互促进，共同成长。韩愈在《师说》中主张"弟子不必不如师，师不必贤于弟子。闻道有先后，术业有专攻"，这进一步体现了"教学相长"这一理念的发展。而王守仁在此篇中更侧重"谏师"，进一步拓展了"教学相长"教育理念的内涵与外延，体现了师生交往的平等关系，这是古代师生关系的一个飞跃。这种平等的师生关系，包含着师生平等和教育民主的进步因素，是难能可贵的。

（四）辞章魅力

《教条示龙场诸生》是王守仁为龙场诸生拟定的四条学习规则，这是王守仁教育经验的总结，也是他的教育主张。语言简洁明晰是本文的一大特色，因为是"教条"，是对学生的明确要求，所以语言必须简洁明了，这也是所有规章制度的共同特点。不过与一般的条款不同，本文情真意切，语重心长。王守仁从"立志""勤学""改过""责善"四个方面，谆谆教导诸生求学、做人的基本道理。比如开篇就特别叮嘱学生"其慎听毋忽"，恳切之情直抵人心。在提出具体要求时，不是居高临下地说教，而是用心细腻，善于保护学生的自尊心。比如在"改过"一则中，以"诸生殆不至于此"来引导学生反思自己的过失，更好地激发学生乐于改过；在"责善"一则中，更是表明自己"某于道未有所得，其学卤莽耳"，来要求学生"攻我之失"，实在是一位循循善诱的长者，和蔼可亲。而且阳明先生善于通过正反对照，让学子自己得出结论，富有启发性。比如"立志"一则，他就借"昔人之言"引出"为善去恶"的不同情况，让诸生在比较中明确自己所立志向；又比如"勤学"

一则，他又引出两类人进行辨析，使"诸生观此，亦可以知所从事于学矣"。同时，本文尽管是四条自成一体的学规，但也是条条相扣，逻辑严密。另外，必须指出的是，在此篇中，王守仁用简洁的文字阐释自己的教育主张，又用心细腻，逻辑严密，委婉劝告，启发诸生，使本文成为一篇别具一格的"教条""学规"，这其实是源于作者尊重学生、以人为本的教育理念。

三、教育思想与实践

（一）心即理，致良知

王守仁的教育思想是建立在他的"心学"基础之上的。在"心学"中，他强调天下没有心外之事、心外之理，"心即理也"，"理"不借外求，当向心内求；后来他在孟子"求其本心"的基础上进一步扩充和实践，提出了"致良知"学说。王守仁的"致良知"是一种道德论，而不是知识论。在他看来，"良知"乃"天命之性，吾心之本体"，具有道德本源的性质，他在著名的"四句教"中强调"知善知恶是良知"。他认为"良知"与生俱来，"不待虑而知，不待学而能"；"良知"人人都有，不分圣愚。所以在王阳明的教育理念中，"天下无不可化之人"，人人都有成为圣人的潜质，"圣贤之心"和"禽兽之心"的区别只在于其是否心存"良知"，圣人和愚人的区别也只在于其能否"致良知"。他还指出，"良知"不会泯灭，但是会被遮蔽，"人心是天、渊。心之本体无所不该，原是一个天，只为私欲障碍，则天之本体失了。如今念念致良知，将此障碍窒塞一齐去尽，则本体已复，便是天、渊了"（《传习录》）。基于这样的认识，他提出"学以去其昏蔽"的思想，又指出"君子之学以明其心。其心本无昧也，而欲为之蔽，习为之害。故去蔽与害而明复"。因此，王守仁非常重视教育的作用，强调教育是提升个人道德修养的关键。他认为人人都应该受教育，教育可以启迪人心，去除物欲对"良知"的"昏蔽"，使人心能够时刻保持在中正的状态，从而避免行为上的错误。他曾感慨，建立军功固然可喜，但他更希望自己的思想学说可以教化苍生，安稳社稷。为此，他一生孜孜以求，努力践行，意在唤醒那些"昏睡正懵懵"的众人，让人们懂得"致良知"。而且王守仁的"去昏蔽""致良知"，不是一味向外求，重视教育外在的规约，而是注重内心的澄明，强调教育的自我内在追求，注重"诚意""正心"的自我修炼功夫。"致良知"必须自我努力，自觉"胜私复理""去恶为善"，因为从"自觉"得来，便会灵心澈悟，即知即行，这是对人的主观能动性的肯定。对人本的信赖，让王守仁的教育思想散发出人文之光。晚明学者张岱曾说，"阳明先生创良知之说，为暗室一炬"。

（二）尊德性，重修养

建立在"心学""良知"基础之上，王守仁教育思想以圣贤人格教育为本，重视"尊德性"，推崇道德教育与修养。他说："学校之中，惟以成德为事，而才能之异，或有长于礼乐，长于政教，长于水土播植者，则就其成德，而因使益精其能于学校之中。"他认为学校教育旨在让学生深知圣贤之道，以圣贤为楷模而成为堪大用的人才。

他站在圣贤人格教育的立场，主张以六经为主要学习内容，不过强调学习六经不是为了讲学记诵，而是用以明"吾心之常道"。他在《重刊文章轨范序》中指出，用于科举考试的《文章轨范》之类的文章是远离圣贤人格教育的本旨的，他批评当时学子"有志圣贤之学，而专求之于举业"，是南辕北辙，"何啻千里"！王守仁曾经以"治家"来比喻圣贤人格和科举考试："学圣贤者，譬之治家：其产业、第宅、服食、器物，皆所自置。欲请客，出其所有以享之。客去，其物具在，还以自享，终身用之无穷也。今之为举业者，譬之治家：不务居积，专以假贷为功。欲请客，自厅事以至供具百物，莫不遍借。客幸而来，则诸贷之物一时丰裕可观；客去，则尽以还人，一物非所有也。若请客不至，则时过气衰，借贷亦不备，终身奔劳，作一窭人而已。是求无益于得，求在外也。"他认为圣贤德性是自己所拥有的产业，是内求所得，是自己的，而科举考试是外借产业，是向外求索，用完就要归还，属于他人。其实，他并不否认科举考试的价值，只是强调学子不可忽略通过科举考试以培养圣贤人格的本旨，主张圣贤之学与科举教育是可以统一的。

他批评当时以科举为目的的学校教育，指出："今之学宫皆以'明伦'名堂，则其所以立学者，固未尝非三代意也。然自科举之业盛，士皆驰骛于记诵辞章，而功利得丧分惑人心，于是师之所教，弟子之所学者，遂不复知有明伦之意也。"虽然王阳明"明人伦"的道德教育目的论，还跳不出封建伦理道德的窠臼，但他批判当时重科举而轻修养的社会风气，提倡道德教育，强调自身道德修养，不仅在当时具有进步意义，对于纠正当今时代功利主义盛行的教育观念也大有裨益。教育活动的终极目标是成人成才，自古及今，从曾经的"圣贤人格"到今天的"立德树人"，道德教育的重要性始终不容置疑。

（三）知行合一，事上磨炼

关于王守仁"知行合一"说的主要意思，冯友兰先生这样阐述："良知是知；致良知是行。吾人必致良知于行事，而后良知之知，方为完成。"知行关系是中国古代哲学的重要范畴，一般都以知为先行为后，这也符合常识：人们先知道一个道理，然后再努力践行之。朱熹尽管主张知行相成，"涵养、穷索，二者不可废一，如车两轮，如鸟双翼"，不过分开来说，还是会强调知先行后："万事皆在穷理后。经不正，理不明，看如何地持守，也只是空。"王守仁所说的"知"不同于朱熹"格物致知"的客观认识，而完全成为道德意识的纯粹自觉。他主张的"知行合一"，不仅是一种道德要求，更是一种"本体论刻画"。王守仁说："知者行之始，行者知之成。圣学只一个工夫，知行不可分作两事。"又说："行之明觉精察处，便是知；知之真切笃实处，便是行。若行而不能精察明觉，便是冥行，便是'学而不思则罔'，所以必须说个知；知而不能真切笃实，便是妄想，便是'思而不学则殆'，所以必须说个行。元来只是一个工夫。"这实际是把一切道德归结为个体的自觉行为，"知"必须是"行"，"良知"无不行，在自觉的"致良知"的行为中，人的存在得到证实、肯定和扩展。因此，王守仁的教育思想非常强调主体实践的能动性，强调学生的自觉参与，主动探索，躬身实践，就如对"孝"的学习，他这样说："如言学孝，则必服劳奉养，躬行孝道，然后谓之学。岂徒悬空口耳讲说，而遂可以谓之学孝乎？"而且这种实践不只是"静处体悟"，更应在磨炼的过程中不断深化对学习内容的理解，然后内化于心，这才能做到"知行合一"。王守仁提出了"事上磨炼"的主张，他说："人须在事上磨，方立得住，方能'静亦定，动亦定'。"学习者要在实际生活实践中磨炼，才能获得真正的体悟，提升修养，泰然处世。这种注重主体实践的教育方式，将学习内容具体化、形象化、生活化，扩大了教育的视野，促进了教育和社会生活的结合，对后世产生了积极影响。

同时，这种提倡"知行合一""事上磨炼"的教育思想，还可以启示我们，在具体教育过程中要关注学生的学习过程。王守仁强调"夫学、问、思、辨、行皆所以为学，未有学而不行者""尽天下之学，无有不行而可以言学者。则学之始，固已即是行矣"，可见，"知"和"行"始终串穿于整个教育教学活动之中。王守仁一直重视引导学生做好知行合一的磨炼功夫，勉励他们在学习的过程中将所学所知内化为自己的精神追求，外化为个人的自觉行为。这是建立在王守仁"知行合一"理论之上的学习，也是今天新的课程理念中所推崇的学习方式。

（四）顺应天性，启发引导

教育的对象是一个个鲜活的人，只有把握人之天性，才能更有效地施教。王守仁特别重视儿童启蒙教育，曾写过一篇给儿童启蒙老师的文章《训蒙大意》，文章中有这样的表述："大抵童子之情，乐嬉游而惮拘检，如草木之始萌芽，舒畅之则条达，摧挠之则衰痿。今教童子，必使其趋向鼓舞，中心喜悦，则其进自不能已。譬之时雨春风，沾被卉木，莫不萌动发越，自然日长月化；若冰霜剥落，则生意萧索，日就枯槁矣。"他用"乐嬉游而惮拘检，如草木之始萌芽"来概括儿童之天性，主张儿童教育应该顺应他们的天性，如"时雨春风"滋润草木一样，让他们"趋向鼓舞""中心喜悦"。在这里，他特别强调"鼓舞"学习的兴趣，让学生在学习的过程中感受快乐。这样的教育理念是与传统教育方法截然不同的，直到今天依然熠熠闪光。以压抑天性为代价换取一时成绩的教育，绝不是真正培养人的教育。

需要强调的是，"顺应天性"并不是放任不管，而是以了解天性作为开展教育的前提，通过教育帮助学生更加健康地发展。所以王守仁着意指出对儿童要"诱之歌诗""导之习礼""讽之读书"。"诱之歌诗"以激发学生的志意，使其正确宣泄自己的情感；"导之以礼"以端肃学生的威仪，增强其体质；"讽之读书"以开发学生的智能，培养其道德观念和志向。"歌诗""习礼"和"读书"，这是王守仁对教育内容的选择，而"诱""导""讽"则体现出他在教育方式选择上的智慧。王守仁的教育方式注重顺应天性，启发引导，力求在潜移默化中消除学生的"鄙吝"，去除学生的"粗顽"，让他们一天天地"渐于礼义而不苦其难，入于中和而不知其故"，这颇符合教育"润物细无声"的理想境界。他还颁行社学教约，除了规定学生每日的功课要求，还创新了一些教学方法，比如"歌诗"，他提出："每学量童生多寡，分为四班。每日轮一班歌诗；其余皆就席，敛容肃听。每五日则总四班递歌于本学。每朔望，集各学会歌于书院。"习礼也有类似的程序。这样的教学方法契合儿童的天性，符合儿童教育的规律，是一种很好的启发引导。

（五）量力而施，因材施教

王守仁认为教学一定要符合学生的实际情况，随人分限，量力而施。在他看来，儿童"精气日足，则筋力日强，聪明日开"，他们的精力、体力、智力每天都在发展之中，目前他们接受能力发展到的程度便应是现在教学的起点，如果一味追求多，追求深，做不到再加以体罚惩戒，只会让他们厌恶学习，与教育的初衷背道而驰。他在《传习录》中说："与人论学，亦须随人分限所及。如树有这些萌芽，只把这些水去灌溉。萌芽再长，便又加水。自拱把以至合抱，灌溉之功，皆是随其分限所及。若些小萌芽，有一桶水在，尽要倾上，便浸坏他了。"可见他强调对儿童的教育要"随其分限所及"，就如浇灌树木，一定是随着树木的长大逐步增加水量，对学生的教育如果不根据其实际能力，一味灌输，就会像用一整桶水去浇灌"小萌芽"一样，最终将它"浸坏"。所以他强调儿童教育必须注意"从本原上用力，渐渐'盈科而进'"，并指出："凡授书不在徒多，但贵精熟。量其资禀，能二百字者，止可授以一百字。常使精神力量有余，则无厌苦之患，而有自得之美。"这样"随分限之""量力而行"的教育理念是对学生学习兴趣的尊重和保护，深得教育的要领。

而且，在王守仁看来，教育不仅要考虑学生认识发展水平的共性特征，还要注意不同个体发展水平的差异，因材施教。《传习录》中有这样一段对话，学生问："'中人以下；不可以语上。'愚的人，与之语上尚且不进，况不与之语，可乎？"意思是孔子说过资质中等以下的人不可以跟他讲上等精微的道理，可是那些愚钝之人，跟他讲上等精微的道理尚且不能长进，不和他讲，难道可以吗？王阳明说："不是圣人终不与语。圣人的心，忧不得人人都做圣人。只是人的资质不同，施教不可躐等。中人以下的人，便与他说性、说命，他也不省得，也须慢慢琢磨他起来。"他强调人的资质、禀赋存在差异，教育时就不能乱了次序。中人以下的人，和他讲性、命之理，他也不能理解，必须慢慢地启发他才行。所以王守仁主张在具体教学中要"各适其性""各成其材"，"狂者便从狂处成就他，狷者便从狷处成就他"，要针对每个人不同的个性特点，开发其潜能，引导其成人成材。这种因材施教、各成其材的教育理念，直到今天仍然是教育的核心要义之一。

四、社会影响

王守仁不仅是我国明代著名的哲学家、军事家，而且是继孔、孟、朱熹之后中国最有影响的儒家思想家和教育家。儒学发展到朱熹，他提出"格物穷理"说，开启了儒学新境界，但朱熹理学成为官学后，其天理和人欲的对立、先知后行说等，易造成空谈"穷理"、内外分离等倾向。王守仁另辟蹊径，提出"心即理""致良知"，强调"知行合一"，不仅为儒学注入新的活力，也为儒家"外王"之术开辟出一片新天地。他既为官，又倡学，在世时门徒已遍及天下，去世后，其弟子后学又承其志，在各地建书院，办讲会，兴社学，积极传播良知之学，使得王学崛起海内，风行天下，并形成浙中、江右、南中、楚中、北方、粤闽、泰州等王门流派，声势浩大，成为中晚明思想界的主导。《明史》曾以"门徒遍天下，流传逾百年"之语评价和总结阳明学派的历史地位和影响。

　　国学大师钱穆这样评价王守仁：阳明以不世出之天姿，演畅此愚夫愚妇与知与能的真理，其自身之道德、功业、文章均已冠绝当代，卓立千古，而所至又汲汲以聚徒讲学为性命，若饥渴之不能一刻耐，故其学风淹被之广，渐渍之深，在宋明学者中，乃莫与伦比。作为一名教育家，王守仁的教育思想是以心学体系为理论基础的，结合自己丰富的教学实践，他提出了很多教育理念和做法，对后世产生了极大影响。陶行知是我国现代教育思想史上杰出的教育家，是王守仁"知行"思想的继承者和发展者，他批判地继承了王守仁"知是行之始，行是知之成"的观点，创造性地提出了"生活即教育"这一中国现代教育史上最具影响力的学说之一，对中国教育发展有重要的意义。

　　阳明学说作为一种昂扬主体意识，突出主体实践的学说，高度强化个体的历史责任感、道德的自我意识感，并将之上升到本体论的高度，展现出人的本质和人性的尊严。尽管王守仁欲"破心中贼"是为了巩固封建秩序，不过事实上，阳明心学在历史上已成为通向思想解放的进步之道，对中国社会产生了巨大影响。康有为、梁启超、郭沫若、孙中山、毛泽东等都深受阳明学说影响，如强调主体性的自我意识，树立打破旧传统的主体精神，强调活动和实践经验等。明末思想家黄宗羲这样评价阳明先生："王阳明可谓'震霆启寐，烈耀破迷，自孔孟以来，未有若此深切著名者也。"直到今天，"心即理""知行合一""致良知"这些至简又至深的道理，依然可以指引我们的思考和行动。2015 年，习近平总书记在参加全国两会讨论时指出："王阳明的心学正是中国传统文化中的精华，也是增强中国人文化自信的切入点之一。"

　　"此心光明，亦复何言"，这是阳明先生的临终遗言，尽管阳明先生的形骸早已化灭，但他给予世界的光明，将永远存在，他以自己的光明点亮了后人的光明之路。

主要参考文献

［1］孙培青. 中国教育史（第四版）［M］. 上海：华东师范大学出版社，2019.

［2］李泽厚. 中国古代思想史论［M］. 天津：天津社会科学院出版社，2003.

［3］冯友兰. 中国哲学史［M］. 上海：华东师范大学出版社，2011.

［4］陈嘉映. 何为良好生活［M］. 上海：上海文艺出版社，2015.

［5］王勉三. 知行合一王阳明［M］. 北京：北京时代华文书局，2019.

［6］叶圣陶. 叶圣陶教育名篇［M］. 北京：教育科学出版社，2007.

第十章　少年强则国强：梁启超的教育思想与实践

一、梁启超生平

梁启超（1873 年 2 月 23 日—1929 年 1 月 19 日），字卓如，号任公，别号饮冰室主人。广东新会人。近代教育家、思想家、政治家、史学家、文学家，戊戌变法领袖之一，中国近代维新派、新法家代表人物，资产阶级改良派代表人物。

梁启超自幼在家中接受传统教育，1889 年中举。1890 年赴京会试，不中。同年结识康有为，投其门下。1891 年就读于万木草堂，接受康有为的思想学说并由此走上改良维新的道路，时人将其与康有为合称"康梁"。

1895 年春再次赴京会试，协助康有为，发起在京应试举人联名请愿的"公车上书"运动。维新运动期间，梁启超表现活跃，曾主北京《万国公报》（后改名《中外纪闻》）和上海《时务报》笔政，又赴澳门筹办《知新报》。1897 年，任长沙时务学堂总教习，在湖南宣传变法思想。1898 年回京，积极参加"百日维新"。7 月 3 日，受光绪帝召见，奉命进呈所著《变法通议》，负责办理京师大学堂译书局事务。9 月，政变发生，梁启超逃亡日本。在日期间，先后创办《清议报》和《新民丛报》，鼓吹改良，反对革命。

1906 年，清政府宣布"预备仿行宪政"，梁启超立即表示支持。1907 年10 月，在东京建立"政闻社"，期望推动清政府实行君主立宪。1913 年，进步党"人才内阁"成立，梁启超出任司法总长。袁世凯帝制自为的野心日益暴露，梁启超反对袁氏称帝，1915 年 8 月，发表《异哉所谓国体问题者》一文进行猛烈抨击，旋与蔡锷策划武力反袁。1915 年底，护国战争在云南爆发。

1916 年，梁启超赴两广地区，积极参加反袁斗争，为护国运动的兴起和发展作出了重要贡献。袁世凯死后，梁启超依附段祺瑞。他拉拢一些政客，组建宪政研究会，与支持黎元洪的宪政商榷会对抗。1917 年 7 月，段祺瑞掌握北洋政府大权。梁启超拥段有功，出任财政总长兼盐务总署督办。1917 年 11 月，段内阁被迫下台，梁启超也随之辞职，从此退出政坛。

1918 年底，梁启超赴欧，亲身了解到西方社会的许多问题和弊端。回国之后，即宣扬西方文明已经破产，主张光大传统文化，用东方的"固有文明"来"拯救世界"。梁启超也是一位著名学者。他兴趣广泛，学识渊博，在文学、史学、哲学、佛学等诸多领域，都有较深的造诣。1901 至 1902 年，先后撰写了《中国史叙论》和《新史学》，批判封建史学，发动"史学革命"。欧游归来之后，以主要精力从事文化教育和学术研究活动，写下了《清代学术概论》《中国近三百年学术史》《先秦政治思想史》《中国历史研究法》《中国文化史》等具有很高的学术价值的著作。他一生著述宏富，所遗《饮冰室合集》计 148 卷，1 000 余万字。

1929 年 1 月 19 日，梁启超在北京协和医院溘然长逝，终年 56 岁。

二、经典品读：《少年中国说》（节选）[①]

日本人之称我中国也，一则曰老大帝国，再则曰老大帝国。是语也，盖袭译欧西人[②]之言也。呜呼！我中国其果老大矣乎？梁启超曰：恶[③]！是何言！是何言！吾心目中有一少年中国在！

欲言国之老少，请先言人之老少。老年人常思既往，少年人常思将来。惟思既往也，故生留恋心；惟思将来也，故生希望心。惟留恋也，故保守；惟希望也，故进取。惟保守也，故永旧；惟进取也，故日新。惟思既往也，事事皆其所已经者，故惟知照例；惟思将来也，事事皆其所未经者，故常敢破格。老年人常多忧虑，少年人常好行乐。惟多忧也，故灰心；惟行乐也，故盛气。惟灰心也，故怯懦；惟盛气也，故豪壮。惟怯懦也，故苟且；惟豪壮也，故冒险。惟苟且也，故能灭世界；惟冒险也，故能造世界。老年人常厌事，少年人常喜事。惟厌事也，故常觉一切事无可为者；惟好事也，故常觉一切事无不可为者。老年人如夕照，少年人如朝阳；老年人如瘠牛，少年人如乳虎；老年人如僧，少年人如侠；老年人如字典，少年人如戏文；老年人如鸦片烟，少年人如泼兰地酒；老年人如别行星之陨石，少年人如大洋海之珊瑚岛；老年人如埃及沙漠之金字塔④，少年人如西比利亚⑤之铁路；老年人如秋后之柳，少年人如春前之草；老年人如死海之潴为泽⑥，少年人如长江之初发源。此老年与少年性格不同之大略也。任公曰：人固有之，国亦宜然。

任公曰：我中国其果老大矣乎？是今日全地球之一大问题也。如其老大也，则是中国为过去之国，即地球上昔本有此国，而今渐渐灭，他日之命运殆将尽也；如其非老大也，则是中国为未来之国，即地球上昔未现此国，而今渐发达，他日之前程且方长也。欲断今日之中国为老大耶？为少年耶？则不可不先明"国"字之意义。夫国也者，何物也？有土地，有人民，以居于其土地之人民，而治其所居之土地之事，自制法律而自守之；有主权，有服从，人人皆主权者，人人皆服从者。夫如是，斯谓之完全成立之国。地球上之有完全成立之国也，自百年以来也。完全成立者，壮年之事也；未能完全成立而渐进于完全成立者，少年之事也。故吾得一言以断之曰：欧洲列邦在今日为壮年国，而我中国在今日为少年国。

夫古昔之中国者，虽有国之名，而未成国之形也。或为家族之国，或为酋长之国，或为诸侯封建之国，或为一王专制之国。虽种类不一，要之，其于国家之体质也，有其一部而缺其一部。正如婴儿自胚胎以迄成童，其身体之一二官支，先行长成，此外则全体虽粗具，然未能得其用也。故唐虞以前为胚胎时代，殷周之际为乳哺时代，由孔子而来至于今为童子时代，逐渐发达，而今乃始将入成童以上少年之界焉。其长成所以若是之迟者，则历代之民贼有窒其生机者也。譬犹童年多病，转类老态，或且疑其死期之将至焉，而不知皆由未完成未成立也。非过去之谓，而未来之谓也。

且我中国畴昔，岂尝有国家哉？不过有朝廷耳！我黄帝子孙，聚族而居，立于此地球之上者既数千年，而问其国之为何名，则无有也。夫所谓唐、虞、夏、商、周、秦、汉、魏、晋、宋、齐、梁、陈、隋、唐、宋、元、明、清者，则皆朝名耳。朝也者，一家之私产也；国也者，人民之公产也。朝有朝之老少，国有国之老少。朝与国既异物，则不能以朝之老少而指为国之老少明矣。文、武、成、康⑦，周朝之少年时代也。幽、厉、桓、赧⑧，则其老年时代也。高、文、景、武⑨，汉朝之少年时代也。元、平、桓、灵⑩，则其老年时代也。自余历朝，莫不有之。凡此者谓为一朝廷之老也则可，谓为一国之老也则不可。一朝廷之老旦死，犹一人之老且死也，于吾所谓中国者何与焉。然则，吾中国者，前此尚未出现于世界，而今乃始萌芽云尔。天地大矣，前途辽矣，美哉我少年中国乎！

　　任公曰：造成今日之老大中国者，则中国老朽之冤业也；制出将来之少年中国者，则中国少年之责任也。彼老朽者何足道，彼与此世界作别之日不远矣，而我少年乃新来而与世界为缘。如僦屋⑪者然，彼明日将迁居他方，而我今日始入此室处。将迁居者，不爱护其窗棂，不洁治其庭庑⑫，俗人恒情，亦何足怪！若我少年者，前程浩浩，后顾茫茫。中国而为牛为马为奴为隶，则烹脔鞭棰之惨酷⑬，惟我少年当之。中国如称霸宇内，主盟地球，则指挥顾盼之尊荣，惟我少年享之。于彼气息奄奄与鬼为邻者何与焉？彼而漠然置之，犹可言也；我而漠然置之，不可言也。使举国之少年而果为少年也，则吾中国为未来之国，其进步未可量也；使举国之少年而亦为老大也，则吾中国为过去之国，其渐亡可翘足而待也。故今日之责任，不在他人，而全在我少年。少年智则国智，少年富则国富，少年强则国强，少年独立则国独立，少年自由则国自由，少年进步则国进步，少年胜于欧洲则国胜于欧洲，少年雄于地球则国雄于地球。红日初升，其道大光⑭。河出伏流，一泻汪洋。潜龙腾渊，鳞爪飞扬。乳虎啸谷，百兽震惶。鹰隼试翼，风尘翕张⑮。奇花初胎，矞矞皇皇⑯。干将发硎，有作其芒⑰。天戴其苍，地履其黄。纵有千古，横有八荒。前途似海，来日方长。美哉我少年中国，与天不老！壮哉我中国少年，与国无疆！

【注释】

①本文作于光绪二十六年（1900年），文章从驳斥日本和西方列强污蔑

我国为"老大帝国"入手，说明中国是一个正在成长的少年中国。本文所说的"国"，是理想的资产阶级共和国。文章认为封建专制制度和封建官吏已经腐朽，希望寄托在中国少年身上，并且坚信中国少年必有志士，能使国家富强，雄立于地球。反映了作者渴望祖国繁荣昌盛的爱国思想和积极乐观的民族自信心。文章紧扣主题，运用排比句法，层层推进，逐次阐发，写得极有感情，极有气势。

②　欧西人：泛指西方英、法、美等国的人。

③　恶（wū）：表示感叹的助词，犹"唉"，这里有反对的意思。

④　金字塔：古代埃及王墓，以石筑成，底面为四方形，侧面作三角形之方尖塔，望之状如"金"字，故译名"金字塔"。金字塔与下句"西比利亚之铁路"对举，取其古雅而无实用意。

⑤　西比利亚：一作"西伯利亚"。

⑥　死海：湖名，一名咸海。因水中含盐量高，鱼类不生，故名。在约旦、以色列和巴勒斯坦间。潴（zhū）：聚积的水流。

⑦　文、武、成、康：周朝初年的几代帝王。周文王奠定了灭商的基础；周武王灭商建立周朝；成王、康王把国家治理得非常强盛，史称"成康之治"。所以下句将其比作周朝的少年时代。

⑧　幽、厉、桓、赧（nǎn）：指周幽王、厉王、桓王、赧王。周幽王宠褒姒，废申后，申侯联合犬戎攻周，幽王被杀，西周灭亡；周厉王暴虐，被流放于彘（今山西霍州）；周桓王时，东周王室衰落；周赧王死后不久，东周灭亡。

⑨　高、文、景、武：指汉初四代皇帝。汉高祖灭秦、楚，建立汉王朝；文帝、景帝发展生产，国家强盛，史称"文景之治"；武帝重武功，国力强盛。

⑩　元、平、桓、灵：指汉元帝、平帝、桓帝、灵帝。汉元帝时，西汉开始衰落；汉平帝死后不久，王莽篡国，西汉灭亡；桓帝、灵帝是东汉末年的两代帝王，其执政期间外戚、宦官专权，政治黑暗，为东汉灭亡种下了祸根。

⑪　僦（jiù）屋：租赁房屋。

⑫ 庭庑（wǔ）：庭院走廊。

⑬ 脔（luán）：切成小块的肉，这里用作动词，宰割之意。棰：棍杖，这里用作动词，捶打之意。

⑭ 其道大光：语出《周易·益》："自上下下，其道大光。"光，广大，发扬。

⑮ 风尘翕张：一作"风尘吸张"。

⑯ 翕（yù）翕皇皇：《太玄经·交》："物登明堂，翕翕皇皇。"一般用于书面语，光明盛大的样子。

⑰ 干将发硎，有作其芒：意思是宝剑刚磨出来，锋刃大放光芒。干将，原是铸剑师的名字，这里指宝剑。硎，磨刀石。

【译文】

日本人称呼我们中国，一称作老大帝国，再称还是老大帝国。这个称呼，大概是承袭照译了欧洲西方人的话。真是实在可叹啊！我们中国果真是老大帝国吗？梁任公说：不！这是什么话！这算什么话！在我心中有一个少年中国存在！

要想说国家的老与少，请让我先来说一说人的老与少。老年人常常喜欢回忆过去，少年人则常常喜欢考虑将来。因为回忆过去，所以产生留恋之心；因为考虑将来，所以产生希望之心。因为留恋，所以保守；因为希望，所以进取。因为保守，所以永远陈旧；因为进取，所以日日更新。因为回忆过去，所有的事情都是他已经经历的，所以只知道照惯例办事；因为思考未来，各种事情都是他所未经历的，所以常常敢于破格。老年人常常多忧虑，少年人常常喜欢行乐。因为多忧愁，所以容易灰心；因为要行乐，所以产生旺盛的生气。因为灰心，所以怯懦；因为气盛，所以豪壮。因为怯懦，所以只能苟且；因为豪壮，所以敢于冒险。因为苟且因循，所以必定使社会走向死亡；因为敢于冒险，所以能够创造世界。老年人常常厌事，少年人常常喜欢任事。因为厌于事，所以常常觉得天下一切事情都无可作为；因为好任事，所以常常觉得天下一切事情都无不可为。老年人如夕阳残照，少年人如朝旭初阳；老年人如瘦瘠的老牛，少年人如初生的虎犊；老年人如坐僧，少年人如飞侠；

老年人如释义的字典，少年人如活泼的戏文；老年人如抽了鸦片洋烟，少年人如喝了白兰地烈酒；老年人如告别行星向黑暗坠落的陨石，少年人如海洋中不断增生的珊瑚岛；老年人如埃及沙漠中矗立的金字塔，少年人如西伯利亚不断延伸的大铁路；老年人如秋后的柳树，少年人如春前的青草。老年人如死海已聚水成大泽，少年人如长江涓涓初发源。这些是老年人与少年人性格不同的大致情况。梁任公说：人固然有这种不同，国家也应当如此。

梁任公说：我们中国果真是老大帝国吗？这是今天地球上的一大问题。如果是老大帝国，那么中国就是过去的国家，即地球上原来就有这个国家，而今渐渐消灭了，以后的命运大概也差不多快完结了；如果不是老大帝国，那么中国就是未来的国家，即地球上过去从未出现这个国家，而今渐渐发达起来，以后的前程正来日方长。要想判断今日的中国是老大？还是少年？则不可不先弄清"国"字的含义。所谓国家，到底是什么呢？那是有土地，有人民，以居住生息在这片土地上的人民，治理他们这块土地上的事情，自己制定法律而自己遵守它；有主权，有服从，人人是有主权的人，人人又是遵守法律的人。如果做到这样，这就可以称之为名副其实的国家。地球上开始有名副其实的国家，只是近百年以来的事。完全名副其实的，是壮年的事情；未能完全合格而渐渐演进成名副其实的，是少年的事情。所以我可以用一句话判断说：欧洲列国今天是壮年国，而我们中国今天是少年国。

大凡古代中国，虽然有国家的名义，然而并未具备国家的形式。或是作为家族的国家，或是作为酋长的国家，或是作为封建诸侯的国家，或是作为一王专制的国家。虽种类不一样，总而言之，它们对于国家应具备的体制来说，都是有其中一部分而缺少另一部分。正如婴儿从胚胎变成儿童，他身体上一两种肢体器官，先开始发育形成，此外的部分虽已基本具备，但尚不能发挥它的用处。所以唐虞尧舜以前为我国的胚胎时代，殷周之际为我国的乳哺时代，从孔子而来直至现在是儿童时代，逐渐发达，至今才将进入儿童以上的少年时代。他的发育成长之所以如此迟缓，是因为历代的民贼阻碍遏制他的生机。犹如童年多病，反而像衰老的样子，有的甚至怀疑他死期就要到了，而不知道他全是因为没有完全成长、没有名副其实的缘故。这不是针对过去说的，而是放眼未来说的。

　　况且我们中国的过去，哪里曾出现过所谓的国家呢？不过仅仅有过朝廷罢了！我们黄帝子孙，聚族而居，自立于这个地球上既有数千年，然而问一问这个国家叫什么名称，则竟没有名称。前所谓唐、虞、夏、商、周、秦、汉、魏、晋、宋、齐、梁、陈、隋、唐、宋、元、明、清，都是朝廷的名称罢了。所谓朝廷，乃是一家的私有财产；所谓国家，乃是人民公有的财产。朝廷有朝廷的老与少，国家也有国家的老与少。朝廷与国家既是不同的事物，那么不能以朝廷的老少指代国家的老少的道理就很明白了。文王、武王、成王、康王时代，是周朝的少年时代。至幽王、厉王、桓王、赧王时代，就是周朝的老年时代了。高祖、文帝、景帝、武帝时代，是汉朝的少年时代。至元帝、平帝、桓帝、灵帝时代，就是汉朝的老年时代了。自汉以后各代，没有一个朝代不具有少年时代和老年时代的。凡此种种称为一个朝廷老化是可以的，称为一个国家老化就不可以。一个朝廷衰老将死，犹如一个人衰老将死一样，与我所说的中国有什么相干呢。那么，我们中国，只不过以前尚未出现在世界上，而今才刚刚开始萌芽罢了。天地是多么广大啊，前途是多么辽阔啊，多么美啊我的少年中国！

　　梁任公说：造成今天衰老腐朽中国的，是中国衰老腐朽人的罪孽；创建未来的少年中国，是中国少年一代的责任。那些衰老腐朽的人有什么可说的，他们与这个世界告别的日子不远了，而我们少年才是新来并将与世界结缘。如租赁房屋的人一样，他们明天就将迁到别的地方去住，而我们今天才搬进这间屋子居住。将要迁居别处的人，不爱护这间屋子的窗户，不清扫治理这间房舍的庭院走廊，这是俗人常情，又有什么值得奇怪的！至于像我们少年人，前程浩浩远大，回顾辽阔深远。中国如果成为牛马奴隶，那么烹烧、宰割、鞭打的悲惨严酷的遭遇，只有我们少年承受。中国如果称霸世界，主宰地球，那么发号施令左顾右盼的尊贵光荣，也只有我们少年享受。这对于那些气息奄奄将与死鬼作邻居的老朽有什么关系？他们如果漠然对待这一问题，还可以说得过去；我们如果漠然地对待这一问题，就说不过去了。假如使全国的少年果真成为充满朝气的少年，那么我们中国作为未来的国家，它的进步是不可限量的；假如全国的少年也变成衰老腐朽的人，那么我们中国就会成为从前那样的国家，它的灭亡不久就要到来。所以说今天的责任，不在别人身上，全在我们少年身上。少年聪明我国家就聪明，少年富裕我国家就富裕，少年强大我国家就强大，少年独立我国家就独立，少年自由我国家就自由，少年进步我国家就进步，少年胜过欧洲，我国家就胜过欧洲，少年称雄于世界，我国家就称雄于世界。红日刚刚升起，道路充满霞光。黄河从地下冒出来，汹涌奔泻浩浩荡荡。潜龙从深渊中腾跃而起，它的鳞爪舞动飞扬。小老虎在山谷吼叫，所有的野兽都害怕惊慌。雄鹰隼鸟振翅欲飞，风和尘土高卷飞扬。奇花刚开始孕起蓓蕾，灿烂明丽茂盛苗壮。干将剑新磨，闪射出光芒。头顶着苍天，脚踏着大地。从纵的时间看有悠久的历史，从横的空间看有辽阔的疆域。前途像海一般宽广，未来的日子无限远长。美丽啊我的少年中国，将与天地共存不老！雄壮啊我的中国少年，他们的精神与胸襟将和祖国大地一样博大辽阔！

（一）写作背景

《少年中国说》写于1900年，正值戊戌变法后，作者梁启超流亡日本之时。八国联军侵华，民族危机空前严重。1900年是庚子年，当时由于帝国主义的侵略，中国爆发了义和团运动。帝国主义联合起来，组成八国联军，勾结清政府，镇压义和团运动，攻陷了天津和北京等地。

八国联军制造舆论，污蔑中国是"老大帝国"，是"东亚病夫"，是"一盘散沙"，不能自立，只能由列强共管或瓜分。而中国人中，有一些无知昏庸者，也跟着叫嚷"中国不亡是无天理""任何列强三日内就可以灭亡中国"，散布悲观情绪，民族危机空前严重。戊戌变法失败迫使梁启超逃亡日本，但他并没有就此放弃变法图强的努力，到日本的当年就创办了《清议报》，通过报刊媒介竭力推动维新运动。为了驳斥帝国主义分子污蔑中国是"老大帝国"的无耻谰言，也纠正国内一些人自暴自弃、崇洋媚外的奴性心理，唤起人民的爱国热情，激起民族的自尊心和自信心，梁启超适时地写出这篇《少年中国说》。

《少年中国说》是梁启超的代表作之一，最初发表在《清议报》上。《少年中国说》极力歌颂少年的朝气蓬勃，指出封建统治下的中国是"老大帝国"，热切希望出现"少年中国"，振奋人民的精神。文章不拘格式，多用比喻，具有强烈的鼓励性与进取精神，寄托了作者对少年中国的热爱和期望。此文影响颇大，是一篇篇幅较长的政论文，作者站在资产阶级改良派的立场上，在文中将封建古老的中国与他心目中的少年中国作了鲜明的对比，极力赞扬少年勇于改革的精神，鼓励人们肩负起建设少年中国的重任，表达了要求祖国繁荣富强的愿望和积极进取的精神。被公认为梁启超著作中思想意义最积极、情感色彩最激越的篇章，作者本人也把它视为自己"开文章之新体，激民气之暗潮"的代表作。

（二）篇章结构

《少年中国说》全文共十段，这里选录其中六段。

《少年中国说》全文逻辑严密，语言气势磅礴，感情充沛，以整齐的句式描绘了少年中国的光辉前程，激励中国少年发愤图强，勇挑建设少年中国的历史重任，表现了作者对祖国繁荣富强的热切期盼。

第一段，文章从帝国主义者讥讽我中国为"老大帝国"开篇，概括了东西方帝国主义者当时对中国的看法，从正面提出了全文的中心论点。

第二段，用老年人和少年人的不同性格和处事态度来比拟国家之强弱。开头两句，针对开篇"老大帝国"之说，以人之老少喻国之盛衰，挈领全段内容。而后列举、对比老年人和少年人的种种不同性格。段末庄重地指出："人固有之，国亦宜然。"这既对前面列论人之老少的性格不同的内容作一概括总结，又自然地回到本段所论主旨"少年中国"这一论题。

第三段，作者先否定外国人"老大帝国"的说法，再界定"国"之意义，并联系当今世界的现实状况，得出中国为"少年国"的结论。

第四段，作者追溯中国发展历史的不同阶段，运用类比手法从国家"生理层面"为少年中国的合理性找到理论依据。

第五段，作者回望中国历史的朝代更迭，指出"朝代"与"国家"的差异性，为少年中国提供事实依据。

　　第六段，指出造成今日老大中国是老朽者的罪过，号召和激励我中国少年为创建少年中国而奋斗，热烈讴歌少年中国的光辉未来。文章的最后，赞颂少年中国不断发展、与天长存的壮美远景，讴歌中国少年永远向前的精神。"少年中国，与天不老"，而"中国少年，与国无疆"，表现两者的前途和命运是紧密地联结在一起的。这里，饱含着作者强烈的感情，歌颂为创建少年中国的中国少年，赞美有着无限壮丽前景的少年中国，语调高昂，给读者以巨大的震撼力量。

（三）思想价值

　　《少年中国说》作为政论，其鲜明的特征表现为思想上强烈的批判色彩和深邃的预见性。这篇作品将主要篇幅用于逐层解剖中国这个"老大帝国"。其中心扣住一个"老"字。作者运用类比的手法，将人之老少与国之老少进行类比，更加形象生动地将"老大帝国"与作者心目中的未来"少年中国"进行对比，老年人的个性特点即"老大帝国"的特征外显：常思既往，留恋过去，保守照例，忧虑灰心，怯懦苟且，死气沉沉，厌事无为，如夕阳瘠牛，老僧字典，鸦片陨石，沙漠之塔，秋柳死海。梁启超在这篇政论文中入木三分的精彩批判，以"老"为中心，对清帝国所作的系统批判，确实抓住了封建政体的痼疾。他对于"老大帝国"的本质、特点、精神、追求等方面做了全方位的剖析，毫无保留地对老大帝国进行了无情的揭露和深入细致的解剖，切中其要害和本质根源所在，体现出改良思想家的深邃的见地和敏锐的眼光。戊戌变法失败后梁启超并没有一蹶不振，而是在流亡日本期间继续进行思想宣传，积极开展启发民智的活动，延续自己一贯的救国救民的追求。作为教育思想家，他不仅能够发现国家存在的体制根源上的问题，还创办《清议报》等刊物，撰写讨论西方思想家的学说并介绍各种新的学说，批判中国的旧学及专制制度，提出改造国民性的"新民"理论。

　　少年的个性特点即"少年中国"的特征外显：常思将来，心生希望，积极进取，求新破格，盛气豪壮，冒险创世，好事敢为，如朝阳乳虎，侠客戏文，烈酒珊瑚，铁路春草，长江之源。作者热烈讴歌、赞颂少年，表达了对于未来中国的殷殷期盼和热望，从中我们可以看到一位伟大的思想家的远见卓识，伟大的预言家的高瞻远瞩，伟大的政治家的深谋远虑。梁启超在这篇政论文中把一切希望不加分析地寄托于中国新起的一代少年，他对于少年中国的未来，于字里行间寄寓了炽热的情感。这篇文章对于中国的影响意义深远，1918 年 12 月李大钊在《布尔什维克主义的胜利》一文中说道："人道的警钟响了！自由的曙光现了！试看将来的环球，必是赤旗的世界！"两位伟大的思想家对于未来的中国都有着一致性的认识和期望。

《少年中国说》的另一特征表现为思想上的启蒙价值意义深远。作为思想家的梁启超是以呼唤变法图强的改良派政治家的形象登上历史舞台的。尽管《变法通议》所强调的"变者古今之公理也"流传甚广、影响深远，但是对 20 世纪中国思想界影响更为深远的还是改造国民性的话题。与以章太炎为代表的"以革命开民智"的革命派方式追求不同，梁启超认为"新民之道"才是建立现代国家的根本所在。他不仅在《新民说》中激烈批判旧的国民性，而且将新民思想作为统贯其诸般政论思想的中心线索和重心所在。由于种种原因，梁启超的"新民思想理论"很长时间被埋没，但是随着时代的发展，人们愈发看到梁氏的理论的前瞻性和科学性。梁启超注重政治道德的探源，如指出中国国民身上的弊端和问题：奴性、愚昧、自我、虚伪、怯懦等等。他认为，匮乏的公德、国家思想、进取的冒险精神、权利思想、自由、自治、自尊、合群、义务思想、尚武精神等等，无一不是"群智不进"的原因和问题所在。《少年中国说》已经体现出梁启超的"新民理论"。某种程度上，"少年"即"新民"。

新民的必要性体现在新民与新国的关系上。国民的素质关系到国家的发展程度。"然则苟有新民，何患无新制度？无新政府？无新国家？"梁启超认为政府与人民的文明程度是相适应的，有了新民就会产生新政府，从而产生新国家。英美国民能够自治，国家常常能够治理得很好，其原因就在于英美国民素质高。因此，国民素质品格关乎国家的发展，新国必须新民。新民是阻挡列强实施帝国主义、寻求民族独立的手段。恰逢列强实行帝国主义侵略我国，要想与之对抗，取得独立，必须新民。每一个立于世界的国家都有自身的国民特质、独立精神，为保有这种特质和精神，需要新民。我国广大同胞能存在于亚洲大陆几千年之久，也必然拥有可贵的精神、特质。为了保有这种可贵之处，梁启超曰"吾人所当保存之而勿失坠也"，需要"淬厉其固有"。新民的首要途径在于自新。"自新之谓也，新民之谓也。"每一个人作为社会中的个体，其言行、素质关系到整个国家的发展。新民要促使全体国民素质品格的提高，就必须从个人的自我更新做起。梁启超认为中国之所以不能取得维新的成功，是因为国人缺少自新的意识，凡事不在自身找原因，总是归咎于他人。新民最重要的途径就是培养公德意识。对公德的强调其实是对个体社会责任感的强调。私德与公德相对，讲究个人利益。梁启超认为中国传统儒家思想过于强调私德，"《论语》《孟子》之书……其中所教，私德居十之九，而公德不及一焉"。而国人公德的缺失导致个体忽视群体公益，因此，梁启超提出要进行"道德革命"，发明新道德。新道德包括强调国民要自尊自立自强、培养自治力、拥有公共心、尚武进取等。培养权利与义务思想也是新民的重要途径。在列强的侵略面前，我国不是奋勇反抗而是一再退让，就是缺少权利思想的表现。不同于杨朱理学关于勿失权利的保守观点，梁启超强调要积极追求权利，"权利以进取而始生"。

即使时代的车轮又向前迈进了一个世纪，如今来看梁启超的思想，也不得不感叹其先进。梁启超看到了国家与国民的紧密相关，国民的素质品格关系国家的发展，国家的强大离不开每个个体的努力。在引进西方自由等思想时坚持以本国民智、民德、民力为基础，有选择地加以借鉴，这都体现了梁启超新民思想的先进性。

（四）辞章魅力

《少年中国说》的突出特点体现在形象的丰富性。形象性是中国古代政论文的优良传统，在历史上早就有贾谊《过秦论》那样传诵千古的名篇。梁启超的散文则把传统散文创造出的意象体系，大大地扩展了、丰富了。其写"老"不仅用"夕照"、用"瘠牛"、用"秋柳"、用"陨石"等民族的、传统的、为人熟知的形象，作多侧面的揭示，而且大量地运用了新时代、新生活、新知识、新事物提供的丰富形象，诸如"死海""金字塔""西比利亚之铁路"等等。自然而然地把读者的目光引向中国之外的广阔世界，让人在不知不觉中领悟到要使古老的民族恢复青春，就必须睁眼看世界。

《少年中国说》是梁启超"新文体"特色的又一集中体现。梁启超写政论文，也往往以抒情之笔出之。通篇不是用冷静的分析、严密的逻辑逐层论证，而似乎是顺着情感的奔流，纵笔而成。"欲言国之老少，请先言人之老少。"就像久遭禁锢的情感的火山，突然爆发，一气用了十个排句，将"老年人"与"少年人"的两种生理状况、心理特征、精神状态、思想方法，反复地对比分析。句式上整散结合，开头是两个长句，长句中又包括几个短句，分述相关又相异的几层意思，气势稍缓。但越往后，句式越短，节奏越快，奔腾直泻，一发难收。开头好像是火山的熔岩滚滚外溢，而往后则是短促的、猛烈的、势不可挡的连续喷发了。以后的几大段情感的节奏渐趋平缓，而情感的力度却伴随着论题的开展而加强、而深化了。最后以一段四言韵语作结，把情感再次推向高潮。但这不同于开头那久遭禁锢后的情感爆发，而像江水出峡后的汪洋恣肆，其中充满了对"少年中国"的未来的热切追求和美好向往。

三、教育思想与实践

梁启超作为近代为民族救亡图存奉献毕生心血的思想者，最具影响力的当属其作为维新变法主将参与的一系列的政治活动，不过对后世最深入人心的影响当然还是其作为思想家的方向性引领和前瞻性导引。尤其是在民族国家处于存亡变革之际，其教育思想和理念对于中华民族的存续与发展有着重要影响。

作为中国近代第一次思想解放潮流的斗士，著名的政治家、思想家、学者，梁启超一生著述一千四百万字，融会中西，出入经史。作为思想大师，以龚自珍诗句"但开风气不为师"自期，又渴望"著论求为百世师"的梁启超，敏锐地感受到近代中国有混合着多种性质的奇特的社会存在：既呈现腐朽畸形，又包孕诡异的新生，旧与新、东方与西方的命题纠缠。他呼唤变法图强，提出"新民之道"是建立现代国家的根本所在。

作为近代著名的教育思想家，梁启超创立并形成了一套完备的理论体系，对近代中国教育制度的建立和完善具有举足轻重的影响。他也通过作品《变法通议》等对其教育思想进行了合理的阐释和具体实践的探索。

（一）提倡学校教育，凸显教育救国思想

在长期的实践中，梁启超逐渐认识到教育在国家生存和发展过程中的重要性。梁启超在《变法通议》中指出："吾今为一言以蔽之曰：变法之本，在育人才；人才之兴，在开学校；学校之立，在变科举……""道莫善于群，莫不善于独。独故塞，塞故愚，愚固弱；群故通，通故智，智故强。""今欲振中国，在广人才；欲广人才，在兴学会。"这些说法充分体现出梁氏的远见卓识，对于问题的实质和根源看得透彻。在《变法通议》的《学校总论》《论科举》《论师范》《论女学》《论幼学》等篇章中，其教育救国思想凸显。

1. 否定旧的教育制度，提倡变革科举制度

梁启超十分关注国民教育的问题。他认为由于长期推行的愚民政策以及科举制度对知识分子思想的压抑，中国社会缺乏有实际能力的人才。只有改革科举制度，才能涌现出大量的人才，有了人才，变法才能成功，才能实现强国的终极目标。《变法通议·学校总论》中，他指出政府将诗赋等作为学堂教授的内容，压抑了人民的思想，学校无法培养大量有真才实学的人。同时分析了兴办学校的重要性："亡而存之，废而举之，愚而智之，弱而强之，条理万端，皆归本于学校。"中国必须发展自己的教育，要开民智。对士、农、工、商、兵各阶层广设学校，进行职业教育。并谈到了教育经费的问题，提出要在教育上投入资金。《变法通议·论科举》中，他认为变科举是兴学校的前提："故欲兴学校，养人才，以强中国，惟变科举为第一义。"

2. 提出师范教育理论和设想

梁启超在《时务报》上发表《变法通议·论师范》，在中国近代教育史上

首次专文论述师范教育问题。他指出："夫师也者，学子之根核也"，"欲革旧习，兴智学，必以立师范学堂为第一义"，故"师范学校立，而群学之基悉定"。他主张设立本国自己的师范学校，培养符合时代要求的教师。至于师范学堂的具体设置方法和课程安排，梁启超主张参照日本并结合中国国情，在中国建立一般师范、高等师范直到师范大学的完整的师范教育体系。《变法通议·论师范》及其以后有关著述中所表达的师范教育思想，开启了我国近代师范教育理论的先河，为师范教育的发展奠定了基础。梁启超在《变法通议·论师范》中论述教师的重要性："故夫师也者，学子之根核也。师道不立，而欲学术之能善，是犹种稂莠而求稻苗，未有能获者也。"梁启超对师范学校怎样发展也有自己的设想和认识，他认为可以让师范学堂学生担任小学堂教师，用小学堂教学的效果检验师范学堂教学效果。他的这种提倡不仅有利于提高和增加师范学堂学生的理论水平和实践经验，而且有利于提高我国教育的整体水平。

3. 关注妇女权利和教育

梁启超认为外国强大的原因之一就是重视女子教育，他在《变法通议·论女学》中谈道："居今日之中国，而与人言妇学，闻者必曰：天下之事其更急于是者，不知凡几，百举未兴，而汲汲论此，非知本之言也。然吾推及天下积弱之本，则必自妇人不学始，请备陈其义以告天下。"他关注妇女的受教育权利，发时代之先声。

梁启超把女子教育与国富民强紧密联系在一起，提出"欲强国必由女学"的主张。梁启超说，中国没有女子教育事业至少存在着五个"不利"：不利于提高妇女的社会地位，妇女无知识、无职业，只能依靠男人供养，势必造成男女不平等，导致"男贵女贱""男尊女卑""重男轻女""夫唱妇随"的传统偏见形成流传开来；不利于广大儿童的教育，儿童教育的关键在于母亲，梁启超猛烈抨击"妇人无才即是德"的腐朽观念，把它看作"祸天下之道"；不利于国家、民族的发展，造成国家的积弱，"妇学实天下存亡强弱之大原也"，梁启超认为中国积弱的根本原因在于妇女没有知识，缺乏教育；不利于经济发展，妇女无教育，靠他人供养，这就减少了就业的机会，失业者多，社会负担重；不利于妇女身心健康，妇女无知识，不懂得体育、卫生、心理常识，于身体、心理发展都不好，如何教育下一代要有强健的体魄，怎么提高民族的素质？

梁启超不仅在社会上大力推进中国妇女教育，还在家庭教育上起到了模范表率作用。他在四个女儿的教育上，身体力行，为世人树立了楷模。他教育女儿们严慈并济，宽厚为主，严格约束，给以"新民"道德、品行方面的沐浴、熏陶，女儿们个个事业有成，人人成为爱国知识分子。

长女梁思顺毕业于日本女子师范学校，却坚决不肯为日本人做事。她热心祖国的社会公益事业，曾参加北京女青年防痨协会。她是我国诗词研究专家，中央文史研究馆馆员，编有《艺蘅馆词选》。次女梁思庄 1925 年跟随大姐梁思顺到加拿大读书，中学毕业后考入麦基尔大学攻读文学，1931 年到美国哥伦比亚大学图书馆学院学习并获学士学位。她归国后立即投身于我国的图书馆事业，曾任北京大学图书馆副馆长。三女梁思懿是社会活动家，思想活跃，积极进步，曾任中国共产党外围组织"中华民族解放先锋队"的大队长，是"一二·九"运动中的学生骨干、燕京大学学生领袖，担任过齐鲁大学女部主任、山东白求恩医学院教师、山东省妇女联合会主席，后调至北京任中国红十字会国际联络部副部长。四女梁思宁早年曾就读于南开大学，在三姐梁思懿的影响下，投奔了新四军，在新四军 123 支队司令部工作。1948年，梁思宁被开除党籍，自此蒙冤三十五载，一直到 1983 年才恢复党籍。

4. 阐述幼儿教育重要性

梁启超在《变法通议·论幼学》中谈道："人生百年，立于幼学。"虽言简意赅，却道出了儿童教育的重要性。他也赞美了西方国家教育儿童的方法。其重视儿童教育的思想在今天仍有讨论和借鉴意义。

梁启超教育救国的思想，起到了警醒世人的作用：他对科举制度的批判，引起了爱国人士对教育的反思，加速了科举制度的废除；他的师范教育思想，为师范教育的发展奠定了基础，促进了国家教育的发展；他关注妇女权利，顺应了女权运动兴起的世界潮流，在中国近代教育史上迈出了一大步；他的儿童教育思想，提醒人们关心和重视儿童教育，为国家发展作出了长远的打算。

（二）重视家庭教育，培育子女成才

梁启超的子女们个个成才，各有所长，"一门三院士"是梁启超教子有方的有力证明。作为沟通梁启超和其子女们心灵的桥梁的家书是梁启超教育思想的主要载体。梁启超家书的内容涉及一般家庭事务，但更多的是关于孩子们读书、生活、选择事业等问题。从这些感情充沛、娓娓动听的家书中，我们可以体会到他子女教育的理念。

梁启超在平时的家庭教育中很重视培养子女求知的兴趣，让子女形成爱学习、好思考的良好习惯。他很早就对子女采取个性化的教育方式，尊重他们的个性和志趣，按照每个孩子自身的特点因材施教，让孩子找到最适合自己的发展方向。

梁启超不断鼓励子女们在学习中知难而进，不断战胜学业上遇到的困难，学习古人"读万卷书，行万里路"的求学精神，同时也要注重培养和提高自己的实践能力。当在美国攻读建筑学专业的梁思成完成学业之后，梁启超建议他到欧洲去考察一两年，然后结合对中国古建筑的深入研究而形成自己的学术体系。当在美国研究考古学的梁思永完成学业之后，梁启超立即安排他回国实习并收集了大量相关史料。

在学习方法上，梁启超强调每个孩子在知识学习中要既能专精又能广博，他在 1927 年 8 月 29 日给长子梁思成的信中指出："思成所学太专门了，我愿意你趁毕业后一两年，分出点光阴多学些常识，尤其是文学或人文科学之某部门，稍多用点工夫。我怕你因所学太专门之故，把生活也弄成近于单调；太单调的生活容易厌倦，厌倦即为苦恼，乃至堕落之根源。"他总结自身的经验："我生平趣味极多，而对于自己所作的事，总是作的津津有味，而且兴趣淋漓，什么悲观咧，厌世咧，这种字句，我所用的字典里头可以说完全没有。"

他告诫次女梁思庄："专门学科之外，还要选一两样关于自己娱乐的学问，如音乐、文学、美术等。"他对梁思成说："做学问总要'猛火熬'和

'慢火炖'两种工作，循环交互着用去。在慢火炖的时候才能令所熬的起消化作用，融洽而实有诸己。"

正是梁启超科学独到的家庭教育方法，使他在对子女的教育培养方面能够大获成功。他的子女们个个品德高尚，意志坚强，富有爱国精神，在学有所长的同时又多才多艺，真正达到了素质教育的目的。梁启超的教育思想的产生虽然有其特定的时代背景，但不可否认，他的教育思想有跨越时代的可资借鉴之处。面对这样一笔精神财富，我们应该结合当今实际条件，取其精华，促进教育的改革与发展。

四、社会影响

梁启超是中国近代史上伟大的思想家和教育家，是影响中国历史进程的人物之一，是一位"百科全书式的人物"。他的诸多思想对今天的中国依然有着深远的影响。梁启超逝世后，天津、上海都举行了公祭，各界名流纷纷著文悼念。杨杏佛撰挽联曰："文开白话先河，自有勋劳垂学史；政似青苗一派，终怜凭藉误英雄。"胡适撰挽联曰："文字收功，神州革命；平生自许，中国新民。"

1898 年 9 月 21 日慈禧太后发难，历时 103 天的变法失败，光绪帝被囚，六君子遇难。康有为逃到英国使馆，梁启超逃到日本。1907 年，梁启超和蒋智由、陈景仁等在东京组织政闻社，并发表宣言，提出四大纲领：一、实行国会制度；二、厘定法律；三、确立地方自治；四、慎重外交，保持对等。这是他们要实现新的国家形态的梦想。政闻社的许多成员后来回到国内，在各省宣传他们的政治主张，为辛亥革命的成功作出了一定的贡献。梁启超的学术研究活动对后世的影响也十分深远。梁启超百科全书式的研究以及他在重大历史关头的表现背后，是高扬革命的民族精神，是希望国家富强、走向振兴。这也是他一生从事学术、从事政治最重要的一个动力。比如著名的《少年中国说》，梁启超以其富有感染力的笔触，将他振兴国家的追求呐喊出来，这一篇激情飞扬的文章，激励了无数有为的年轻人走上报效国家的道路。

（一）他的治学精神是我们学习的典范

梁启超求知欲很强，一直追求新鲜的事物，以敏锐的眼光发掘研讨，观察自己认为有价值的人事物。清末民初的历史都活在他的笔下，在研究过程中，每一步骤、每处细节他都亲力亲为、躬行不辍。他以言论起家，也以言论扬名于世，又实践不止，他的成功是他刻苦付出的结果。他曾讲，"责任心"和"趣味"这两件事情是他生活的资粮。做一件事，认为有价值就应该热心地去做、独立思考、批判分析，总会有好的结果，要有使命感，做一个对社会有益的人。做学问，要成功，没有侥幸之事。

（二）治学要有分析批判的精神

梁启超曾讲："吾爱孔子，吾尤爱真理！吾爱先辈，吾尤爱国家！吾爱故人，吾尤爱自由！"他鼓励人们要多思考，不能盲从。学术是多样性的，不能以一个人的论断为准则，应发现前人未曾发现的东西。他主张开展批评和讨论，在辩论中厘清真理和谬误。在《思想解放》一文中，他有一段很深刻的话：不能"拿一个人的思想作金科玉律，范围一世人心，无论其人为今人为古人，为凡人为圣人，无论他的思想好不好，总之是将别人的创造力抹杀，将社会的进步勒令停止了"。他还以汉武帝独尊儒学，使中国学术发展受到束缚为例，论证自己观点的正确性。

（三）洋为中用，重视本国文化

梁启超 1922 年在东南大学演讲时说，中国之学术就如矿产，宝藏极富，应用新方法来开掘，新的方法是西方来的……但不是用西方文化来替代中国的旧有文化，而是选出西方文化好的部分，补充我们的文化，造成一种新文化。梁启超在《先秦政治思想史》中讲："吾侪受外来学术之影响，采彼都治学方法以理吾故物。于是乎昔人绝未注意之资料，映吾眼而忽莹；昔人认为不可理之系统，经吾手而忽整；乃至昔人不甚了解之语句，旋吾脑而忽畅。"但也出现了偏差："吾侪每喜以欧美现代名物训释古书，甚或以欧美现代思想衡量古人，加以国民自慢性为人类所不能免，艳他人之所有，必欲吾亦有之然后为快。"他在《忧国与爱国》一文中严肃地告诫学界："视欧人如蛇蝎者，惟昔为然耳。今则反是，视欧人如神明，崇之拜之，献媚之，乞怜之，若是者，比比皆然。"这是爱国的思想发出的振聋发聩的声音。

梁启超的思想和文笔是超群的，他代表了一个时代，他的著作也是一座矿山。他有丰富的生活经验和对现实的观察、理解。不断研究梁启超，发掘他思想的精华，发扬民族精神，无疑可以丰富我国的思想文化宝库。

梁启超生长的年代，是中国"从乐土跌入了地狱"的年代，但他坚定地相信"中国必然不亡，并且断然复兴"，而且尽自己所能去救国，去拼搏，爱国和救国成为他一生的情怀和使命。正是对祖国的挚爱和救国的使命感，正是大爱和责任的完美结合，令他精力旺盛、百折不挠地追求自己的理想，成为一代思想巨擘。

主要参考文献

[1] 夏晓虹. 阅读梁启超 [M]. 上海: 生活·读书·新知三联书店, 2006.

[2] 梁启超. 变法通议 [M]. 北京: 华夏出版社, 2002.

[3] 鲍风. 梁启超: 改良人生 [M]. 武汉: 长江文艺出版社, 1996.

[4] 陈书良. 梁启超文集 [M]. 北京: 北京燕山出版社, 2009.

[5] 吴其昌. 梁启超传 [M]. 天津: 天津人民出版社, 2015.

后 记

本书编写 2021 年启动，编写意图在本书前言中已表述。

这是"新中国基础教育教师成长规律实践研究"课题的子项目，由于漪老师委托上海市曹杨二中历史特级教师周飞校长组织校内骨干教师研究、编写，并聘请华东师范大学郭景扬教授和上海市普陀区教育学院资深副教授肖建民老师参与指导和编写。从内容设计、结构体例编排到分工编写，历经多次学习、交流，有三次大的修改与调整，由于漪老师具体指导、改动，并最后统稿。其中付出的艰辛难以言表，特向组织者、指导者以及所有撰稿老师致以衷心感谢。

2023 年 5 月成稿，每个篇章各具特色。

前言与第一篇　中国古代优秀教育传统的沃土与渊泉（郭景扬教授）

第二篇　中国古代优秀教育传统和教育名家的精神风范（肖建民副教授）

第三篇　中国历代名师教育思想经典品读（上海市曹杨二中课题组）

　　第一章　有教无类：孔子的教育思想与实践（丁蕾老师）

　　第二章　教以为道：老子的教育思想与实践（刘杨翎老师）

　　第三章　得天下英才而教育之：孟子的教育思想与实践（施佳颖老师）

　　第四章　贵师而重傅：荀子的教育思想与实践（金丽老师）

　　第五章　兼爱：墨子的教育思想与实践（胡媛媛老师）

　　第六章　故须早教，勿失机也：颜之推的教育思想与实践（钱美丽老师）

　　第七章　传道受业解惑：韩愈的教育思想与实践（李文俊老师）

第八章　学事明理：朱熹的教育思想与实践（蔡文俊老师）

第九章　知行合一：王守仁的教育思想与实践（朱莹蓓老师）

第十章　少年强则国强：梁启超的教育思想与实践（董善玉老师）

在撰写、修改过程中有诸多的联系工作、文印工作，也向这些老师致谢。

由于水平有限，多有不当之处，容不断修改完善。

于漪教育教学思想研究中心

上海市教师学研究会

2023 年 12 月